KB043975

인생교과서

간디

KI신서 6292
인생교과서 간디

1판 1쇄 인쇄 2016년 1월 11일
1판 1쇄 발행 2016년 1월 19일

지은이 / 류성민 류경희
공편 / 재단법인 플라톤 아카데미
펴낸이 / 김영곤 펴낸곳 / (주)북이십일 21세기북스
인문기획팀장 / 정지은
디자인 / 씨디자인
출판영업마케팅본부장 / 안형태 홍보팀장 / 이혜연
출판영업마케팅팀 / 이경희 민안기 김홍선 정병철 백세희

출판등록 2000년 5월 6일 제10-1965호
주소 (우 413-120) 경기도 파주시 회동길 201(문발동)
대표전화 031-955-2100 팩스 031-955-2151
이메일 book21@book21.co.kr 홈페이지 www.book21.com
트위터 @21cbook 블로그 b.book21.com 페이스북 facebook.com/21cbook

ISBN 978-89-509-6239-5 04100
978-89-509-6064-3 04100(세트)

책값은 뒤표지에 있습니다.

삶에 대한 궁극의 질문과 답 06

인생교과서

간디

사랑이 있는 곳에 삶이 있다

류성민 + 류경희

21세기북스

이 책을 읽기 전에

- 『인생교과서』 시리즈는 인류의 위대한 스승 19명에게 묻고 싶은 인생의 질문에 대해 각 계의 대한민국 대표 학자들이 답하는 형식으로 이루어져 있다. "삶이란 무엇인가", "행복이란 무엇인가", "죽음이란 무엇인가" 등 인생의 화두라 할 수 있는 질문에 대해 저마다 어떻게 생각했는지 비교하며 살펴볼 수 있다.
- 『인생교과서 간디』는 류성민(한신대학교 종교문화학과 교수), 류경희(인도종교 및 신화 전문가)의 글로 구성되었다. 간디에게 묻고 싶은 28개의 질문 중 한 질문에 두 저자가 답한 경우도 있고, 한 저자가 답한 경우도 있다. 이 책을 읽고 마지막 29번째의 질문은 여러분 스스로 만들어보고, 이에 대한 답을 생각해보는 기회를 가져도 좋을 것이다.
- 간디라는 인물을 오랜 시간 연구해온 두 저자는 오늘날 우리 개인과 사회에 간디의 정신이 필요하다는 생각은 같이하지만, 각각 다른 시각으로 삶에 대한 통찰과 지혜를 풀어내고 있다. 따라서 이 책에서 같은 주제에 대한 두 저자의 다른 해석을 살펴보는 색다른 재미를 느낄 수 있을 것이다.
- 두 저자의 글에서 인도어 발음이 상이하게 표기되었다. 류성민 저자의 글은 우리말 표기법을 따랐으나, 류경희 저자의 글에서는 우리말 표기법보다는 인도어 발음에 가깝게 표기했다.

발간사

현자 19人이 목숨 걸고 사유한 인생의 질문과 답

플라톤 아카데미 총서 편집국

2010년에 설립된 재단법인 '플라톤 아카데미Academia Platonica'는 인문학 연구 역량을 심화시키고, 탁월함Aretē의 추구라는 인문 정신의 사회적 확산을 위해 설립된 공익 재단입니다. 재단의 출연금을 조성하신 분의 의지에 따라 '기부자 개인이나 관련 기업의 홍보는 일절 하지 않는다'는 방침을 세웠고, 설립 이후 오 년 동안 이 원칙을 지켜 왔습니다. 대학의 사명이라 여겨졌던 인문학 연구의 심화와 확산을 한 기업가가 돕겠다고 나선 것은 인문학 공부가 주는 의미와 효과 때문일 것입니다. '플라톤 아카데미'라는 이름처럼, 저희 재단은 그리스 철학자 플라톤이 제기한 인문학 공부의 의미와 그 효용성을 널리 전하고자 했습니다.

플라톤은 『국가』 제7권에서 유명한 '동굴의 비유'를 통해 국가 수호자가 갖추어야 할 덕목과 그들이 받아야 할 지도자 교육에 대해 설명했습니다. 그는 스승인 소크라테스의 입을 통해 "우리의 관심사는 국가 안에서의 특정 계급의 특별한 행복이 아니라, 전체의 행복이라는 것"을 강조합니다. 우리 재단의 설립자가 아무 대가를 바라지 않고 인문학의 심화와 확산을 시도하는 것은 바로 이러한 '전체의 행복'을 지향하기 때문입니다.

인문학 공부는 개인에게도 큰 도움이 됩니다. 소크라테스의 입을 빌려 말한다면, 인문학이 '철학과 공무 양쪽에 다 참여할 수 있는 능력'을 제공해주기 때문입니다. 재단법인 플라톤 아카데미가 추구하는 인문학은 국가와 사회 전체의 행복을 추구하는 공적 성격을 지니면서, 동시에 개인의 공무 처리 능력을 함양한다는 점에서 사적 유익도 분명히 존재합니다. 플라톤은 그런 인문학적 사유의 사적 유익을 다음과 같이 표현했습니다.

"여러분은 차례대로 동료 시민들의 거처(동굴)로 내려가서 어둠에 싸인 사물들을 보는 일에 익숙해지지 않으면 안 되오. 일단 익숙해지면 여러분은 그것들을 그곳에 있는 사람들보다 월등히 더 잘 보게 될 것이며, 모든 영상映像을 그것이 무엇이며, 어디서 왔는지 식별할 수 있을 테니 말이오. 여러분은 아름다움과 정의와 선에 관하여 진리를 보았기 때문이오.”

재단법인 플라톤 아카데미는 ‘나는 누구인가?’에 대한 인문학적 성찰에서 출발해 ‘어떻게 살 것인가?’라는 질문으로 시작하는 타자에 대한 사회적 존재로서의 책임과 전체의 행복을 추구합니다. 이러한 공공성의 확보는 우리 모두 ‘철학과 공무에 다 참여할 수 있는 능력’을 함양하는 유익을 제공합니다. 따라서 재단법인 플라톤 아카데미를 통한 인문학의 심화와 확산 사업은 기부자와 그 기부의 혜택을 받는 우리 모두에게 의미와 유익을 주는 학문적 성찰이라 하겠습니다.

재단법인 플라톤 아카데미는 공공성과 개인적 유익을 확대하기 위해 지난 삼 년 동안 새로운 사업을 추진해왔습니다. 인류의 스승이라 할 수 있는 현자 19명(부처, 공자, 예수, 무함마드, 호메로스, 플라톤, 아리스토텔레스, 아우구스티누스, 장자, 이황, 간디, 데카르트, 니체, 칸트, 헤겔, 미켈란젤로, 베토벤, 톨스토이, 아인슈타인)을 오늘의 시점으로 소환하여 그들과 상상의 대화를 나누는 것이었습니다. 그들의 면면은 인류의 현자라 불리기에 손색이 없습니다.

위대한 현자들에게 삶이란 무엇인지, 행복이란 무엇인지 등 인생의 본질적인 질문들을 물어보고, 그들은 이러한 질문에 대해 어떻게 생각했을지 살펴보기로 했습니다.

이를 위해 우리나라 인문학계에서 해당 인물을 연구해오신 대표 학자들을 초청해서 그 현자들의 생각을 대신 추론하시도록 부탁했습니다. 단순하게 그 인물에 대해 전기적인 연구를 하는 것도 아니고, 사상사적 의미를 밝히는 작업도 아니었습니다.

인간이라면 누구나 가질 법한 삶의 근본적인 고민들에 대해 함께 이야기해보고 고민하는 시간을 마련함으로써 인류의 현자 19명이 평생 목숨을 걸고 사유했던 인생의 질문을 우리도 해보고자 했습니다. 그것이 공통된 질문일 수도 있고, 상이한 질문일 수도 있지만, 묻고 답하는 상상의 인문학을 통해 우리 자신이 놓치지 말아야 할 인생의 질문을 도출하고자 했습니다.

19명의 현자들을 오늘의 시점으로 소환해 그들의 학문과 사상을 추론하며 인생의 질문을 도출하셨을 뿐 아니라, 스스로 상상의 답변을 마련해주신 학자들에게 찬사를 보냅니다. 연구 과정도 고단했겠지만, 발표하는 시간도 쉽지 않는 지적 모험이었을 것입니다. 그리고 그것을 다시 출간하기 위한 원고 작업은 상상하지 못할 시간과 노력을 요구하는 것이었을 겁니다. 그럼에도 우리나라를 대표하는 학자분들께서 재단이 추구하는 정신에 공감해주셨고, 최선을 다해 연구하고, 발표하고, 그리고 집필에 임해주셨습니다. 진심으로 감사드립니다.

더불어 앞선 학자분들의 노력을 후원해주시고, 강의에 참여해 함께 토론해주셨던 재단 관계자분들과 수공회 회원분들께도 찬사를 보냅니다. 격주로 수요일에 모인다고 해서 '수공회'라 이름 붙인 이 공부 모임은 재단의 프로젝트를 위한 든든한 정신적인 버팀목이 되어주셨습니다. 만 삼 년 동안 진행되었던 쉽지 않은 인문학 성찰의 여정에 함께 참여해주시고 후원해주신 수공회 도반 여러분들께도 감사드립니다.

『인생교과서』 시리즈의 현자가 19명인 이유는 특별한 나머지 한 분을 포함시키기 위해서입니다. 바로 이 책을 읽고 계신 독자 여러분입니다. 인류의 스승들이 던졌던 인생의 질문을 숙고하신 다음, 여러분이 마지막 스무 번째 현자가 될 수 있는 가능성을 열어두시기 바랍니다. 사실 인문학은 답을 찾는 학문이 아닙니다. 오히려 질문을 제기하는 것이 인문학의 본질적 의무입니다. 현자들의 질문과 답을 사숙하신 다음, 스스로에게 인생의 질문을 던지는 독자들이 되시기를 바랍니다. '나는 누구인가? 어떻게 살아야 하는가? 어떻게 죽어야 멋진 죽음인가?'

서문 1

사탸그라하, 간디와 함께하는 진리에의 여정

류성민
한신대학교 종교문화학과 교수

간디의 삶은 이렇게 비유될 수도 있다. 그는 인도라는 땅에 깊은 우물을 팠다. 일생 동안 계속해서 더 깊이 팠다. 그 우물에서 샘물이 넘쳐났다. 땅속을 흐르는 큰 강들이 있었기 때문이다. 그 강들 중에서도 가장 크고 많은 물이 흘러나온 강은 힌두교였다. 자이나교나 불교와 같은 또 다른 큰 강에서도 그 우물로 물이 들어왔다. 간디는 늘 그 물을 마시고 살았다. 주변 사람에게도 나누어주었다. 영국에도 그 물을 가져가서 나누어주었고 남아프리카공화국에도 가져가 나누어주었다. 누구보다도 인도인들은 그 물을 보약처럼 마셨다. 아직도 간디의 우물에는 샘물이 솟아나고 있고 우리도 마시고 싶어 한다. 그래서 다시금 그 우물을 찾아가고자 하는 것이다.

간디가 인도라는 땅에서 퍼올린 물은 '진리Satya'와 '아힘사Ahimsa'라는 두 원소로 이루어진 '사타그라하Satyagraha' 였다. 진리는 간디가 평생토록 추구한 것이었고 그의 인생의 목표이기도 했다. 그의 자서전 제목이 『진리와 함께한 나의 실험 이야기The Story of My Experiments with Truth』다. 그렇다면 그가 말한 진리란 무엇인가?

'진리Satya'는 '존재being'를 뜻하는 산스크리트어 '사트sat'에서 유래된 말로, 여러 가지 의미로 사용되고 있다. 가장 널리 이해되는 '진리'의 의미는 절대적 실재다. 그래서 '사타'는 종종 '신神'으로 번역되며 간디도 그렇게 이해했다. 그 외에 절대적 지식으로서의 진실, 언어와 행동에서의 성실, 정직과 공정한 행동으로서의 정의 등도 '사타'의 의미로 해석되기도 한다. 간디는 인간이 유한한 존재이기 때문에 절대적 진리를 알 수 없고, 신을 온전히 이해할 수 없으며, 완전한 성실과 정의도 구현할 수 없다고 여겼다. 다만 주어진 시간과 공간에서 최대한 '진리'를 탐구하려고 노력해야 하며, 비록 '상대적 진리'라도 진리라고 여겨진다면 꼭 붙잡아야 한다고 여겼다. 그의 삶은 바로 그러한 진리를 찾는 과정이고 실험이었던 것이다.

진리가 인생의 목적이고 영원한 삶의 목표라고 한다면, '아힘사'는 진리를 찾기 위한 수단이라고 간디는 생각했다. 아힘사가 아니면 진리를 추구할 수 없다고 본 것이다.

그렇다면 아힘사는 무엇인가?

'사탸'와 마찬가지로 '아힘사'도 고대 인도에서 널리 사용된 말이다. 문헌상으로는 『찬도기야 우파니샤드』[1]에 처음 나타나고 있지만, 인도 최고의 경전인 『리그베다Rig-veda』에도 "살아 있는 어떤 존재도 죽이지 말라"는 말이 나오고, 힌두교는 물론 불교와 자이나교에서도 가장 중시되는 계율이기도 하다. '아힘사'는 '힘사himsa'에 부정의 접두어 'a'가 붙은 것으로, '힘사'는 "생명이 생명으로 존재하기 위한 생명의 파괴"이며 '아힘사'는 그에 대한 부정이다. 말하자면 모든 생명은 다른 생명을 파괴해야(먹어야) 살 수 있다는 것이 '힘사'라고 한다면 '아힘사'는 그러한 파괴를 부정하는 것이다. 결국 '아힘사'의 문자적 실현은 불가능하다. 모든 생명이 먹지 않고는 살 수 없기 때문이다. 그래서 이는 생명을 유지할 수 있는 데 필요한 최소한의 생명 파괴로 이해되며, 자이나교가 가장 문자적 의미에 가까운 '아힘사'의 교리를 갖고 있다.[2] 불교 오계五戒의 첫 번째인 '불살생'도 '아힘사'에서 비롯된 것이다.[3]

간디는 15세 때 처음으로 아힘사를 경험하게 되었다고 고백한다. 당시 그는 형의 순금 팔찌에서 금 한 조각을 훔쳐 그의 빚을 갚아버렸다. 훔친 금 조각을 자신이 갖지는 않았지만 도둑질을 한 것은 사실이었다. 도둑질을 무엇보다 나쁜 일로 여기고 있던 아버지에 대한 죄책감이 컸던 간디는 마침내 아버지께 자백하기로 결심했다. 처음에는 도둑질한 아들로 인해 아버지가 괴로워할 것을 두려워해 주저했지만 결국 사실을 고백한 글을 써서 아버지께 올렸다. 그 글을 읽던 병석의 아버지 눈에 눈물이 고여 뺨을 타고 구슬처럼 흘러내려 그 글을 적은 종이를 적셨다. 간디는 자서전에서 다음과 같이 말하고 있다.

> 그 사랑의 구슬방울들이 내 양심을 정화시켰고 내 죄를 씻어버렸다. 그러한 사랑을 경험한 사람만이 그것이 어떤 것인 줄 알 수 있을 것이다. (…) 이것은 내게 있어서 '아힘사'의 실물교육이었다. 당시는 아버지의 사랑을 볼 뿐이었지만 오늘날 나는 그것이 순수한 '아힘사'임을 안다.[4]

간디가 아버지의 눈물 속에서 본 '아힘사'는 아들의 고통을 자신의 고통으로 삼은 아버지의 사랑이었다. 다른 사람의 고통을 자신의 고통으로 받아들일 수 있는 사랑, 모든 생명의 고통을 자신의 고통으로 여길 수 있는 사랑을 간디는 아버지의 눈물 속에서 본 것이다.

간디는 '아힘사'를 소극적, 부정적으로 보았던 전통적 이해를 넘어서서 보다 적극적이고 긍정적인 의미로 이해했다. 다른 생명의 고통을 함께 느끼고 그 고통을 없애기 위해 노력하는 것을 '아힘사'의 핵심으로 이해한 것이다. 그는 『바가바드기타』를 비롯한 인도의 여러 경전들과 자신의 체험을 바탕으로 '아힘사'를 다음과 같이 정리했다.

첫째, '아힘사'는 인류의 법이다. 동물의 세계에서는 힘이 법이나, '아힘사'는 그보다 무한히 더 크고 좋은 것이다.
둘째, '아힘사'를 따르려면 사랑의 신에 대한 생동적인 신앙을 가지고 있어야 한다.
셋째, '아힘사'는 자존심과 명예에 대한 최선의 방어책으로 여겨야 하며, 재산이나 부귀를 보존하는 수단이 되어서는 안 된다.
넷째, '아힘사'를 실천하려는 개인과 국가는 명예를 제외한 그 모든 것을 희생할 준비가 되어 있어야 한다.
다섯째, '아힘사'는 남녀노소 누구나 행사할 수 있는 힘이다. 다만 사랑의 신에 대한 살아 있는 신앙을 갖고 모든 인류에 대한 공평한 사랑을 소유하는 일이 필요할 뿐이다. '아힘사'가 삶의 법으로 받아들여지기 위해서는 전 존재에 파급되어야 하며 어느 특정한 행동에 국한되어서는 안 된다.
여섯째, '아힘사'의 법이 개인에게는 충분히 선한 것이지

만 인류 집단에겐 그렇지 못하다고 생각하는 것은 잘못된 것이다.[5)]

이와 같이 간디는 '아힘사'를 "삶의 법"으로 이해했고, 개인과 사회(국가)가 모두 지켜야 하는 "양심의 법"으로 여겼다. 그래서 간디는 '아힘사'에서 인생의 문제들에 대한 답을 찾았고 그 답대로 살아가려고 했다. '아힘사'를 통하지 않고는 진리에 이를 수 없다고 본 것이다. 간디에게는 '사탸(진리)'가 인생의 목표라면 '아힘사'는 그 목표를 달성하기 위한 수단인 것이다.

간디가 '사탸'를 목표로, '아힘사'를 그 수단으로 해서 구체적인 개인적, 사회적 문제들에 적용한 것이 '사탸그라하'다. 간디는 '사탸'와 '아힘사'를 각각 아버지와 어머니에 비유해 그 둘 사이에서 태어난 자식이 '사탸그라하'라고 말한다. '사탸그라하'는 문자적으로 진리인 '사탸'를 '아힘사'로 '붙잡는다agraha'는 의미인데, 곧 '아힘사'를 통해 진리를 추구하는 삶의 방식을 일컫는다. 그래서 간디는 '사탸그라하'를 '사랑의 힘'이라고 부르기도 했다. 그의 삶은 '사탸그라하'의 삶이었고, 그는 가장 철저한 '사탸그라히satyagrahi(사탸그라하 실천가)'였다. 그렇기 때문에 우리가 인생의 여러 질문에 대한 간디의 답변을 찾을 수 있는 곳이 바로 그의 '사탸그라하' 운동일 수밖에 없다. 비록 '사탸그라하'라는 이름은 그가 남아프리카에서 활동하던 1906년에 착안한 것이지만, 그 이전의 삶은 그것을 위한 준비였고 그 이후는 철저히 그것에 따른 삶이었다.

'사탸그라하'는 '비협조운동'이나 '비저항운동' 등으로 번역되기도 하나 적절하지는 않다. 오히려 '비폭력운동'이라고 하는 것이 더 정확한 표현일 것이다. 비록 '사탸그라하'를 실천하는 방법 중에 비협조운동과 비저항 혹은 수동적 저항 등이 포함되기도 하지만, '사탸그라하'는 어떠한 종류의 폭력도 허용하지 않는 철저한 비폭력이 가장 중요한 운동 수단이 되기 때문이다.

간디는 '사탸그라하'를 실천하는 데 필요한 준비를 두 단계로 나누어 제시했다. 먼저 사회의 모든 구성원에게 필요한 도덕적이고 종교적인 훈련 단계가 있고, 그다음으로는 사회개혁을 위한 선봉자에게 필요한 특별한 훈련 단계가 있다. 간디는 개인적으로 끊임없이 그러한 훈련을 했고 '사탸그라하'를 실천하는 사람들에게도 그러한 훈련을 요구했다. 첫 번째 단계로 간디가 제시한 훈련은 다음과 같은 것들이다. '사탸'와 '아힘사'를 비롯한 '아파리그라하(무소유)',[6] '브라마차랴(절제)',[7] '브레드레이버'[8] 등 간디가 5대 덕목이라고 지칭한 도덕적 성품을 계발하는 것이다.

그 외에도 여러 종교들에서 강조하는 여러 도덕적 덕목을 함양하는 것도 첫 번째 단계의 훈련에 포함된다.[9)]

간디가 제시한 사탸그라하의 준비 단계는 그가 개인적으로 체험하고 삶 속에서 구현하면서 체득한 것이지만, 단순히 개인 수양이나 인격 함양을 넘어서 사회를 개혁하고 인도의 독립을 이루고자 하는 그의 의지가 더 중요하게 반영되어 있다고 본다. 그래서 그는 사회개혁을 위한 사탸그라히에게 요구되는 훈련으로서 정직함, 자기희생, 비폭력 등 다른 사람에 대한 태도도 포함시켰다. 홀로 고고하게 살아가는 것보다 다른 사람과 사회, 국가, 더 나아가 인류를 위해 사는 것이 그의 사탸그라하 운동의 핵심이었다.

그래서 간디가 요구한 사탸그라히의 기본자세는 비장한 것이다. 말 그대로 결사의 각오가 있어야 사회개혁을 위한 사탸그라히가 될 수 있다고 본 것이다. 간디는 수많은 사탸그라하 운동을 인도했고 그를 따라 인도의 방방곡곡에서 사탸그라하 운동이 일어났다.[10)] 그러한 운동들이 인도를 변화시켰고 인도 독립의 실현을 가능케 한 원동력이었으며, 오늘에 이르기까지 세계 각지에서 '비폭력운동'을 전개할 수 있는 기반이었다.

우리가 간디에게서 우리 인생의 물음에 대한 답을 찾을 곳은 바로 이러한 사탸그라하 운동 속이다. 간디가 실험하고 확증하여 말한 것에서 우리 인생의 물음에 대한 답을 찾고자 하는 것이다. 그 답은 단순히 그의 사변이나 이론이 아니다. 그렇기 때문에 그 답은 우리가 우리의 삶 속에서, 우리의 실험에서, 그리고 우리의 '사탸그라하' 운동에서 정답 여부가 판가름 날 수 있다. 이제 우리 인생의 문제들에 대한 간디의 답을 찾아보자.

서문 2

간디의 삶이 바로 간디의 메시지

류경희
인도종교 및 신화 전문가

마하뜨마 간디Mahātma Gandhi로 알려진 모한다스 K. 간디(1869~1948)는 인도를 독립으로 이끈 인도의 민족주의자이자 정치인이다. 그러나 간디를 단순히 정치가로만 규정할 수는 없다. 그는 정치뿐 아니라 종교와 사상, 경제와 사회 그리고 교육과 예술분야에도 관심을 기울인, 행동하는 정치가이자 사회개혁자였고 종교지도자이기도 했다. 간디는 인도의 국부國父로 많은 인도인들의 존경과 사랑을 받아왔다. 하지만 그에 대한 부정적인 평가도 일부 존재한다. 간디의 종교통합적 입장에 불만을 품었던 극우 힌두나 무슬림들 그리고 노동자와 농민의 권익증대가 주 관심사였던 좌파세력은 간디에 대해 비판적이었다. 따라서 간디를 한마디로 평가하기는 쉽지 않다. 그러나 그가 생애를 통해 추구했던 가치와 그것의 실현을 위해 실천한 일들을 토대로 그에 대한 평가를 내려볼 수 있을 것이다. 이런 관점에서 간디를 '행동하는 성자'로 규정하고 출발하고 싶다.

간디는 인도가 영국의 식민지배 아래에서 급격한 변화와 갈등을 경험하던 시기에, 비폭력주의 노선을 통해 인도의 개혁과 독립 그리고 인류의 궁극적인 해방을 추구했다. 간디는 생각하고 믿는 바가 실천되지 않는다면 그것은 무의미한 것이라고 여겼다. 따라서 생애를 통해 자신이 확신하는 가치를 철저하게 행동으로 옮겼다. 그리고 어떠한 상황에서도 자신의 신념에 따라 행동하는 이 원칙을 버리지 않았다. 이 점에서 그의 생애가 바로 그의 메시지라고 할 수 있다.[11)]

그러나 간디를 인류의 위대한 성현으로 평가하게 만드는 핵심요인은 그의 신념이 토대를 두었던 가치와 그 가치를 실현한 방식에 있다고 생각된다. 간디가 확신하며 추구했던 가치는 현실적 차원을 넘어서는 종교적인 것이었고 인도의 차원을 뛰어넘는 보편적인 가치였다. 이 점에서 간디는 성자적 면모를 지닌 인물이었다고 할 수 있다. 간디가 어떠한 경우에도 자신이 믿는 바를 실천에 옮길 수 있었던 힘의 근거는 그가 사뜨야satya 즉 진리라 믿는 것에 대한 확고한 확신이었다. 간디는 신을 진리라 불렀고 또한 진리를 신이라 불렀다. 그에게 진리는 신의 다른 이름이라 할 수 있다. 그리고 그 진리의 구체적인 내용은 우주와 사회의 질서이자 법칙인 다르마dharma 즉 정의로움과 그가 '사랑'이라고 표현한 아힌사ahiṁsā 즉 비폭력이었다. 한마디로 표현하면 보편적 선이었다.

간디는 정의로움과 사랑이 우주와 인간사회가 그 토대로 삼고 있는 변경할 수 없는 최고의 법칙이라 믿었다. 따라서 이롭고 지속적인 어떤 것을 얻고자 한다면 이 법칙을 공고히 해야 한다고 생각했고 삶의 모든 분야를 이 법칙 또는 진리에 일치시키려 노력했다. 간디의 평전을 쓴 바르마는 간디는 평범한 사람들이 자신의 자유를 지킬 권한과 힘을 보존하는 사회, 경제, (국가 및 국제적) 정치질서를 원했다고 기술하고 있다.(Varma, 2002) 따라서 간디가 생애를 통해 추구한 것은 이 '진리'의 실현, 또는 신 다시 말해 우주를 지배하는 법칙과 하나가 되는 것이었다. 그런 의미에서 간디의 생애는 진리란 신에게 자신을 헌신한 생애였다고 할 수 있다.

간디는 자신의 기본사상과 믿음을 힌두적 용어와 개념으로 제시했다. 이는 그가 힌두 문화를 배경으로 자라난 힌두교도였던 데 기인하는 것이다. 하지만 그의 사상이나 메시지가 힌두 사상에만 국한된 것이라고 볼 수는 없다.

실제로 간디는 모든 종교에 열린 태도를 가지고 종교 간 통합을 추구했고 인도만의 해방과 인도인들만의 복지가 아니라 전 인류의 해방과 복지를 진정으로 추구했다. 그리고 이 목표를 철저히 비폭력적 방법 즉 정의로움과 사랑의 방법으로 달성하려 했다. 그렇기 때문에 간디가 추구하는 가치는 보편적 휴머니즘에 토대를 두고 있다고 할 수 있다. 인디라 간디도 "그는 약한 자신의 두 손으로 인도인들과 인류를 들어올렸다. 그의 위대한 업적은 정치적 달성이 아니라 그들의 내적 삶에 깊은 영향을 미쳤다는 점이다"라고 쓰고 있다.(Kripalani, 1984: 10) 또 끄리빨라니도 간디가 인도를 위해 일한 것은 그가 인도에서 태어나고 당시 인도의 고통스런 상황이 그의 도덕적 감성을 자극했기 때문이지 (그의 행위는) 특정 인종, 국가, 종교에 국한되지 않는다고 지적한다.(Kripalani, 1984: 18) 이러한 점들은 간디의 성자적 면모를 보여준다.

역사적으로 휴머니즘에 입각해 행동했던 인물들은 많다. 또 모든 시대마다 낙원에 대한 열망이 존재했다. 하지만 늘 그것은 실현되지 못한 채 이상과 꿈의 자리에만 머물곤 했다. 간디의 이상 역시 적어도 지금까지는 온전히 실현되지 못하고 있다. 그럼에도 불구하고 간디에게서 발견되는 차이점이 있다. 그가 자신의 생애를 통해 보편적 휴머니즘에 근거한 자기 신념과 이상을 실현하려는 실험을 끊임없이 시도했고 그것이 실현될 수 있는 가능성을 몸소 입증해 보였다는 점이다. 인디라 간디도 그는 누구도 따라갈 수 없는 이상주의자였지만 동시에 대단한 현실적 실천가였다고 평가한다.(Kripalani, 1984: 11) 이것이 필자가 그를 행동하는 성자로 규정하는 이유다.

'인생교과서'는 인류가 찾으려 애써온 근원적 물음에 대한 답을, 인류의 현자들이 물었음직한 물음과 그들이 찾아낸 답의 형식을 통해 다루고 있다. 간디의 경우는 물음보다는 확신이 훨씬 강한 인물이었다. 신도, 진리도, 인간도, 그리고 인간의 삶과 죽음도, 정의도 삶의 의미와 목표도 그에겐 모두 분명했다. 그래서 간디에게는 자신이 확신하는 바를 어떻게 실현할 것인가가 온 생을 통한 지속적인 화두였다. 다시 말해 '무엇'이나 '왜'가 아니라 '어떻게'를 물은 사람이었다. 간디는 주어진 것을 인정하고 수용하면서 동시에 그것들 속에서 긍정적인 최고의 가치(보편적 선)를 찾아내어 그 가치를 실현하는 것을 삶의 목표이자 의무로 여겼다. 그는 이 최고 가치를 신으로도, 진리로도 불렀다. 이 신 또는 진리가 간디가 가졌던 모든 확신의 근거였다. 이 책에서는 인간과 삶의 문제를 포함해 간디가 관심을 기울였던 주요 주제들을 다룰 것이다.

| 차례 |

1부
삶과 죽음

2부

나와 우리

3부

생각과 행동

4부

종교와 철학

1부

삶과 죽음

인도종교는 삶과 죽음이 연계되어 있다고 인식해왔다. 간디도 인도종교의 생사관을 공유했겠지만 간디는 죽음의 문제보다는 현실에서 정의로운 삶을 실현하는 데 몰두한 인물이다. 죽음의 문제가 그에게 중요하지 않았다는 의미가 아니라, 다만 간디는 죽음과 그 이후는 전적으로 신(또는 우주의 법칙)에게 맡기고 자신에게 주어진 현실에서의 삶의 의무를 치열하게 실천하는 데 몰두했던 것이다. 조금이라도 더 진리에 가까이 다가서는 삶을 사는 일에만 충실했던 것이다.

참된 삶의 의미는
무엇인가
?

조금이라도 더 가까이
진리에 이르는 삶

삶은 자아실현을 향한
갈망이다

조금이라도 더 가까이 진리에 이르는 삶

—류성민

무엇을 하면서 부지런히 살아야 하는가

우리의 유행가 제목에서 가장 많이 사용되는 것이 '사랑'이고 그다음이 '인생'이라고 한다. '인생은 나그네길', '인생은 요지경' 등등 인생을 주제로 한 갖가지 노래가 널리 불린다. 모두 그럴듯한 내용을 담고 있지만 그렇다고 인생이 꼭 그런 것만은 아니란 생각도 든다. 도대체 산다는 것은 무엇인가?

우리 모두가 어려서부터 어른들에게서 "너는 커서 무엇이 될래?"라는 질문을 자주 받았을 것이다. 그리고 그저 막연히 대통령이라거나 장군, 경찰, 의사, 변호사, 선생님 등등 그저 훌륭한 사람이 되고픈 희망사항이 주된 대답이었을 것이다. 최근에는 연예인이 되고자 하는 것이 어린이들 꿈의 대세라고 한다던데. 그런데 어렸을 때의 그런 '꿈'을 실현하는 사람은 얼마나 될까? 나이가 들면서 대다수 사람들의 희망은 자주 변하게 되고 어쩌다 보니 어떤 일을 하면서 먹고 살게 되는 것이 아닌가. 나이가 들면서 "세월 참 빠르구나, 세월이 흐르는 물 같고 떠가는 구름 같다더니 틀린 말이 아니구나"라는 느낌이 드는 것이 인지상정일 것이다. 대부분의 성현들도 인생이 매우 짧고 빠르게 지나간다는 말을 했다. 삶을 깊이 성찰하면 할수록 인생이 찰나요 순간에 불과함을 깨닫게 된 것이리라. 간디도 그렇게 생각했다.

> 어떤 선각자는 우리 인간을 나그네라고 불렀는데 맞는 말이다. 우리는 잠시 동안 여기에 머물러 있을 뿐이다. 그 후에는 죽는 것이 아니라 집으로 돌아가는 것이다. 얼마나 아름답고 참된 생각인가?[12)]

간디는 인생은 짧기에 부지런히 살아야 하며 게으른 것은 마치 죄를 짓는 것같이 생각하면서 살았다고 할 수 있다. 그의 자서전을 읽다 보면 그의 부지런한 삶을 쉽게 알 수 있다. 우선 그는 해야 할 일을 미루려 하지 않았다. 특히 누군가와 약속을 하면 반드시 지켰고, 그러기 위해서는 부지런해야 했다. 아마도 게으른 사람의 두드러진 특징은 해야 할 일을 아무런 이유도 없이 미루는 것이리라. 간디가 부지런히 살았던 가장 중요한 이유는 먹고사는 일만 하지 않았기 때문이다. 그가 '봉사'라고 여긴 다른 사람들이나 국가를 위한 일에도 충실하고자 했기에, 그러한 일을 위해서도 부지런하지 않을 수 없었다. 부지런해야 가족도 부양하고 사회를 위해 봉사도 할 수 있는 것이다.

한 가지 더 언급하자면, 간디는 운동과 육체적인 일을 정신적인 일 못지않게 중요시했다. 그는 적어도 매일 16킬로미터 이상을 걸어야 한다고 생각했고 실제로 그 자신이 평생 그렇게 걸어다녔다. 그 정도 거리라면 아무리 빨리 걸어도 4~5시간은 필요하다. 그러면서도 8시간 이상은 육체노동과 정신노동을 병행해야 한다고 여겼기 때문에 그는 부지런하지 않을 수 없었다. 간디가 60세쯤 되었을 때 영국 수상이 주재하는 원탁회의에 참석하기 위해 런던에 머물렀는데, 그는 회의 장소에서 상당히 멀리 떨어진 빈민가에 묵었다. 당시의 하루 일과를 보면 그가 얼마나 부지런히 살았는지를 알 수 있다.

오전 1시	숙소로 돌아옴
오전 1시~1시 45분	150미터의 길쌈
오전 1시 50분까지	일기쓰기

오전 2시~3시 45분	취침
오전 3시 45분~5시	세면과 기도
오전 5시~6시	휴식
오전 6시~7시	산보하면서 인터뷰
오전 7시~8시	아침 목욕
오전 8시~8시 30분	아침식사
오전 8시 30분~9시 15분	사무실로 출근
오전 9시 15분~9시 45분	기자 등과 회견
오전 9시 45분~11시	원탁회의 장소로 출발
오전 11시~오후 1시	원탁회의
오후 1시~2시 45분	미국 기자간담회 강연
오후 3시~5시	이슬람교 대표들과의 회의
오후 5시~7시	인도 대표들과의 회의
오후 8시~9시 10분	기도 및 저녁식사
오후 9시 10분~12시	회의
오전 0시 30분~오전 1시	숙소로 이동[13]

이러한 일정에서 볼 수 있듯이 간디는 하루 24시간 중 취침과 휴식은 모두 합해 2시간 45분에 불과하고, 두 번의 식사와 기도, 목욕 등을 제외한 17시간 정도를 각종 일을 하면서 하루를 보냈다. 인도에서의 생활도 크게 다르지 않

았다. 특히 인도의 독립을 위해 활동하던 때에는 거의 매일같이 3시간 이상 잠을 자지 않았다. 그야말로 간디는 일생 동안 매우 부지런하고 근면한 삶을 살았다고 본다.

그런데 중요한 것은 부지런히 사는 것 자체가 아니라 무엇을 하면서 부지런히 살았는가 하는 것이다. 간디는 부지런히 살았기 때문에 '위대한 혼'으로 불린 것이 아니다. 또한 변호사라는 직업을 통해서 유명인사가 된 것도 아니다. 간디는 어려서부터 변호사가 되는 꿈이 있었던 것도 아니었다. 간디는 변호사를 비롯한 법률가라는 직업을 매우 혐오했고 가장 좋지 못한 직업의 대명사로 여기기까지 했다.

삶의 의미는 찾고자 하는 사람에게만 찾아지는 것

잘 알려져 있듯이 간디는 남아프리카공화국에서 변호사로 일하면서 인도인들을 위해 사탸그라하 운동을 시작했고, 인도에서도 농민과 노동자, 불가촉천민을 위해 그 운동을 널리 전개했다. 그리고 결정적으로는 영국으로부터의 독립을 위한 사탸그라하 운동을 대대적으로 실시했다. 그런데 간디가 이러한 일들을 하고자 했던 것은 그의 직업 때문도 아니었고, 어려서부터 그것을 삶의 목표로 삼았던 것도 아니었다. 원래 간디는 의사가 되고 싶었으나 주변 사람들의 권유로 법을 공부했고, 영국에 가게 된 것도 공부에 관심이나 소질이 없어 대학을 중퇴하고 있던 차에 지인의 권유와 외국에 대한 막연한 동경 때문이었다.

남아프리카로 가게 된 것도 마찬가지로 그의 뜻이나 계획이 아니었다. 인도에서의 변호사 생활에 적응하지 못하고 법정에서 망신만 당해 낙담하고 있을 때 우연히 한 회사의 고문변호사로 초청을 받게 된 것뿐이었다. 그가 1년만 그곳에 있으려 했다가 20년을 넘게 있게 된 것도, 그곳에서 사탸그라하 운동을 시작하게 된 것도 모두 계획이나 의도에 의한 것이 아니었다. 심지어 그가 나름대로 계획한 일들조차 원하는 방향대로 되지 않은 경우가 더 많았다. 그래서 그는 이렇게 고백했다.

> 신은 나의 어떤 계획도 그대로 실행되게 하지 않으셨다고 말할 수 있을 것이다. 신은 나의 계획들을 그 자신이 하고자 하는 대로 처리했다. (…) 이 세상에서 확실한 것을 기대하는 것은 잘못이라고 나는 생각한다. 세상에서는 진리인 신을 제외하고는 모든 것이 불확실하다. 내 주변에서 일어나는 모든 일들이 불확실하고 덧없다. (…) 어렴풋이나마 그 진리인 신을 붙잡을 수 있고 자신의 길을 그것에 붙들어맬 수 있으면 축복을 받은 것이리라. 진리에 대한

탐구가 삶의 최고선最高善이다.[14)]

이러한 고백에서 알 수 있듯이, 간디는 배우자 선택은 물론 변호사라는 직업을 선택하게 된 것이나 사탸그라하 운동을 하게 된 것이나 인도국민회의에 참여해 정치를 하게 된 것 등등 그의 인생에서 중요한 계기가 된 것들 모두가 그의 꿈도 아니었고 계획한 것도 아니었다. 그러한 모든 것은 그가 살던 인도 사회의 관습을 따르다 보니 벌어진 것, 생각하지도 못한 상황에서 불가피하게 이루어진 일들이었다. 간디의 말대로 세상에서, 그리고 그의 인생에서 확실한 것은 하나도 없었다.

일반적으로 사람들은 자신의 직업에서 삶의 의미를 찾고자 한다. 어려서부터 특정한 직업을 생각하며 거창한 '꿈'을 꾸게 된다. 공부하는 목적도 그 꿈을 실현하고자 하는 것이 되고, 대학에서 학과나 전공을 선택하게 되는 것도 마찬가지다. 원하는 대학에 들어가고 원하는 직업을 가질 수 있으면 다행이지만 대다수가 그렇지 못한 것이 현실이다. 직업이 살아가는 데 중요하지만 간디의 경우처럼 어떤 직업에 종사하며 살아갈지는 불확실한 경우가 훨씬 더 많을 것이다. 그리고 어떤 직업을 선택하든 그 직업 자체가 삶의 목표가 될 수는 없다. 그렇기 때문에 어떤 직업이나 직종에서 삶의 의미를 찾는 것은 적절하지 못하다고 할 수 있다. 그래서 흔히 '무엇'을 하며 살아야 하는가를 묻는 것보다 '어떻게' 살아야 하는가를 묻는 것이 더 중요하다고 한다. 산다는 것이 무엇인지를 묻는 것은, 그래서 참된 삶의 의미가 무엇인지를 묻는 것은 바로 어떻게 사는 것이 의미 있는 삶을 사는 것인지를 묻는 것이라고 할 수 있다. 바로 이러한 물음이 간디로 하여금 '진리'를 찾게 만들었다고 본다.

간디는 자신이 어떤 일을 하게 되든 간에 그것이 진리를 찾는 길인지를 고민했다. 그 진리가 그에게는 신이었다. 그는 평생 동안 어떻게 하는 것이 진리를 찾는 길로 들어서는 것인지를 알고자 했다. 그가 인생의 많은 실험을 통해 찾은 그 방법이 '아힘사'였다. 진리가 목적이라면 아힘사는 그 수단이었다. 아힘사를 통해 진리를 찾고자 했던 것이다. 누군가 간디에게 "참된 삶의 의미는 무엇인가?"라고 묻는다면 그는 분명 "진리인 신을 찾는 것"이라고 답했을 것이다. 그의 표현대로 하면, "얼굴을 맞대고 신을 보는 것to see God face to face"이다. 그는 자신의 인생을 진리와 함께한 실험이라 말했고, 평생을 두고 실험하면서 조금씩 그 진리를 뚜렷이 보려고 했다. 그리고 진리를 가장 잘 볼 수 있는 방법이 '아힘사'라고 믿었다. 아힘사라

는 수단을 통해 진리라는 목표에 도달하려고 했고 그것이 곧 그가 실천한 사탸그라하 운동이다.[15)]

그런데 간디는 진리란 목표일 뿐 그것의 완전한 실현은 불가능하다고 보았다. 다만 죽을 때까지 최선을 다해 그 목표에 근접하려 했을 뿐이다. 그 목표와는 거리가 먼 엉뚱한 길로 간 적도 있었고 반대 방향으로 간 적도 있었다. 하지만 무수한 시행착오를 반복하면서도 목표가 무엇인지는 놓치지 않으려고 했다. 그래서 그는 삶의 어떠한 측면도 무시할 수 없었다. 간디가 하루 24시간이 모자랄 정도로 열심히 살고자 했던 것도, 건강을 유지하기 위해 부단히 노력한 것도 가능한 한 조금이라도 더 가까이 진리에 이르고자 했기 때문이다.

간디에게서 참된 삶의 의미가 무엇인지를 답하려다 보니 그를 변증하는 설교가 된 것 같아 괜스레 쑥스러워진다. 그래도 그는 참으로 열심히 살았다고 생각된다. 그렇게 밤낮으로 온갖 수고를 아끼지 않고 살면서 나름대로 산다는 것의 의미를 찾으려 했다. 어떤 일을 하든지 끊임없이 그 의미를 추구했다. 그러한 간디의 인생을 보면서 이런 상념에 젖게 된다. 아마도 산다는 것의 의미는, 참된 삶의 의미는 간디와 같이 일생을 통해 찾아야 하는 것은 아닌지. 찾고자 하는 사람에게만 찾아지는 것이 아닌지.

삶은 자아실현을 향한 갈망이다

—류경희

진리와 사랑을 추구하는 삶

'산다는 것은 무엇이며 삶의 의미는 무엇일까?' 우리가 살아가면서 자주 묻게 되는 질문이다. 또 이 물음은 '어떻게 살 것인가?', '어떻게 사는 것이 잘사는 것일까?'라는 물음으로 이어진다. 삶에 정답이 있는 것 같지는 않다. 또 삶의 경험과 지혜가 많다고 해서 언제나 명확한 답을 찾아내는 것도 아니다. 그렇기 때문에 계속해 자문하고 답을 찾으려 애쓰며 살아가는지도 모른다. 그런데 간디에게 이 물음에 대한 답은 확고하고도 분명했다. 간디는 삶에는 진리와 사랑의 법칙이 존재하며 따라서 참된 삶의 의미는 이 진리와 사랑을 추구하는 데 있다고 믿었다. 간디는 이렇게 말한다.

만일 사랑이 삶의 법칙이 아니라면 삶은 죽음 가운데서 존속하지 못할 것이다. 삶은 죽음에 끊임없이 승리한다. ; 인간과 동물이 다른 점은 인간이 이 법칙을 인지하여 자신의 삶에 실천적으로 적용시킨다는 점이다.(*H*, 26 Sept. 1936 ; *MM*, 16)

파괴 속에서도 생명은 지속된다. 그러므로 파괴보다 더 높은 법칙이 분명히 존재한다. 그 법칙 아래에서만이 잘 질서 잡힌 사회가 가능하고 삶은 살 가치가 있게 된다.(*YI*, Oct. 1931 ; *MM*, 16)[16)]

사랑이 있는 곳에 삶이 있다. ; 늘 생각, 말, 행동이 완전한 조화를 이루게 하라. 생각을 늘 정결하게 하면 모든 것이 잘될 것이다. ; 지속적인 발전이 삶의 법칙이다.[17)]

간디의 삶은 진리를 끊임없이 추구하면서 진리의 실현을 위해 지속적으로 투쟁하는 삶이었다. 끄리빨라니는 간디가 추구한 진리를, 추상적이거나 형이상학적 진리가 아니라 인간관계에서 실현될 수 있는 진리로 보았다.(Kripalani, 1984: 19) 그래서 간디 자신이 말했듯이 그의 삶이 그의 메시지였다. 그렇다면 간디에게 삶의 목적은 무엇이며 어떻게 사는 것이 참된 삶이었을까?

간디는 그의 자서전에서 자신이 자서전을 쓰는 목적을 자신의 진리실험 이야기를 해보려는 것이라고 쓰고 있다.(간디, 1979: 40) 여기서 '진리실험'의 의미는 진리를 테스트한다는 의미는 아니다. 그가 신이라고도 부른 진리는 우주의 법칙이자 삶의 법칙이므로 진리실현을 위한 자신의 여러 시도들을 의미한다고 볼 수 있다. 간디는 이 진리실현이 자신이 진정으로 원하는 자아실현 즉 신과의 대면이자 (힌두교도들의 삶의 궁극적 목표인) 목사moksa 즉 해탈을 달성하는 것이라고 밝힌다. 그리고 자신이 사는 의미와 존재이유가 바로 이 목적을 달성하기 위한 것이며 정치 분야의 활동 역시 이 목적 달성을 위한 것이었음을 분명히 한다.(간디, 1979: 41)

끝없이 자신을 희생하고 투쟁하는 삶

결국 간디에게 삶의 목적은 진리실현 또는 자아실현에 있었고 이 목표를 추구하며 사는 삶이 참된 삶이었다. 그래서 간디는 "삶은 갈망이다. 삶의 의미는 완성을 추구하는데 있고 그것은 자아실현이다"라고 말한다.(간디, 1997: 71) 간디가 삶을 갈망이라 말한 것은, 삶을 진리를 실현하려는 열망을 가지고 이 목표에 도달하기 위한 실천들을 끊임없이 행하며 살아가는 과정으로 이해했기 때문이다. 간디는 진리가 삶의 모든 원리와 규칙의 토대이며 진리를 추구하는 것이 삶의 목표여야 한다는 점을 되풀이해 강조했다.

> 인간은 신이 창조하신 모든 동물 가운데 자신의 창조주를 알도록 창조된 유일한 동물이다. 인간 삶의 목적은 물질적 기대나 소유를 나날이 더하는 데 있지 않으며 그의 소명은 자신을 만드신 창조주에게 하루하루 더 가까이 다가가는 것이다.(the Official Mahatma Gandhi eArchive)[18]

> 우리가 존재하는 유일한 이유는 진리에 봉헌하는 데 있다. 우리의 모든 활동은 진리에 중심을 두어야만 한다. 진리가 우리 삶의 호흡이어야 한다. 진리순례의 이 단계에 이르게 되면 옳은 삶의 모든 다른 규칙들은 노력 없이 오게 될 것이고 본능적으로 그 규칙들에 복종하게 될 것이다. 그러나 진리 없이는 어떠한 삶의 원리나 규칙들도 준수하는 것이 불가능할 것이다. ; 생각과 말과 행동에서 진실해야 한다. 이 진리를 완전하게 실현한 이는 더 이상 알 것이 없다. 모든 지식이 이 진리에 담겨 있기 때문이다. 진리에 포함되지 않은 것은 진정한 지식이 아니다. 그리고 진정한 지식 없이는 내적 평화란 있을 수 없다. 우리가 결코 실패하지

않는 이 진리실험을 적용하는 법을 배우게 되면 즉시 존재하고 보고 읽을 가치가 있는 것을 발견할 수 있을 것이다. 진리추구에는 자기고통, 때론 죽음까지도 따른다. 여기에 자기이해의 흔적은 있을 수 없다. 이기심 없는 진리추구에서 잘못된 길로 들어서 비틀거리다가 옳은 길로 다시 방향을 잡는다. 그러므로 진리추구는 진정한 박띠bhaktī(신에 대한 봉헌)다. 즉 신에 이르는 길이다. 그러므로 비겁함이나 패배는 있을 수 없다. 그것은 죽음이 영원한 생명이 되는 부적이다.(*YI*, 30 July 1931 ; *MM*, 24~25)

사실 박띠는 신에 대한 간디의 태도를 가장 잘 나타내는 힌두 용어다. 힌두교에서 박띠는 해탈에 이르는 세 주요 방법 중의 하나로 신에게 대가를 바라지 않으면서 오직 봉사하는 정신으로 지극한 사랑을 바치는 방법이다. 즉 에고이즘이 부재하는 사랑의 길이다. 간디의 인류에 대한 봉사 개념은 바로 신에 대한 이 이기심 없는 봉사에 해당하고 비폭력 개념은 이기심 없는 사랑이 된다. 간디는 이 사랑 즉 비폭력의 방법으로 진리를 실현하려 했다.

인간이 진리 전체를 알 수는 없다. 인간의 의무는 그가 진리를 보는 대로 가장 순결한 방법인 비폭력에 따라 진리를

실천하는 삶을 사는 데 있다.(*H*, 24 Nov. 1933 ; *MM*, 25)

간디는 이러한 삶의 목표를 인간이 스스로 선택한 것이라기보다는 신이 인간에게 삶의 의무로 부여한 것으로 보고 있다. 간디는 이렇게 말한다.

> 자신의 의무를 충실히 행하는 사람에게 자동적으로 권리가 생긴다. 의무를 행하는 권한이 그것을 위해 살고 죽을 가치가 있는 유일한 권한이며 모든 합당한 권한을 포괄한다. 나머지 권한들은 그 안에 폭력의 씨앗을 담고 있다. ; 인간은 자신의 계획을 세우나 때로 신은 그 계획을 뒤엎으신다. 하지만 동시에 궁극적 목표가 진리추구인 곳에는 인간의 계획이 아무리 좌절된다 해도 그 결과는 결코 나쁘지 않으며 때로 예상보다 더 낫다. 나는 경험을 통해 이 사실을 발견했다.(the Official Mahatma Gandhi eArchive)

간디는 그렇기 때문에 자신의 전 생애를 삶의 법칙으로서의 진리를 추구하는 일 또는 신을 실현하는 일에 바쳤다. 그는 인간의 모든 행동을, 더 나아가 삶을 신(진리 또는 정의)에게 바치는 봉헌물로 이해했다. 말하자면 삶 자체가 그에게는 힌두교의 전통적 사고와 마찬가지로 신에게 바치는 희생제의였다. 그래서 모든 행동과 삶이 정직하고 정결해야 한다고 생각했다. 특히 봉사가 그러했는데 두려움이나 자기이해 때문에 하는 봉사는 결코 봉사가 아니며 진정한 봉사는 자기이해를 초월해 신 또는 진리에 바치는 봉헌 즉 박띠라 여겼다.(Gandhi, 1964: 37)

잘 알려져 있듯이 간디는 힌두교 경전 중 하나인 『바가바드기따Bhagavadgītā』를 자신의 삶의 지침서로 삼았다. 그는 『바가바드기따』를 모든 경우와 어려움에 대한 해답을 담고 있는 책으로 여겼고 이 책이 묘사하는 전쟁을 우리 내면에서 일고 있는 선과 악의 끊임없는 투쟁으로 이해했다. 그리고 선의 승리는 『바가바드기따』의 핵심 가르침 중 하나인 욕망 없는 행위 즉 결과에 집착하지 않는 행위karma yoga를 통해 이루어질 수 있다고 확신했다. 또한 사회를 유지하고 자연을 보존하는 큰 대의를 위해 사회 속의 모든 인간이 자기 역할을 충실히 하며 살아가는 자기희생적 노력을 해야 한다는 가르침을 얻었다. 간디는 이를 야거yajña(희생)의 정신으로 불렀다. 실제로 간디의 삶 자체가 그가 확신하는 보편적 진리를 실현하기 위해 끝없이 자신을 희생하며 투쟁하는 삶이었다. 간디는 이렇게 말했다.

나는 단지 생각과 말과 행동에서 전적으로 선하고 전적으로 진실하며 전적으로 비폭력적이 되길 갈망하나 내가 진실하다고 알고 있는 그 이상에 도달하는 데 매번 실패하는 가난한, 투쟁하는 영혼이다. 그것은 고통스러운 등반이나 그 고통이 내게는 긍정적인 즐거움이다. 위를 향해 오르는 매 발걸음이 나를 더 강하게 느끼게 하고 다음 발걸음을 내딛게 한다.(the Official Mahatma Gandhi eArchive)

진리실현의 삶은 홀로 걸어가는 외로운 여정

진리실현을 위한 자기희생적 투쟁이었던 사띠아그라하satyagraha 운동은 진리를 위한 간디의 이런 투쟁적 삶을 가장 잘 보여준다. 간디는 수줍음이 많은 평범한 소년이었다. 그의 비범함이 드러나기 시작한 때는 남아프리카에서 인도인 이주노동자들의 인권을 위해 투쟁하던 때다. 이 시기 이후 간디의 삶은 인도인들과 인도, 더 넓게는 인류보편의 가치를 실현하기 위해 초인적으로 헌신한 삶이었다. 그러나 간디의 이러한 비범한 자질이 갑자기 형성된 것은 아니다. 어린 시절부터 그가 쌓아온 진실에 대한 자기성찰적 반성, 양심과 자기기준에 근거한 판단과 실천, 실수를 극복하는 태도 등을 토대로 점진적으로 형성되었다.

우선 간디는 자신의 양심이 수용할 수 없는 것들이나 자신이 옳지 않다고 생각하는 것들은 어떠한 경우에도 받아들이지 않았다. 또 자신의 결점과 실수를 확인하는 순간 그것을 곧바로 공개적으로 밝히고 실수를 고쳐나가곤 했고 받아들이기 힘든 전통적 관습에 따르기보다는 자신이 옳다고 생각하는 신념에 따라 행동했다. 영국 유학시절에도 간디는 어렵거나 혼돈스러운 상황에 처했을 때마다 늘 자기양심에 귀를 기울이는 자기성찰적인 태도를 통해 문제를 해결해나갔다. 간디의 생애에서 양심이 행동기준으로 작용했다는 점은 인생 후반에 그가 한 다음과 같은 말에서도 확인할 수 있다.

> 우리는 우리의 모든 행동을 양심에 물어 분석해야 한다. (…) 옳은 행동을 하기 위해 다른 이의 동의나 협동을 결코 기다리지 말라. 다른 이의 말에 신경 쓰지 말고 자기양심이 동의하는 것에 따라 행하라. 우리가 공공의 비판을 두려워할 때가 아니라 우리의 양심이 우리의 나쁜 행동을 나무라기 시작할 때 우리의 번성함이 오게 될 것이다.(Gandhi, 1964: 242)

> 당신이 모든 것 가운데 최고의 것의 부름, 즉 양심의 소리에 복종해야 할 때가 있다. 그러한 복종이 쓰디쓴 눈물과 그보다 더한 친구, 가족, 국가, 생명처럼 아끼는 모든 것들

을 잃게 한다 하더라도 말이다. 양심이 우리 존재의 법칙이기 때문이다.(the Official Mahatma Gandhi eArchive)

간디는 양심 즉 '내면의 소리'에 따를 것을 강조한다. 그는 이것을 '이성의 명령'으로도 표현했다. 그리고 내면의 소리를 듣기 위해서는 우선 길고도 험한 훈련과정을 거쳐야 한다고 주장한다. 그는 이 내면의 소리를 신의 목소리이자 진리의 소리이며 양심의 소리로 이해한다. 이 모두가 하나이며 같은 것이라는 주장이다.(간디, 1997: 47~49). 또 간디는 옳은 행동원리에 대해 이렇게 말한다.

옳고 그름에 대한 식별이 부족하면 그 사람의 일은 더 문제를 만들어내는 경우가 많다. 늘 자신에게 정직하고 세밀한 자기분석으로 자기실수를 바라봐야 한다. 그리고 다른 이의 결함은 그 사람 전체를 볼 수 있도록 언덕 꼭대기에서 바라봐야 한다. 이 규칙을 삶의 지침원리로 삼는다면 무한한 죄와 슬픔에서 우리를 구할 수 있다. 그러므로 사람이 달성해야 할 첫 번째는 자기정직이다.(Gandhi, 1964: 248)

간디의 이러한 자질들이 비폭력에 토대를 두는 사띠아그라하 운동의 토대가 될 수 있었다. 사띠아그라하는 정의를 위한 투쟁방식으로 어떤 상황에서도 진리 편에 확고히 서는 것 또는 진리를 확고히 잡는 것이며 특히 억압받는 약자들이 자신들의 권리를 찾기 위해 일어설 수 있는 강력한 무기였다. 간디의 사띠아그라하 운동은 남아프리카에서 부당한 대우를 받고 있던 인도 이주노동자들의 인권을 위한 투쟁에서 시작되어 인도에서 독립투쟁으로 이어졌다. 간디는 이처럼 삶을 진리실현 곧 자아실현을 향해 지속적으로 자기발전을 이루어나가는 과정으로 이해했고 이 진리실현을 향해 가는 삶이란 홀로 걸어가는 외로운 여정이라 여겼다.

> 나는 삶이 홀로 걸어가는 것이라는 것을 안다. 홀로 세상에 와서 혼자 죽음의 그림자가 깔린 계곡을 걸어왔고 혼자서 떠나게 될 것이다.(간디, 1997: 209)

간디에게 묻고 싶은 질문과 답 02

행복이란 무엇인가?

더 중요한 것을 위해 기꺼이 포기하는 삶

행복은 진리실현 과정 속에 존재한다

더 중요한 것을 위해 기꺼이 포기하는 삶

—류성민

행복은 분명 모두의 소망일지나

어린 시절, 가장 먼저 배운 영어단어가 해피happy였다. 집에서 강아지 한 마리를 기르고 있었는데 그 이름이 '해피'였다. 이름을 부르면 꼬리를 흔들며 반갑게 다가오던 '해피', '해피'와 지낸 어린 시절은 해피했다. 중학교에 들어가 영어를 배우고 나서야 그 뜻이 '행복'인 것을 알았다. '해피'는 고등학교에 다닐 때까지 한 가족으로 살았는데 '해피'와 지낸 날들은 정말로 행복했다. 지금도 "행복이 무엇인가?"라고 물으면 제일 먼저 '해피' 생각이 난다.

행복이란 무엇인가? 한마디로 정의하기 어렵다. 사람들마다 나름대로의 행복이 있을 수 있고, 똑같은 처지에서도 어떤 사람은 행복하다고 여기지만 또 어떤 사람은 불행하다고 생각할 수 있다. 행복학이란 학문 분야가 있을 정도로 행복에 대한 사람들의 관심은 크다. 웰빙, 삶의 질, 번성, 힐링 등등 행복과 관련된 말들도 널리 사용되고 있다. 그럼에도 불구하고 행복이 무엇인지를 묻게 되면 쉽게 설명하기 어렵다.

우리가 잘 아는 유명한 사람들도 나름대로 행복에 대해 다양한 의견을 제시하기도 했다. 행복과 관련된 몇 개의 명언을 들어보자.[19)]

> 남에게 친절하고 관대한 것이 자기 마음의 평화를 유지하는 길이다. 남을 행복하게 할 수 있는 사람만이 행복을 얻을 수 있다.(플라톤)

> 행복이란 외면적인 데 있는 것이 아니라 인생에 대한 밝은 견해와 맑은 마음속에 깃드는 것이다.(도스토옙스키)

> 행복하다는 것은 소망을 가지는 것을 말한다.(헤르만 헤세)

아마도 이러한 말들을 모아보면 한 권의 책으로도 부족할 것이다. 행복에 대한 명언들이 각각 다른 뉘앙스를 띠고 있지만, 행복을 찾기(얻기) 위해 나름대로 노력한 삶의 경험과 성찰을 통해 나온 것임이 분명하고, 모두 새겨

둘 만한 의미 있는 말씀이다. 누구에게나 행복하길 바라는 심사가 있음도 알 수 있다. 또한 부귀와 명예, 무병장수와 같은 것들이 우리를 행복하게 하는 것은 아님을 이러한 명언들에서 확실히 알 수 있다. 그런데 무엇이 행복이든 간에 행복은 모두의 소망이라 할 수 있을 테지만, 이러한 명언들 속에서도 행복이 무엇인지 명확하게 알 수는 없는 것 같다.

진정한 행복이란 밖이 아닌 안에서 오는 것

간디가 행복에 대해 자신의 견해를 장황하게 피력하거나 행복을 주제로 쓴 글은 별로 없지만, 그의 말 가운데 행복에 대해 언급한 것들은 적지 않다. 특히 간디를 바푸bapu('아버지'라는 힌디어)로 불렀던 그의 제자이자 동료 힝고라니Anand T. Hingorani에게 2년에 걸쳐 매일 한 구절씩 그의 생각을 적어준 글에는 행복에 관한 말이 많다. 행복에 관한 간디의 말을 조금 살펴보자.

> 진정한 행복이란 밖에서 오는 것이 아니라 안에서 오는 것이다.[20)]

> 세상은 서로 반대되는 것들로 가득 차 있다. 행복 뒤에는

슬픔이, 슬픔 뒤에는 행복이 있다. (…) 비집착non-attachment은 이러한 서로 반대되는 것들에 영향을 받지 않는 것이다. (…) 앞에서 말한 것에서 알 수 있듯이, 행복의 열쇠는 진리에 대한 예배에 있음을 알 수 있다. 진리는 모든 것을 주는 것이다.[21]

진리 탐구에 성공하려면 사랑과 미움, 행복과 불행 등등 이원적인 것에서 완전히 벗어나야 한다.[22]

우리의 행복과 마음의 평화는 우리가 옳고 정당하다고 여기는 일을 하는 데 있다. 다른 사람이 말하는 것이나 행하는 것을 하는 데 있는 것이 아니다.[23]

행복에 겨워 즐거워한다면 불행이 오기 마련이다. 참된 행복이란 슬픔과 고통 속에서 솟아오른다.[24]

간디가 행복에 대해 말한 것들에서도 모두 그의 경험과 깊은 성찰을 볼 수 있고, 앞의 명언과 마찬가지로 모두 음미할 만한 가치가 있음도 느껴진다. 행복에 대한 간디의 견해에서 적어도 두 가지 점은 그 의미가 분명히 드러난다. 하나는 행복을 외면적인 것, 이를테면 부귀영화와 같은 어떤 물질적이거나 외면적으로 드러나 보이는 것에서 찾지 말아야 한다는 것이다. 무엇이 있어야 행복할 수 있는 것은 아니라는 것이다. 앞서 언급한 명언들에서도 그 점을 확인할 수 있다.

다른 하나는 행복과 불행, 사랑과 미움 등 이원적이고 상반되는 것들에 대한 지나친 집착을 경계하면서 그것을 넘어서는 진리를 추구하는 것이 '참된' 행복임을 역설하는 것이다. 여기서는 간디의 다소 독특한 행복 이해를 볼 수 있다. 이러한 언급을 하게 된 일화가 있다. 간디가 남아프리카에서의 사탸그라하 투쟁을 마치고 20여 년 만에 영국을 경유해 인도로 돌아가던 1914년의 일이다.

영국으로 가는 배에서 간디는 남아프리카에서 함께 살기도 했고 사탸그라하 운동에도 많은 관여를 했던 카렌바흐Herman Kallenbach 씨와 동행했다. 카렌바흐에게는 값비싼 쌍안경이 몇 개 있었는데, 간디는 소박한 생활을 이상적인 삶으로 여기고 함께 살아온 카렌바흐가 그러한 물건을 애지중지하는 것이 걸맞지 않다고 생각했다. 그것 때문에 둘이 많은 토론을 하기도 했다. 어느 날 간디는 선창에 서서 그와 함께 논쟁을 하다가 마침내 이렇게 말했다. "쌍안경들을 우리 둘 사이의 논쟁의 근원으로 놔두기보다는 바다에 던져버려 논쟁을 끝내는 것이 어떻겠습니까?" 카렌바흐도 흔쾌히 동의를 했고 간디는 그 쌍안경들을 바다에 던졌다. 이러한 식으로 둘 다 조금씩 진리에 다가서게 되었다고 간디는 술회하고 있다.

영혼을 위해 온 세상을 버리는 삶

누구나 소중히 여기는 물건이 있고 그것을 버린다는 것은 상상하기조차 힘들다. 비록 값비싸고 희귀한 것이 아닐지라도 개인적인 경험을 추억할 수 있고 그것을 가지고 있는 것만으로도 행복을 느낄 수 있는 그런 물건들도 있을 것이다. 물건이 아니더라도 어떤 직책이나 일, 혹은 명예나 활동 등도 소홀히 하거나 버리기 힘든 경우도 있다. 그러한 것들 속에서 행복을 찾을 수도 있다. 그런데 간디는 그러한 것을 과감히 버려야 행복해질 수 있다고 말한다. 그렇다면 간디가 말한 '참된' 행복, 곧 진리는 무엇이고 그것을 어떻게 얻을 수 있는가?

힌두교를 믿는 인도인들이 이상적이라고 믿는 삶에서는 모든 것을, 그것이 물건이든 명예든, 직책이나 직업이든, 심지어 가족과 친구마저 포기해야 할 때가 있다고 여긴다. 대체로 인도인들은 인생을 4단계로 구분한다. 첫 단계는 결혼하기 전까지 심신을 훈련하고 단련하면서 자신의 카스트에서 부과되는 의무들을 배우는 시기다. 그래서 범행기梵行期 혹은 수련기, 훈련기로 불린다. 육체적으로도 강건하고 정신적으로는 지혜롭게 되기 위해 노력해야 하는 시기다.

두 번째 단계는 결혼해 자식을 낳고 가정을 보살피는 단계로, 가장의 시기 혹은 가주기家住期라 한다. 세 번째 단계는 가족의 부양과 같은 의무가 없어진 후에 먹고사는 문제에서 벗어나 조용히 자신의 인생에 대해 숙고하고 명상하면서 지내는 시기다. 주로 집을 떠나 숲이나 아슈람에 머물며 생활하는 시기다. 그래서 임서기林棲期, 임간기林間期로 불린다. 마지막 단계는 모든 것을 버리고 단지 궁극적인 종교적 목적, 곧 목샤moksha를 성취하기 위해 매진하는 시기로, 성스러운 장소나 거리를 떠도는 유행기遊行期라 한다. 이 마지막 시기는 모든 것을 포기한 시기이며, 이 단계에 들어간 사람들을 산냐신samnyasin이라 하는데 그 말 자체가 '포기한 자'라는 뜻이다.

이러한 삶의 단계를 이상적으로 여기지만 실제로 그러한 단계를 밟으며 사는 사람들은 그리 많지 않다. 대다수 인도인들은 산냐신을 존경하고, 언제든 그러한 삶을 살 수 있길, 현생에서 안 되면 내생에서라도 그렇게 되길 기도한다.

일생을 4단계로 나누는 힌두교에서 한 단계 위로 올라

간다는 것은 그 이전 단계에서 중시하고 가치 있게 여긴 것을 포기하는 것을 뜻한다. 인도에서 널리 암송되는 이런 산스크리트어 시구가 있다. "가정을 위해 개인을 버리고, 공동체를 위해 가족을, 국가를 위해 공동체를, 영혼을 위해 온 세상을 버린다."[25] 물론 어떤 것을 포기하는 것이 그것을 가치가 없는 것이거나 쓸모없는 것으로 여긴다는 뜻은 아니다. 매우 중요하고 의미 있는 것일지라도 더 중요한 것을 위해 기꺼이 버린다는 뜻이다. 그러한 이유에서 어떤 단계를 뛰어넘거나 무시하는 것을 바람직하게 여기지 않는다.

간디가 힌두교의 이상적인 삶의 단계를 그대로 밟았다고 할 수는 없을 것이다. 그 자신이 그러한 단계를 중시하지도 않았다. 그렇지만 그가 일생을 통해 추구한 진리를 위해 그는 늘 포기하는 삶을 살았다. 학업(영국 유학)을 위해 자신의 카스트에서 배제되는 것을 감수했고, 진리를 추구하는 삶을 살기 위해 먹는 것도, 부부의 성생활도, 온갖 훈장과 명예도, 재산도, 소유도 과감히 포기할 수 있었다. 그에게 그렇게 진리를 추구하는 삶은 행복한 것이었다.

행복은 진리실현 과정 속에 존재한다

—류경희

개인보다 공동체를 중시하는 행복

간디가 행복 자체에 대해 직접 언급한 자료는 그리 많지 않다. 하지만 간디의 사상과 생애를 이해한다면 대답은 확실하고 간단할 수도 있다. 그에게 행복은 넓게는 신 곧 진리와 정의의 실현이라는 대의를 위해 자신에게 부여된 의무를 수행하며 자신을 봉헌하는 삶에 있었다. 다시 말해 사회, 국가, 인류라는 공동체 전체의 최고선과 복지를 위해 자기를 희생하며 바치는 삶, 이것이 간디에게는 의미 있고 행복한 삶이었다. 그렇기 때문에 간디는 성공이란 자기 믿음을 실천하고 의무를 완수하는 것으로 생각했다. 간디는 이렇게 말한다.

잘못을 저지르는 사람을 보면 나는 나 자신에게 나도 잘못을 저지른 적이 있다고 말하고 탐욕스러운 사람을 보면 나도 한때 그랬다고 자신에게 말을 한다. 이런 식으로 나는 이 세상의 모든 사람들을 친족처럼 느낀다. 우리 중 가장 비천한 이들이 행복하지 않다면 나는 행복할 수 없다고 느낀다.(the Official Mahatma Gandhi eArchive)

내가 육체노동을 주장한 것은 정신활동을 배제한 것이 아니다. 내 뜻은 활동의 종류가 무엇이든 모두에게 같은 임금이 주어져야 한다는 것이다, 의사나 변호사 같은 직업이나 거리 청소원이나 사회에 같은 기여를 하므로 같은 임금을 받아야 한다는 원칙이다. 왜 그들의 삶의 수준이 차이가 나는가? 정의와 평등에 근거한 이 원리를 모두가 자기 삶에 적용한다면 인도뿐 아니라 전 세계가 물질, 정신적으로 고양되고 행복한 사회가 될 것이다.(Gandhi, 1964: 245~46)

결국 간디의 행복 개념은 개인보다는 공동체를 중시하는 행복 개념이다. 이러한 행복 개념은 그가 인간을 공동체적 존재로 파악한 것에서 비롯된다고 할 수 있다. 간디는 또 진리실현을 인간이 궁극적으로 자신을 해방시키는 자기실현과 동일시하고 이 자기실현 과정을 행복으로 보았다.

행복은 문명사회에서 인간의 존엄이 실현됨을 뜻한다. 또 그것은 인간의 자유를 갈망함도 뜻한다. 행복은 완전한 진리를 추구하는 과정 속에 있다.(간디, 1997: 458)

그러나 이 자기실현 개념 역시 개인주의적 의미를 지니는 것은 아니다. 여기서 자기실현은 좁은 자아인 에고를 초월해 더 큰 전체와 하나가 되는 것을 의미하기 때문이다. 따라서 자기 또는 자아실현으로서의 행복 개념 역시 근본적으로는 공동체적 행복 개념이라 할 수 있다.

또 간디는 러스킨의 책 『Unto This Last』에 크게 영향을 받아 직접 번역한 책 서문(Gandhi, 1956)에서 서구인들이 대체로 개인의 신체적 행복과 경제적 번성함을 행복으로 여긴다고 지적하고 이러한 행복추구는 도덕률을 때로 파괴하고 소수를 희생시킨다고 주장한다. 이러한 개인주의적 행복 개념은 이기성이 개입될 수밖에 없어 그가 추구하는 공동체적 행복 개념과는 배치되기 때문으로 보인다. 그는 이 책에서 도덕률에 순응할 때라야 행복할 수 있다는 러스킨의 생각에 동의를 표하고 있다. 여기서 도덕률은 우주의 법칙으로서의 진리를 의미한다고 볼 수 있다.

이러한 간디의 행복 개념에서 한 가지 더 발견되는 것은 물질적 풍요로움을 진정한 행복으로 보지 않는 점이다. 오히려 그는 간소한 삶과 무소유를 권장한다. 이는 인간의 본질을 영적인 것으로 보는 인도전통에서 오랫동안 지속되어온 관점이다.

> 나는 감각적인 즐거움을 추구하는 현대의 인위적인 삶을 반대하고 사람들에게 간소한 삶을 살도록 요청한다. 검소함으로 돌아가지 않는다면 야수성보다 낮은 상태로 돌아가는 것을 막을 수 없기 때문이다.(*YI*, 21 July 1921 ; *MM*, 90)

> 붓다, 예수, 무함마드가 무엇을 했는가? 자기희생과 (모든 세속의 욕망을) 버리는 삶을 살았다. 붓다는 진리를 추구하는 길에서 희생하고 고통받는 이들이 갖게 되는 행복을 전 세상과 함께 나누고자 했기 때문에 모든 세속의 행복을 버렸다.(*YI*, 8 Dec. 1927 ; *MM*, 91)

결국 인도전통과 간디에 따르면 인간이 실현해야 할 가장 커다란 행복은 인간의 영적인 본성을 실현하는 과정과 궁극적으로는 그것의 실현에 있다. 이는 정신적 요소를 행복의 핵심요소로 보는 관점이다. 그렇기 때문에 간디는 자신이 진리추구 과정에서 겪는 시련과 고통과 자기고행적 삶을 불행이나 진정한 고통으로 여기지 않았다.

진리와 정의와 신을 향해 나아가는 여정에서 거쳐야 하는 과정으로 생각했기 때문이다. 결국 행복과 불행은 객관적 실체가 아니라 주관적 감정이자 경험이며 관점에 따라 달라질 수 있는 것이라 할 수 있다. 그래서 행복과 불행이 있을 수 있으나 절대적 불행과 행복이 있다고 할 수는 없을 것이다.

욕망을 줄여 필요를 최소화한 상태가 행복

많지는 않지만 간디의 말이나 글에서 개인적 차원의 행복과 그 달성방법에 대한 언급도 발견된다. 간디가 행복의 조건으로 드는 몇 가지 기준 가운데 가장 중요한 것은 아무래도 '자기만족'이라 할 수 있다. 그는 이렇게 말한다.

> 인간이 일상의 삶에서 원하는 것이 많아지는 순간 계획된 삶을 살고 숭고한 사고를 하는 이상을 추구하는 길에서 추락하게 된다. 인간의 행복은 진정으로 만족하는 데 있다.(the Official Mahatma Gandhi eArchive)

간디의 이 말에서 일상에서 원하는 것이 많다는 것은 우리가 일상의 삶을 살아가면서 얻고 싶고 이루고 싶고 하고 싶은 것들이 많다는 것, 즉 세속적 욕망이 많다는 것을 의미한다. 인도종교와 철학 전통에서는 전반적으로 인간의 욕망을 부정적으로 인식해왔다. 인간이 본질적으로 자유로운 인간의 신성한 본질을 실현하는 데 있어 욕망을 가장 커다란 장애로 보았기 때문이다.

행복의 핵심은 과연 무엇이고 어떻게 하면 행복해질 수 있는 것인가? 어찌 보면 삶의 목적이 행복일 수도 있다. 지극히 세속적인 관점에서 본다면 부와 명예와 신체적 아름다움과 건강 그리고 사회적 성공과 지위와 같은 것들이 행복의 요건일 수 있다. 대부분의 사람들이 이와 같은 것들을 행복의 요건이라 여기며 이 행복의 요건들을 얻기 위해 일하고 노력하고 모험하며 투쟁하기도 한다. 이 모두에는 인간의 욕망이 내재되어 있다. 욕망을 달리 표현하면 무언가를 소유하거나 이뤄내려는 욕구와 집착으로 표현할 수 있을 것 같다. 인간으로 하여금 무언가를 위해 행동하게 만드는 것이 바로 욕망이며 이러한 욕망으로 인해 우리는 앞으로 나아가기도 하고 뒷걸음질 치거나 주저앉기도 한다. 충족된 욕망과 충족되지 못한 욕망이 있기 때문이다. 충족된 욕망은 행복감을, 충족되지 못한 욕망은 좌절과 패배와 불행하다는 감정을 가져다준다. 결국 욕망이 우리의 감정을 지배한다.

인도사상은 바로 이러한 욕망이 인간을 자유롭지 못한

속박상태에 묶어둔다고 보고 있다. 욕망하는 바가 크고 많을수록 우리는 그만큼 더 속박된다. 그래서 인도종교와 철학은 속박에서 자유로워지기 위해 욕망을 버릴 것을 권고한다. 무소유 정신과 검소하고 금욕적인 삶이 구체적인 예다.

간디는 이러한 삶을 추구했고 실천했다. 따라서 간디가 의미하는 '자기만족'이란 욕망이 충족된 상태라기보다는 욕망을 줄여 필요로 하는 것을 최소화한 상태에 가깝다. 행복은 많이 소유하는 데 있지 않다. 소유를 통해 얻는 행복은 일시적이며 결코 오래 지속되지 못한다. 왜냐하면 욕망은 완전히 채워질 수 없는, 끊임없이 원하는 것을 만들어내는 마술상자 같아서 욕망의 완전한 충족이란 불가능하기 때문이다. 따라서 인도의 종교와 철학은 인간이 몸과 마음의 욕망에서 해방되어 자유로워지기 위해서는 욕망을 줄이고 궁극적으로는 욕망을 제거할 수 있는 삶의 방식을 살아야 한다고 주장해왔다.

필요로 하는 것이 많을수록 우리는 그만큼 더 구속된다. 그것들을 얻기 위해 노력하는 과정에서 집착 속에 갇히게 되고 그것들을 얻거나 얻지 못했을 때의 감정의 기복 속에 휘말리게 된다. 그러나 필요로 하는 것이 적을수록 그만큼 더 자유로워질 수 있다. 자족의 상태란 외부에서 필요로 하는 것이 없는 상태를 의미하고 그렇기 때문에 외부의 것에 의존함이 없이 온전하게 충족된 상태이기 때문이다. 따라서 자족은 자유로움의 다른 표현일 수 있다. 또한 간소함과 간결함 그리고 단순함은 결코 빈곤함이 아니며 풍성함이자 투명함이며 아름다움일 수 있다.

행복의 가장 중요한 요건이 자족이라 하더라도 행복은 앞서 말했듯이 주관적으로 느끼는 감정이기 때문에 개인적 차원의 행복은 개인에 따라 다를 수 있다. 간디의 행복 개념은 서두에서 언급했듯이 공동체적 성격이 강하다. 그에게는 개인적 행복과 공동체 전체의 행복이 분리되지 않는다. 둘 모두가 진리실현이라는 동일한 목표를 달성하기 위한 필수조건으로 인식되기 때문이다. 즉 공동체의 선과 분리된 개인의 선이 있을 수 없고 공동체의 복지와 분리된 개인의 복지가 있을 수 없다고 보고 있다. 이러한 맥락에서 공동체의 대의를 위한 자기희생과 자발적 고통이 그에게는 결코 불행이나 고통이 아니었다. 그는 이렇게 말한다.

> 개인과 마찬가지로 국가도 십자가의 고통을 통해서만이 만들어질 수 있다. 기쁨은 다른 이에게 고통을 가하는 데서 오는 것이 아니라 자발적으로 택하는 고통에서부터 온다.(the Official Mahatma Gandhi eArchive)

즉 간디에게 행복은 자신이 추구하는 가치와 대의에 기반을 둔 목표를 향해 나아가는 것에 있었다. 그렇기 때문에 그는 그 과정에서 요구되거나 거쳐야 하는 고행과도 같은 힘겨움을 결코 고통이나 불행으로 받아들이지 않았다. 결국 간디가 추구하는 행복은 물질적이거나 세속적인 의미의 행복은 아니었다. 그는 진리, 신, 자아의 실현이라는 종교적이고 정신적인 이상향을 현실의 삶에서 구현하는 목표를 향해 부단히 행진해 나아가는 과정 속에 행복이 있다고 생각했다. 간디는 이것을 자기의무의 수행과정으로 보았다. 그렇기 때문에 그 과정에서 겪게 되는 성공과 실패에 크게 영향을 받지 않았던 것이다. 그것은 목표를 향해 나아가는 긴 여정에서 일어나는 작은 물결에 불과했기 때문이다. 간디에게 중요했던 것은 행복과 불행이 아니라 어떠한 상황에서도 자신의 가치를 추구하며 실천하는 일을 해나갈 수 있는 자기확신이라 생각된다.

간디에게 묻고 싶은 질문과 답 03

절망을 극복하는 방법은 무엇인가?

신념을 위해 할 수 있는
모든 일을 다하라

생의 의무인 가치와 신념의
실천적 실현

신념을 위해 할 수 있는 모든 일을 다하라

—류성민

절망은 죽음에 이르는 병

절망이라는 말은 늘 대학 초년생 시절을 떠오르게 한다. 유신시대 말기였다. 재수 끝에 시작된 대학생활은 암울했다. 입학한 지 얼마 되지 않아 교정에는 온통 최루가스와 화염병이 난무했다. 체념과 한숨과 좌절이 저절로 우리의 생활이 되었다. 5월의 아름다운 꽃들도, 화창한 날씨도 시야에 들어오지 않았다. 그저 기적과 같이 세상이 바뀌길 바랐지만, 교문에는 휴교령을 알리는, 모든 학생들은 학교를 떠나라는 통지문만 붙여져 굳게 닫혀 있을 뿐이었다. 갈 곳 없는 시골 촌놈이 아무 책이나 한 권 빼들고 어디 가는 줄도 모르는 버스에 올랐다. 멍하니 밖을 쳐다보다가 문득 가지고 나온 책에 눈길이 머물렀다. 앞면에도 뒷면에도 아무런 글자가 없었다. 첫 장을 넘기니 이런 글자가 보였다. "키르케고르, 죽음에 이르는 病."

무슨 의미인지 잘 모르는 내용이었지만 문장마다 문단마다 '절망'이란 단어가 무수히 쓰여 있었다. 웬지 모르게 그 단어가 낯설지 않았다. 한참을 읽다 보니 이런 구절이 있었다. 거의 40년이 지난 지금도 그 구절이 생각이 난다.

> 절망은 죽음에 이르는 병이다. (…) 그러나 이 병은 죽음으로 끝나지 않는다. (…) 죽고 싶어도 죽을 수 없는 병이다. 더 이상 살 수 없다고 여겨지지만, 죽을 수 있다는 희망마저 없는 병이 절망이다.[26]

살 희망이 전혀 없지만, 그래서 죽기를 간절히 바라지만, 그 바람조차 이루어질 수 없는 것이 절망이라는 말이었다. 이보다 더 절망을 잘 묘사할 수는 없을 것이다. 모든 희망이 사라질 때 사람들은 죽음을 생각하는데, 죽을 수 있다는 희망마저 사라진다면, 그야말로 절망이다. 그 시절에는 그러한 절망이 현실이라고 생각했었다. 죽는다고 달라질 것이 없다는 절망이 실존이었다. 죽음은 해결책이 되지 못했다.

누구나 살다 보면 어떤 해결책이나 돌파구도 없는 진퇴양난에 빠지고 절망하기도 할 것이다. 차라리 죽는 게 낫다고 생각될 때도 있을 것이다. 그러나 죽음의 선택은 문제의 해결이라기보다는 도피이고 다른 사람에게 책임을 전가시키는 것에 불과하다. 죽으면 아무 말도 행동도 할 수 없기 때문이다. 그러면 어떻게 해야 할까?

간디에게서 절망을 극복하는 방법을 찾는다면 무엇이 될까? 간디도 술회하고 있듯이 그 자신에게도 "가는 곳마다 상처를 입지 않고 빠져나올 수 없는" 시련이 많았다. 그렇지만 인도의 문화가 그러하듯 간디도 시련이 있다고 해서 절망에 빠지기보다는 최선을 다해 시련을 극복하려고 노력했다. 그의 일생에서 적어도 두 번은 거의 절망적이라 할 수 있을 정도의 큰 문제에 봉착했었다. 하나는 그가 "히말라야적 오산誤算"이라고 명명했던 폭력사태와 그와 유사한 몇 차례의 폭동이 일어난 때이며, 다른 하나는 인도가 인도와 파키스탄으로 분리, 독립될 때다. 이러한 때에 간디가 이를 어떻게 극복했는지를 알아봄으로써 절망을 극복하는 지혜를 찾을 수 있다고 본다.

책임과 실천이 있는 "내 탓이오"

첫 번째 경우는 1919년의 일. 인도를 통치하던 영국은 거의 계엄령 수준의 '로울래트 법안Rowlatt Act'을 통과시키려 했고, 간디를 비롯한 인도 지도자들은 그에 대한 저항으로 사탸그라하 운동을 펼칠 때의 일이다. 평화적으로 이루어진 전국적 하르탈hartal(곧 철시撤市)이 성공적으로 끝나자 간디는 그 법에 대한 불복종운동을 본격적으로 전개했다. 곧 사탸그라하 운동을 실시했던 것이다. 그런데 예기치 못한 엄청난 폭력사태가 일어났다. 간디는 곧바로 자신이 잘못 판단했음을 알았다. 사탸그라하 운동에서는 무엇보다 '비폭력'이 중요하고, 간디 자신이 그것을 가장 중시하고 강조해온 것이었는데, 도처에서 폭력사태가 발생하게 된 것이다. 세계에서 가장 높은 히말라야 산에 비유해 히말라야적 오산이라 할 정도로 간디는 자신의 잘못을 인정했다. 당시 간디의 심정을 '절망'이라 표현해도 지나치지 않을 것이다.

이때 그가 가장 먼저 한 행동은 사탸그라하 운동의 중단과 참회의 단식이었다. 건강이 매우 좋지 않았던 간디에게 단식은 무리였지만 3일간의 단식을 했다. 그 이후 폭력이 발생했을 때에도 간디는 참회의 단식을 했다. 그러면서 그는 폭력 발생의 원인을 고민했다. 결국 그는 사탸그라하 운동의 참여자들이 그 운동의 의미를 제대로 이해하지 못하고 있었다는 것을 알게 되었다. 그러한 사실을 모르고 있었던 것이 자신의 잘못임을 간디는 솔직히 인정했다. 그래서 그는 그가 관여하던 두 신문, 곧 「나자지반」

과 「영 인디아」를 통해 사탸그라하의 의미와 방법을 소개하여 널리 알리는 일에 매진했다.[27]

간디의 이러한 태도에서 절망에 빠지게 될 때 어떻게 해야 하는지 힌트를 얻을 수 있지 않을까. 어떤 큰 난관이나 곤경에 처하게 되면 우리는 우리 자신을 되돌아보기보다는 우리 자신 밖에서 그 원인을 찾기 십상이다. 그러다 보면 스스로 이겨내기 힘들게 되고 점점 더 절망에 빠지게 된다. 자기 자신이 할 수 있는 일이 별로 없기 때문이다. 물론 우리 자신의 잘못이나 실수로 곤경에 빠진 것이 아니라 외적인 환경이나 다른 사람 혹은 사회 전체의 문제가 더 큰 원인일 수 있다. 그렇다 하더라도 그러한 외적인 요인까지 고려하지 못한 것도 자신의 잘못으로 여길 수 있어야 하지 않을까. '내 탓'을 먼저 인정하는 것이 올바른 태도가 아닐까!

간디의 삶에서는 언제나 자신의 잘못과 실수를 솔직히 인정하는 것을 볼 수 있다. 따라서 "내 탓이오"를 입으로만 말하는 것이 아니라 그에 대한 책임을 질 수 있어야 하는 것이 더 중요하지 않을까. 간디가 단식을 하며 참회했듯이 말이다.

잘못을 인정하고 그에 대한 책임을 질 뿐만 아니라 다시는 똑같은 잘못을 반복하지 않기 위해 노력하는 것이 가장 중요하다고 본다. 소를 잃어도 외양간은 고쳐야 하지 않겠는가. 그래야 다시 소를 키우고 잃어버리지 않을 수 있으니까. 고등학교 시절, 존경하던 한 선생님이 하신 말씀을 늘 기억하고 있다. 시험 답안을 채점해 학생들에게 나누어주시면서 하신 말씀이다. "공부를 잘하려면 틀린 것을 꼭 다시 풀어보라." 대다수 학생들이 맞춘 것과 점수에만 관심을 갖지만 그렇게 해서는 결코 성적이 향상될 수 없다는 말씀이었다.

앞서 언급했듯이 간디도 이루 헤아릴 수 없는 많은 어려움에 처했고 실수를 한 적도 많았지만, 그는 끊임없이 실험하면서 이겨내고 고쳐나가기 위해 노력했다. 간디를 '위대한 혼'이라 하는 것은 그가 이룩한 성과 때문이라기보다는 잘못을 인정하고 책임을 지며 고쳐나가고자 하는 그의 삶의 태도를 높이 평가한 것이라고 본다.

결코 포기할 수 없는 신념

간디의 인생에서 절망이라는 말이 가히 무색하지 않았던 가장 참담한 상황은 인도와 파키스탄이 분리된 것이라 할 수 있다. 인도가 영국으로부터 독립은 했지만 나라는 인도와 파키스탄으로 분리되고 말았다. 그 가장 중요한 원인은 정치적 이해관계라고 할 수 있겠지만, 간디에게 가장 절망스러운 문제는 종교로 인한 갈등과 분리였다. 힌두교의 인도와 이슬람교의 파키스탄이라는 종교적 분리는 간디의 종교관에 비추어볼 때 가장 비참한 결과였다. 간디는 평생 동안 그 어떤 종교도 배척하거나 무시하지 않았고 다양한 종교인들과 친구로서 친분을 맺어왔다. 비록 간디 자신은 스스로를 힌두교 신자라고 말했지만 그것은 그가 인도인이라고 말한 것에 지나지 않는다. 인도 문화 속에서 태어나고 그 속에서 살아왔다는 것, 그래서 힌두교 문화에 가장 친숙하고 그 문화를 높이 존중하고 있다는 것뿐이었다. 인도에서 출현해 그 문화의 일부가 된 자이나교는 물론 이슬람교와 기독교와 불교 등 모든 종교들도 간디의 종교적 신념과 배치되지 않았고 그들과 더불어 사는 데 주저하지 않았다. 기독교의 성경도 이슬람교의 코란도, 불교의 성전들도 그가 애독하는 경전이었다.

종교들이 평화롭게 공존하면서 하나의 인도를 이루는 것이 그의 간절한 소망이었다. 간디는 평생 동안 수십 차례 단식을 했는데, 그 이유 중 가장 많은 7~8차례의 단식이 힌두교와 이슬람교의 갈등과 분쟁에 대한 참회였다. 특히 인도의 독립을 위해 투신했던 그의 말년에는 무엇보다 두 종교인들의 화합을 위해 전심전력으로 노력했다. 함께 옥중에 있던 부인이 죽고, 병보석으로 석방되어 극히 쇠약해진 간디는 몸을 움직일 수 있게 되자 곧바로 힌두교와 이슬람교의 화해와 평화를 위해 노구老軀를 이끌고 거리로 나섰다. 1946년 11월부터 5개월에 걸쳐 긴 지팡이에 의지해 분노와 살기가 들끓는 곳곳을 찾아나서 간절히 화합을 호소했다.

그러나 결국 인도는 두 나라로 분리되고 말았다. 그의 친구들이자 동지였고 그가 가장 신뢰하고 사랑을 아끼지 않았던 사람들이 종교로 인해 갈라지고 나라마저 둘로 쪼개진 결과는 간디에게 절망이라 해도 과언이 아니었다. 간디는 독립을 기념하는 의식에 참석조차 하지 않았다. 어떤 메시지도 보내지 않았다. 그 대신 그는 그의 일생의 마지막 5일간의 단식에 들어갔다. 오직 힌두교와 이슬람교의 융화를 위해. 양 종교의 지도자들이 그의 머리맡으로 와서 화합을 약속하자 그는 단식을 풀었다. 매일의 기도시간에는 힌두교 경전, 이슬람교 코란을 번갈아 읽었다. 그가 머물고 있던 숙사의 뜰에 폭탄이 투척되어 터지기도 했다. 그리고 그렇게 지내던 1948년 1월 30일, 두 조카딸의 부축을 받으며 기도장소로 가던 간디는 한 힌두교 신자의 총탄으로 절명絶命했다.

우리가 좌절하고 절망에 빠지게 되는 가장 심각한 이유는 자신의 신념, 곧 인생에서 제일 중요하게 여기는 가치가 붕괴될 때라고 본다. 그 누구보다 믿어왔던 친구나 배우자의 배반, 부모로부터 버림받는 일, 혹은 재산이나 명예의 상실 등도 우리를 절망으로 몰아가지만, 종교적으로나 이념적으로 인생의 궁극적 목적으로 여긴 것이 무의미하게 되었을 때는 삶도 죽음도 아무런 가치가 없어지게 된다. 인생의 말년에 간디는 자신의 확고한 신념에 의거해 '하나의 인도'로 독립되는 희망 속에서 살았다. 힌두교 신자들과 이슬람교 신자들이 화합하고 연합함으로써 하나의 나라로 독립해 새롭고 생기가 넘치는 나라가 되길 그는 희망했으나, 그 모든 것이 물거품이 되는 현실을 바라보게 된 것이다.

그러나 간디는 자신의 신념을 포기하지 않았다. 그것이 옳다고 믿었기 때문이다. 그래서 죽는 순간까지 스스로 단식하고 신께 기도하며 사람들을 설득했다. 좌절할 수밖에 없는 현실이었지만 좌절하지 않았다. 그의 신념도 포기하지 않았다. 신념을 위해 할 수 있는 모든 일을 다했다. 그렇기에 신의 이름을 부르며 죽을 수 있었다. 그를 결코 불행한 사람이라 부를 수 없을 것이다. 가장 큰 불행은 하고자 하는 일을 하지 못하는 것이기 때문이다.

생의 의무인 가치와 신념의 실천적 실현

—류경희

직면한 문제에 대한 깊은 성찰

삶의 목표가 분명했던 간디에게 절망이란 어떠한 것이었을까? 그리고 절망적인 상황을 그는 어떻게 극복했을까? 만일 절망이 희망의 요소가 조금도 남아 있지 않은 상태를 의미한다면 간디에게 절망의 순간은 존재하지 않았던 것 같다. 어떤 어려운 상황에서도 그는 신념을 가지고 자신이 부닥친 난관을 헤쳐나갈 방안을 찾아냈기 때문이다. 그 방안의 결과가 모두 성공적이었다고 말할 수는 없다. 하지만 여기서 주목하려는 것은 결과의 성공과 실패 여부가 아니라 그가 어떠한 절망의 순간에도 대처방안을 찾아내어 그것을 실행에 옮겼다는 점이다.

간디는 절망하는 사람이 아니었다. 그런 의미에서 간디의 진정한 질문은 절망 자체에 대한 것이라기보다는 위기에 어떻게 대처할 것인가? 하는 물음이었다고 볼 수 있다. 이 연관되는 두 물음에 대한 답을 간디의 생애를 살펴보면서 이야기해보도록 하겠다.

개인적인 생각으로 간디의 생애에서 첫 번째 위기는 소년시절에 있었다. 소년시절에 간디는 형의 친구인 쉐이크 메흐땁과 어울려 지냈는데 한번은 메흐땁이 영국인들이 인도를 지배할 수 있는 것은 강해서이고 그 강함은 고기를 먹어서 생기는 것이니 인도인들이 고기를 먹어야 해방될 수 있다고 말했다. 메흐땁의 말에 설득된 간디는 채식을 지키던 습관을 버리고 그와 몰래 고기를 먹기 시작했고 담배까지 피우게 되었다. 간디는 이러한 자신의 행동에 양심의 가책을 느끼고 괴로워하면서도 그러한 행동을 멈추지는 못했다. 그는 계속 고기를 먹고 담배를 피우기 위해 심지어는 하인의 가방에서 돈을 훔치고 형의 금팔찌에서 금 조각을 떼어내기까지 했다.

이 일은 간디에게 견디기 힘든 양심의 가책을 느끼게 했다. 무엇보다 자신을 절대적으로 신뢰하는 아버지를 속이고 있다는 사실이 그를 고통스럽게 만들었다. 간디는 아버지께 자신의 죄를 고백하는 편지를 드리고 처벌을 기다렸다. 병상에서 편지를 읽던 아버지는 눈물을 흘리시더니 아무 말 없이 다시 누우셨다. 아버지의 용서와 믿음의 눈물은 간디에게 큰 깨달음을 주었다. 실수를 깨닫는 순간 곧바로 이를 시인하고 어떤 처벌도 기꺼이 받아들이며 다시는 같은 실수를 하지 않아야 한다는 가르침이었다.

두 번째 위기와 절망의 순간은 남아프리카에서 초기에 인종차별을 경험한 때다. 간디는 도착 직후부터 몇 차례 유색인이란 이유로 모욕적인 대우를 받았는데 그중 가장 큰 사건이 법률소송이 진행 중이던 장소(프레토리아)로 가기 위해 1등 기차 칸에 타고 있을 때 일어났다. 간디는 유색인은 1등 칸에 탈 수 없으니 유색인 승객들이 타는 수하물 칸으로 옮겨 가라는 요구를 받았다. 간디는 1등 칸 표를 가지고 있으므로 1등 칸을 탈 권리가 있다며 그 요구를 완강히 거절했다. 그러자 치안경찰이 와서 간디와 그의 짐을 강제로 차 밖으로 밀어내고 기차는 떠나가버렸다. 인종차별의식이 초법적 지위를 가지고 그 힘을 행사하고 있었던 것이다. 어처구니없는 부당한 이유로 모멸과 굴욕을 당한 간디는 어떤 선택을 해야 할지 깊은 생각에 빠졌다.

이때가 아마도 간디가 중요한 선택의 기로에 선 첫 번째 위기상황이었을 것이다. 인간의 존엄성과 기본권리를 부정하는 세력이 두려워 나약하게 도망칠 것인가 아니면 맞서 싸울 것인가? 간디는 두려움을 극복하고 도덕적으로 정의로운 편에 서서 투쟁하는 쪽을 선택했다. 이 사건을 기점으로 위기 때마다 자신과 자신이 직면한 문제를 대면해 깊이 성찰하고 늘 인간의 존엄성과 정의로움에 입각한 길을 찾아내는 것이 이후 간디의 위기대처 방식이 된 것 같다. 그리고 이후 간디에게 위기는 개인적 절망이나 좌절의 시기가 아니라 인간의 존엄과 사회적 정의가 도전받는 상황에서 생겨났다. 때문에 간디가 진리실현을 위해 펼친 사띠아그라하 운동의 단초는 인간의 존엄과 평등함이라는 정의에 반대되는 부정의에 대한 저항이었다.

결코 포기할 수 없는 신념 그리고 실천

간디의 생애를 통해 간디가 가장 절망적인 상황에 놓이게 된 때는 생의 마지막 시기인 인도의 독립을 전후한 시기다. 영국 식민지배로부터 독립을 앞두고 인도 내 무슬림 집단이 분리독립을 주장하면서 힌두-무슬림 간 잔혹한 유혈충돌사태가 여러 지역에서 발생했다. 그리고 간디와 함께 민족운동을 이끌었던 인도국민회의 지도자들은 간디의 강력한 분리독립 반대 주장과 비폭력노선을 버리며 그를 기피하고 있었다. 이전까지 인도와 인도인들을 억압하던 제국주의 세력에 맞서 함께 투쟁하던 여러 집단들이 억압으로부터의 해방을 눈앞에 두고 각자의 이해관계에 따라 분열되어 대립하고 있었다. 간디가 헌신적으로 추구해왔던 비폭력의 가치와 인도의 통합된 독립전망은 철저히 무기력한 상태에 놓여 있었다.

영국은 인도의 독립을 앞두고 벌어지고 있던 힌두-무슬림 간 유혈충돌사태가 내전으로 발전할 가능성을 우려했다. 인도와 파키스탄으로 분리해 독립하는 방법 외에는 다른 대안이 없다고 판단한 영국정부는 인도국민회의 지도자들을 설득해 동의를 이끌어냈다. 그러나 간디에게 분리독립은 그동안 자신과 국민회의가 투쟁해왔던 목표들(인도 내 다양한 집단의 통합, 다원주의와 관용의 가치, 종교와 정치를 분리하는 세속 민족주의)을 포기하는 것이었다. 간디는 분리가 인도의 미래를 암울하게 만들 것이라 판단해 분리를 강하게 반대했다. 간디는 국민회의 지도자들에게 분리를 받아들이지 말도록, 힌두의 대변자가 아니라 인도 전체를 대변하도록 촉구했으나 국민회의 지도자들은 인도의 통합보다는 즉각적인 독립이 더 중요하다고 판단한 듯하다.

그들은 분리독립안을 수용하고 독립절차를 진행하는 과정에서 견해가 다른 간디를 배제해나갔다. 모든 관련 당사자들(영국정부, 무슬림 지도자인 진나, 인도국민회의)이 분리를 원하는 상황에서 간디는 고립되어갔다. 당시 인도의 지도자들은 나름의 관점에서 인도에 가장 시급하게 필요한 것이 무엇인가 하는 판단을 했을 것이다. 관건은 얼마나 종합적이고 거시적인 시각으로 보았느냐 하는 점이다. 결과적으로 볼 때(즉 이어진 유혈폭동사태와 이후 지속되고 있는 인도의 갈등문제에 근거해) 간디가 후자의 입장이었다면 다른 국민회의 지도자들은 단기적이고 제한적인 관점에서 내린 판단이었다고 생각된다. 간디는 이렇게 말했다.

> 오늘 나는 완전히 혼자라는 것을 알았다. 사르다르와 자와할랄마저도 내가 틀렸고 분리에 합의하면 평화가 확실히 되돌아올 거라고 생각한다. 그러나 분리의 대가로 얻어진 독립의 미래는 어두울 것이다. 내가 우려하는 악이 인도를 장악하게 만들어야 한다면 (…) 후손들에게 이 나이 든 영혼이 그것을 생각하며 어떤 고통을 겪었는지 알려라. (…) 사람들이 간디가 인도를 생체해부시킨 당사자라고 말하지 않게 해라.(Varma, 2002)

간디는 자신이 생애를 바쳐 실현하려 애써왔던 것과는 전혀 상반되는 결과와 직면해 있었다. 그러나 간디는 이런 좌절과 고통 속에서도 자신의 신념을 포기하지 않고 묵묵히 실천해나갔다. 그는 갈등과 분리의 폐해를 최소화시키기 위한 방안 즉 인도와 인도국민 특히 분리와 폭동으로 고통받는 이들을 위해 할 수 있는 일들을 찾아내려 애썼다. 그는 힌두-무슬림 간 유혈폭동이 발생한 지역들을 고행자처럼 순례하며 한편으로는 잔인한 폭력의 희생자들을 위로하고 다른 한편으로는 폭동으로 이어질 수 있는 격한 감정들을 진정시키려 했다. 이를 위해 때로는 단식을 감행하면서 목숨을 건 노력을 기울였다. 그는 인도가 두 나라로 분리되긴 했지만 여전히 힌두, 무슬림, 인도, 파키스탄 어느 한 편이 아니라 이전엔 하나였던 전체로서의 인도와 인도인들의 관점에서 인도의 당면 문제를 해결하려 애썼다. 바로 이러한 중립적인 태도가 양 집단 모두에게 그의 영향력이 여전히 살아 있을 수 있게 한 힘의 근거였다. 그러나 동시에 힌두 극우주의자들의 커다란 반감을 사서 결국 그가 암살당하는 결과를 초래하기도 했다.

간디가 가장 잔인한 폭동이 발생했던 인도 동부의 노아칼리로 가는 도중에 캘커타(현 꼴까따)에 들렀을 때 소요가 일었다. 간디는 위해를 당할 위험을 무릅쓰고 광분한 무슬림 폭도들이 있는 지역을 찾아 그들을 진정시켰다. 1947년 8월 15일, 인도는 독립을 얻었으나 두 나라로 갈린 독립이었다. 따라서 독립의 환호는 잠시였고 폭동은 다시 이어졌다. 간디는 인간은 야수성과 초인성(신성)을 모두 지니며 이중 야수성이 걷잡을 수 없이 폭발되는 상황 속에서 이것을 진정시킬 수 있는 유일한 길은 인간 안에 있는 신성에 호소하는 것이라 생각했다. 이를 위해 그는 9월 1일에 단식에 들어갔다.

그의 단식이 일시적인 진정상태를 가져왔지만 폭동사태의 큰 흐름을 막을 수는 없었다. 또 다른 폭동발생지역이 생겨났고 인파분리 직후 이어진 힌두와 무슬림의 대이주 과정에서도 폭동이 발생했다. 안전한 장소를 찾아 파키스탄에서 인도로 이주하는 힌두들(그리고 시크)과 인도에서 파키스탄으로 피난하던 무슬림들의 대량이주가 이루어지고 있었다. 이주민들은 식량과 물이 없어 도중에 죽기도 했고 또 이주대열에서 약탈, 폭행, 강간, 살인행위들이 발생했다. 분리독립의 후유증은 너무도 컸다. 간디는 이주하는 무슬림과 힌두들의 피난소를 방문해 그들을 위로하고 용기를 주려 애를 썼다.

간디 생애의 마지막은 비폭력의 신봉자이자 철저한 실천가였던 간디에게는 일생에서 가장 고통스럽고 불행한 시기였을 것이다. 평생을 비폭력에 근거하는 평화로운 통합인도를 꿈꾸며 헌신해온 그의 눈앞에 펼쳐진 더할 수 없는 인간의 잔혹한 모습은 그에겐 죽음보다 더한 고통이었을 것이다. 그러나 간디는 이러한 극심한 고통 속에서도 자기 신념의 실천을 의무로 여기며 실천해나갔다. 대표적인 예가 인도와 파키스탄 간 국가자산 분리문제 해결과 종교집단 간 화합을 위한 부단한 노력이었다.

인파분리에 따라 국가자산이 분리되었는데 그 중 파키스탄 몫으로 정해진 5억 5천만 루삐에 대해 인도정부가 지불을 보류했다. 이러한 조치가 정당하지 못할 뿐만 아니라 새로운 인도의 출발에 결코 도움이 되지 못한다고 생각한 간디는 양 집단 간 화해를 위해 정부가 약속을 지키고 국민들은 증오심을 누그러뜨릴 것을 호소하며 1948년 1월 13일에 단식에 들어갔다. 간디의 건강이 나빠지기 시작하면서 그가 생명을 잃을 것을 우려한 정부가 지불을 결정했다. 이렇게 간디는 양 집단의 극단적 증오와 갈등의 와중에서도 중립을 지키며 진리와 정의에 입각한 판단과 행동을 지속해나갔다. 그리고 이것이 간디가 인도국민의 마음을 살 수 있었던 토대였다.

두려운 것은 죽음이 아닌 가치의 상실

이러한 간디의 일련의 활동은 간디를 비판하는 일부 무슬림들의 태도에 변화를 가져다주었다. 파키스탄의 국민과 지도자들까지도 간디를 '위대한 영혼' 마하뜨마로 찬양하기 시작했다. 그러나 일부 사람들 특히 인도가 힌두 이념에 따라 통치되어야 한다고 믿는 광신자와 극단주의자들은 간디가 무슬림을 보호하기 위해 힌두의 이해를 해치고 있다고 신랄하게 비판했다. 그들 중 많은 이들이 간디가 주장하는 비폭력에 반대했다. 그들은 공개적으로 공격과 보복을 주장했다. 간디는 그들이 이해하고 주장하는 힌두교와 민족주의는 진정으로 인도적인 것이 아니라고 여겼다.

간디를 비난하는 힌두 극우주의자들은 간디가 정부와 특히 대중에게 미치는 영향력을 잘 인식하고 있었다. 대중들은 간디를 인도의 위대한 영혼인 마하뜨마로, 신적인 존재로, 더 나아가 힌두 신 비슈누Viṣṇu의 화신으로까지 여겼다. 힌두 극우주의자들은 이런 간디가 자신들의 목표를 달성하는 데 장애가 된다고 여겨 그를 제거하려 했다. 그렇기 때문에 간디가 암살될 가능성은 상존했다. 그럼에도 간디는 자신의 생명은 신의 손에 달렸다며 정부의 경찰보호 제의도 정중히 사양했다. 간디는 자신이 국민들에게 봉사하지 못하고 단지 동족상잔의 다툼과 잔악행위를 그저 바라봐야만 한다면 신께서 자신을 멀리 데려가주시길 원할 것이라고 말하곤 했다.

간디는 매일 저녁에 개방된 장소에서 모든 종교인들에게 개방된 기도모임을 가졌다. 여기서 간디는 매일 여러 종교의 경전들을 낭송하고 찬가를 부르고 그날의 다양한 주제들을 이야기했다. 이를 통해 인도국민들을 영적으로 고양시키고 종교집단 간 화합과 통합을 이루려 했다. 그런데 개방된 공간에서 많은 대중에 둘러싸인 간디는 쉬운 공격대상이 될 수 있었다. 그가 암살되기 10여 일 전인 1948년 1월 20일 기도모임 중에 폭발과 소요가 일었다. 하루 전인 1월 29일에 간디는 자신이 진정한 마하뜨마라면 가슴으로는 사랑을 지니고 입술로는 신의 이름을 부르며 암살자의 총탄을 마주할 것이라고 말하기도 했다. 즉 간디는 자신의 죽음을 이미 예견하고 있었던 것 같다. 그가 경호조치를 사양한 것은 죽음의 위험을 막으려 하기보다는 어느 순간이든 죽음이 찾아오면 담담히 받아들일 마음의 준비를 하고 있었다는 걸 말해준다. 1948년 1월 30일 오후, 기도장소로 향하던 간디는 힌두 극우주의자인 고드세가 쏜 세 발의 총알을 맞고 쓰러졌다.

그의 암살은 예견되었던 것이었음에도 인도국민뿐 아니라 전 세계인들을 충격 속에 빠뜨렸다. 살아 있는 성자로 온 국민의 존경과 사랑을 받던 간디의 죽음은 인도인들을 절망 속에 빠지게 했다. 네루는 이렇게 애도했다.

> 이제 우리의 삶에서 빛이 사라지고 어둠이 깔렸습니다. 여러분들께 무어라 어떻게 말을 해야 할까요? 우리들의 사랑하는 지도자이셨던, 민족의 아버지셨던 바뿌Bapu(인도국민이 부르던 간디의 별칭)는 이제 계시지 않습니다. 제가 빛

은 사라졌다고 말했지만 그 말은 틀렸습니다. 이 나라를 비추던 그 빛은 평범한 빛이 아니었습니다. 그 빛은 더 많은 날들 동안 이 나라를 비출 것이고 천년 후에도 이 나라에 그 빛은 여전히 비춰질 것입니다. 세계가 그 빛을 볼 것이고 그 빛은 수많은 가슴을 위로할 것이기 때문입니다. 그 빛은 살아 있는 진리를 의미했고 그 영원한 분은 자신의 영원한 진리로 우리를 옳은 길로 이끄셨기 때문입니다.(Kripalani, 1984: 87)

결과적으로 간디는 죽음을 선택한 것이다. 그가 두려워한 것은 죽음이 아니었다. 그가 진정 두려워한 것은 자신이 추구하며 실현하고자 했던 가치의 상실이었다. 그렇기에 죽음의 위험 속에서도 죽음을 직면하는 순간까지 자신의 의무(다르마)라 여긴 일들을 담담하면서도 단호하게 실천할 수 있었던 것이다.

간디는 죽음의 순간 불행했을까? 간디의 삶을 행복과 불행이라는 이분법적 잣대로 평가하는 것은 적절한 평가 방법이 아닌 것 같다. 그는 행, 불행의 구분에 영향을 받는 인물이 아니었다. 그에게 중요했던 것은 자신이 자신의 생의 의무라고 여겼던 가치와 신념의 실천적 실현이었고 그 의무를 완수하느냐 못하느냐의 문제였다.

간디에게 묻고 싶은 질문과 답 04

죽음이란 무엇인가?

진리 추구의 노력이
현재의 구원일 뿐

두려운 것은 죽음이 아니라
진리에서 멀어지는 것

진리 추구의 노력이 현재의 구원일 뿐

—류성민

"일은 일종의 약이다"

인간은 모두 언젠가는 죽을 수밖에 없기 때문인가? 죽음만큼 인간에게 심각한 문제는 없을 것이다. 죽음은 고통의 대명사로 여겨지고 있고, 죽음의 문제 때문에 종교가 생겨났다는 견해가 있을 정도로 죽음은 누구나 고민하는 문제다. 이러한 죽음이 인간의 삶에서 문제가 되는 것은 대체로 두 번의 시기로 볼 수 있다. 하나는 자기 자신의 죽음에 대한 물음이 생길 때이고, 다른 하나는 우리와 가까운 그 누군가의 죽음이 우리 삶의 문제가 되는 때다. 물론 이 두 가지 죽음의 문제가 겹칠 때도 적지 않을 테지만 편의상 이를 구분해 죽음에 대한 간디의 견해를 살펴보자.

간디도 어렸을 때 자살을 하려고 한 적이 있었다. 그것도 담배를 피우는 것 때문에 말이다. 간디는 13세 때 처음으로 친척 한 사람과 함께 담배를 피우게 되었는데, 그 이후 담배를 사서 피울 돈이 없어 친척 아저씨가 버린 꽁초를 몰래 가져가 피우기도 했고 머슴의 돈을 훔쳐 담배를 사거나 담배 대용이 되는 식물을 구해 피우기도 했다. 어른들 몰래 담배를 피워야 했으니 제대로 담배를 살 수도 피울 수도 없었다.

이때 간디는 돈도 없고 어른들 허락 없이는 아무것도 할 수 없는 자신의 신세를 한탄하다가 차라리 죽는 것이 낫겠다는 생각을 하게 되었고 마침내는 자살을 결심했다. 그래서 정글 속으로 들어가 독이 강한 식물의 씨를 주워와 조용한 사찰로 가서 먹고 죽으려 했다. 일단 두서너 알을 먹었다. 그러나 계속 그 씨를 먹을 용기가 없었고, 죽어서 좋을 것은 또 무엇인지 생각도 해보았다. 그러다보니 죽는 것이 싫어졌고 이내 자살을 포기했다. 그리고 담배도 끊게 되었고 그러고 나니 도둑질도 할 필요가 없어졌다고 한다.

어린 시절에 사소한 개인적 불만으로 자살까지 시도한 것이긴 하지만 사실상 누구나 그와 비슷한 사춘기적 고민을 하기도 한다. 비록 그러한 행위가 어른들이 보기에는 무모하고 치기에 불과한 것일지라도, 누구나 어린 시절에는 혹은 인생의 어떤 시점에서는 별것 아닌 문제로 심각하게 고민할 수 있다. 심지어 그런 일로 자살을 할 수도 있는 것이다. 많은 사람들의 자살 동기가 다른 사람들이 보기에는 별것 아닌 사소한 것이지만 당사자에겐 죽음을 생각할 만큼 심각한 것일 수 있다는 점을 간디의 예에서도 찾아볼 수 있다.

이후에 간디는 자신의 죽음 때문에 괴로워하거나 두려워한 일은 별로 없었던 것으로 보인다. 그러나 간디도 부모님이나 아내, 그리고 가까운 사람의 죽음에 대해서는 마음의 상처와 괴로움을 토로하고 있다. 그의 아버지는 그가 16세 때 돌아가셨다. 아버지가 돌아가실 때 간디는 임종을 지키지 못했다. 아내와의 잠자리 욕망 즉 정욕으로 잠시 병상을 떠나 있을 때 그의 아버지가 돌아가셨기 때문이다. 간디는 그것을 평생 수치로 여겼다. 더군다나 당시 임신 중이던 아내와의 관계는 피해야 했는데 정욕으로 인해 그러지 못했다. 그리고 그의 첫아이도 태어난 지 며칠 만에 죽었다. 아버지와 자식의 죽음은 간디에게 정욕의 문제를 고민하는 결정적인 계기가 되었고 그것을 극복하는 것이 그의 진리 추구에서 핵심적인 과제가 되었다.

간디는 그의 어머니 임종도 지키지 못했다. 그의 어머니는 그가 영국에 유학해 있을 때 돌아가셨는데 가족들은 멀리 이국에 있는 간디가 애통해하지 않도록 알리지 않았다. 간디는 변호사 자격을 취득한 후 어머니를 다시 만날 기쁨에 들떠 인도에 돌아왔는데 그제야 어머니의 죽음을 알게 되었고 아버지가 돌아가셨을 때보다 더 큰 슬픔을 느꼈다. 그는 애써 슬픔을 이기고 곧바로 일상으로 돌아와 일에 몰두했다. 일을 통해 어머니의 죽음에 따른 고통을 이겨냈던 것이다. 간디와 동시대에 살았던 종교학자 막스 뮐러[28)]가 이유도 모른 채 갑자기 죽은 두 딸로 인한 슬픔을 일에 몰두하면서 극복한 후 "일은 일종의 약이다"라고 했듯이, 간디도 일로써 어머니의 죽음으로 인한 슬픔을 삭일 수 있었던 것이다. 누구에게나 부모의 죽음은 비통하겠지만 다시 심기일전해 열심히 사는 것이 자식의 도리라고 할 수 있다.

삶에의 충실, 죽음을 각오한 단식

간디의 제자이자 그의 아슈람[29)] 동지였던 힝고라니가 아내의 죽음으로 슬퍼할 때 간디는 이렇게 편지를 보내주었다.

> 비댜(힝고라니의 아내)의 죽음을 너무 골똘히 생각해서도 안 되고 마음이 산란해서도 안 된다. 그녀가 육체로 살아 있을 때 네 삶의 영감이 되었다면, 그녀가 쉴 곳으로 갔어도 더욱 더 네 삶의 영감이 되어야 하지 않느냐? (…) 슬퍼

하지 말고 네 앞의 의무에 대해 생각하라.[30]

이때도 간디는 일(의무)로써 슬픔을 이기라고 권면하고 있음을 볼 수 있다. 가까운 사람의 죽음은 슬프고 괴로운 일이지만, 다시 일상으로 돌아와 자신의 삶에 충실히 임하는 것이 가까운 사람의 죽음을 대하는 간디의 모습이었다.

간디의 부인 카스투르바이는 간디보다 약 4년 앞서 1944년에 옥중에서 죽었다. 둘 다 인생의 마지막 옥살이를 하던 중이었다. 간디는 그녀가 '완전한 아내'가 되길 바랐던 신혼의 꿈을 그녀의 마지막 인생에서조차 잊지 않고 그녀에게 인도의 역사와 지리를 가르치면서 보냈다. 사실상 간디의 '진리'와 함께한 실험은 가장 먼저 부인과 함께 시작되었고, 그의 아내는 말 그대로 반려자이자 동반자로 60여 년을 함께했다. 다행히도 간디는 자신의 무릎에서 조용히 눈을 감는 아내를 지켜볼 수 있었다. 부인이 죽은 후 간디의 건강은 급속도로 나빠졌고 결국 '건강 불량'을 이유로 석방되었다.

얼마간의 요양 후 간디는 다시 활동을 재개했다. 이때도 일은 슬픔을 사라지게 해주는 약이었다. 그는 힌두교도와 이슬람교도 사이의 화해와 융합을 통해 하나의 인도로 독립하는 일에 매진했다. 1946년 11월부터 무려 6개월을 이 마을 저 마을로 걸어다니면서 분노와 증오에 찬 이슬람교도와 힌두교도를 찾아가 화해를 호소했다. 주위 사람들이 걱정했듯이 살해당할 수도 있는, 죽음을 무릅쓴 장정長程이었다. 그의 그러한 노력은 인도가 1947년 8월 15일에 인도와 파키스탄으로 분리, 독립된 후에도 계속되었다. 간디는 단식으로 양 진영에 호소했고 양 진영의 지도자들이 간디에게 와서 화해를 약속했다. 5일간의 단식을 마친 간디가 1948년 1월 30일, 일상의 기도를 위해 부축을 받으며 뒤뜰의 기도처로 갔다. 한 젊은이가 가까이 다가와 손을 모아 인사를 할 듯이 몸을 숙이더니 바로 앞에서 권총을 꺼내 간디의 가슴을 향해 방아쇠를 당겼다. 의사가 당도하기 전에 간디는 숨졌다.

간디는 자신의 죽음을 두려워하거나 고민하지는 않았다. 그는 여러 차례 죽음에 이르는 단식을 하기도 했는데,[31] 그러한 그의 단식은 실제로 죽음을 각오한 것이었다. 죽음을 두려워하는 사람은 단식을 할 수 없다. 일정 기간을 정해 단식하는 것은 단지 개인적 훈련과 정화 혹은 건강을 위한 것일 뿐 인도인들 단식의 본래적 의미가 아니다.

간디에게 있어서 죽음은 인도의 대다수 종교전통들에서 그러하듯이 육체로부터 영혼이 해방되는 것이다. 영혼이 떠난 시신은 무의미하다. 그래서 시신을 땅에 묻기보다는 태워버리거나 짐승의 먹이로 내어주는 것이 인도의 장례 풍습이다. 인도에서 가장 성스러운 곳으로 여겨지는 바라나시의 갠지스 강가에는 두 개의 큰 화장터가 있고 그곳에서는 끊임없이 화장이 이루어진다. 강가에 장작을 쌓아놓고 그 위에 시신을 올린 다음 화장을 하는 것이다.

누구나 불에 타고 있는 시신을 볼 수 있지만 울거나 괴로워하는 사람은 거의 찾아볼 수 없다. 가족과 친지들이 화장되는 시신을 차분히 바라보며 경전을 외우거나 묵상을 한다. 화장이 끝나면 재를 강에 버린다. 때론 장작이 모자라 완전히 화장이 안 되기도 하는데, 타다 만 시신을 그대로 강물에 띄워보낸다. 장작을 살 돈도 없으면 시신을 그냥 강물에 흘려보내기도 한다. 영혼이 떠난 육체는 그냥 물체일 뿐이다. 시신이 떠 있는 강물에서도 인도인들은 성스러운 목욕과 의례를 거행한다. 그들에게 돌이나 죽은 나무나 사람의 시신은 모두 같은 사물일 뿐이다.

현재의 삶 속에 살아 있는 죽음

인도에는 또 다른 죽음의 방식도 있다. 나이가 들어 죽음이 임박했음을 알게 되면 약간의 음식을 가지고 홀로 광야나 사막으로 나간다. 가지고 간 음식이 다 떨어지면 단식을 하면서 조용히 죽음을 맞이한다. 시신은 짐승의 먹이가 되거나 모래에 묻혀 사라지게 된다. 죽음을 삶의 한 과정으로 담담하게 받아들이는 것이다. 간디의 죽음관도 인도인들의 전통적 죽음 이해와 크게 다르지 않다. 간디는 죽음에 대해 이렇게 말한다.

> 출생과 죽음은 한 동전의 양면과 같지 않을까? 한 면에서는 죽음을, 다른 면에서는 출생을 발견하게 된다. (…) 출생과 죽음에 대한 이러한 견해가 옳다면, 왜 죽음을 다소나마 두려워하거나 슬퍼하고 출생에서는 즐거워하는가? 모든 사람은 자기 자신에게 이런 질문을 던져야 한다.[32)]

> 돌아가신 친애하는 사람을 어떻게 기억해야 할까? 그들은 죽은 것이 아니라 단지 그들의 육체가 사라져버린 것뿐이라는 것이 나의 확고한 신념이다. 그들에 대한 기억은 최대한 그들의 미덕을 받아들임으로써, 곧 우리가 우리의 최선을 다해 그들의 선행을 본받고 장려함으로써 우리의 삶 속에 살아 있게 해야 한다. 그러한 기억을 강화하기 위해서만 그들을 기념하는 장소에 꽃을 바쳐야 한다.[33)]

> 모든 죽음은 아픔과 고통으로부터 벗어나는 것이 아닌가?

그렇다면 죽음이 다가올 때 왜 비통해하는가?[34]

부모와 자식, 친지의 죽음을 접하면서 슬픔과 괴로움을 느꼈던 간디지만, 그가 다시 일에 몰두하고 정상적인 생활에 복귀할 수 있었던 것은 죽음에 대한 이러한 이해 덕분이라 할 수 있다. 가까운 사람의 죽음은 더 이상 그 사람을 볼 수 없다는 것이기에 슬픈 일임에 틀림없다. 그들의 죽음을 애통해하는 것은 인지상정이다. 그렇지만 간디처럼 죽은 이들의 아름다운 모습을 기억하면서 죽음의 의미를 되새길 수 있다면, 더 열심히 살고자 하는 의지가 생기는 것이 아니겠는가.

그런데 죽음에 대한 간디의 말에서는 죽음 이후의 세계, 곧 내세에 대한 언급이 별로 없다. 힌두교 신자로서 간디도 목샤moksha[35]를 '천국'이라 말하면서 그것을 현재의 삶에서 실현하기 위해 애쓰고 있다고 말하지만, 그것이 무엇이고 어떠한지를 말하지는 않는다. 다만 그에게는 목샤에 이르는 방법(길)이 중요했다. 부단한 노력을 통해 그것을 찾고자 했고, 그것이 그에게는 이웃과 국가와 인류를 위해 봉사하는 길이었다.

대부분의 종교들에는 죽음 이후의 세계에 대한 논의(내세관)가 있다. 더할 나위 없이 아름다운 곳으로 그려지는 천국도 있고, 영원한 고통의 형벌이 가해지는 지옥도 있다고 한다. 모든 고통에서 벗어난 평화의 상태를 말하기도 하고 끊임없는 환생을 말하기도 한다. 그런데 죽음 이후 어떠한 세계로 가게 되는지는 전적으로 살아 있을 때 어떻게 살았는지에 따라 결정된다고 하는 점에서는 대부분의 종교가 일치된 견해를 제시한다. 현세에서 어떻게 살았는지가 내세의 모든 것을 좌우한다는 것이다. 결국 죽음 이후의 세계에 대한 모든 종교적 논의는 지금 여기에서 어떻게 살 것인가에 초점이 맞추어진다. 간디도 바로 이 점을 강조했다.

간디에게 죽음 이후의 세계는, 그것이 환생이든 목샤를 성취하는 것이든 간에, 지금 여기에서 어떻게 살아야 하는지를 생각하게 하는 것이었다. 그로 하여금 아힘사를 통해 진리를 추구하는 최선의 노력을 다하게 하는 것이 그에게는 현재의 구원이었던 것이다.

두려운 것은 죽음이 아니라 진리에서 멀어지는 것

—류경희

죽음은 또 다른 생에 이르는 길

간디는 간혹 죽음에 대해 언급하기는 했지만 그에게 죽음은 큰 관심이나 두려움의 대상은 아니었던 것 같다. 그에게 중요한 것은 진리를 믿고 실천하며 진리 편에 서는 것이었고 이를 위해서는 언제든 자신의 목숨을 희생할 각오가 되어 있었다. 그가 두려워한 것은 죽음이 아니라 진리에서 멀어지는 것이었기 때문이다. 그러므로 간간이 언급되는 그의 말이나 글 그리고 죽음에 대한 그의 태도를 통해 죽음에 대한 그의 생각을 간접적으로 파악할 수 있을 뿐이다. 간디는 죽음과 관련해 다음과 같은 말을 했다.

> 영원한 진리인 죽음은 사람이 태어나 이후 서서히 지속적으로 성장해나가는 것처럼 성장과정의 일부다. 죽음은 인

간성장에 삶처럼 필요한 것이다. ; 죽음은 친구가 아니며 또한 가장 진실한 친구다. 그는 우리를 고통에서 구하며 우리에게 새로운 기회와 희망을 준다. 죽음은 마치 잠과 같다. ; 삶과 죽음은 같은 것의 두 측면이다. 사실 나에게 고난과 죽음은 행복이나 삶보다도 훨씬 더 풍족한 국면을 선물하는 것으로 보인다. 삶의 소금인 고난과 시련이 없는 삶이 무슨 가치가 있겠는가?(*MM*, 53~54)

죽음은 동료이고 친구다. 용감하게 죽는 사람에게 죽음은 행복일 수도 있다. 죽음을 적이 아닌 친구로 대할 수 있는 만큼만 삶도 보람이 있다.(간디, 1997: 440~441)

무서운 죽음의 신을 도망쳐서 속일 수 있다고 생각하는 것은 어리석다. 그를 두려운 신이기보다는 이로운 천사로 대접하자. 언제든 그가 오면 직면하여 환영해야만 한다.(the Official Mahatma Gandhi eArchive)

간디는 실제로 죽음을 두려워하지 않았고 암살로 맞이한 죽음을 아주 의연하게 받아들였다. 죽음에 대한 그의 언급과 태도에는 한 사람의 생애를 신께 바치는 봉헌물로 인식해온 전통사상과 함께 인도종교적 죽음이해가 담겨 있다. 인도전통에서 삶과 죽음은 끊임없이 순환하는 과정이고 삶과 죽음의 이 순환은 생명에너지가 드러났다 사라지는 반복되는 과정이다. 따라서 삶과 죽음은 같은 것의 두 측면이라 할 수 있다. 또 죽음과 삶은 마치 깊은 수면 상태에 빠졌다 다시 깨어나는 것과도 같다. 따라서 죽음은 존재나 생의 끝이 아니라 새로운 존재나 생으로 전이되는 과정이며 사후세계는 이 전이과정에서 거치게 되는 정거장과 같은 것이다. 이러한 인식 때문인지 인도인들의 죽음에 대한 태도는 우리와는 달리 대체로 아주 담담하다. 간디는 더 나아가 죽음을 새로운 기회이자 희망이며 행복이라고까지 말한다. 여기서 간디 죽음관의 토대가 되는 힌두교의 죽음관과 사후관을 소개해보기로 하겠다.

윤회를 믿는 인도인들에게 삶과 죽음은 끊임없이 이어지는 연결고리와 같다. 태어남은 자기 업보의 결과이고 죽음은 각자의 영혼이 자기 업보에 따라 몸이란 옷을 갈아입는 과정이다. 따라서 죽음과 죽음 이후의 삶은 한 생에서 다른 생으로 옮겨가는 전이과정이라 할 수 있다.

힌두 사상에 따르면 사람은 지, 수, 화, 풍, 공(간) 다섯 물질원소로 구성되어 있는 육신과 윤회의 매체가 되는 미세신微細身(jivātma, 오관으로는 지각할 수 없는 미세한 물질로 된 행동, 인식기관, 호흡, 마음, 지성), 그리고 영원성을 지니는 변화하지 않는 영혼(ātma 또는 ātman)으로 구성되어 있다. 인간을 구성하는 이 요소들 가운데 물질이 아닌 영혼을 제외하고 나머지는 모두 변형된다. 인간이 죽어 화장되면 신체는 다섯 물질 요소로 돌아가고 그가 한 행위의 결과인 업 즉 까르마karma가 저장되어 있는 미세신이 새로운 몸을 취하고 여러 종류의 생명체로 재생한다. 존재의 종류나 수명과 같은 재생의 형태는 미세신에 담긴 과거 업에 의해 결정된다.

윤회의 토대가 되는 업(까르마)에는 몇 가지 종류가 있다. 먼저 결실을 낳는 시점에 따라 과거 생에서 축적되었으나 내생에서 결실을 낳을 업, 과거 생에서 축적된 업으로 현생에서 결실을 낳는 업, 현재 쌓고 있는 업으로 일부는 그 결과가 현생에 나타나고 나머지는 미래에 나타날 업, 이렇게 세 가지 업이 있다. 또 고정된 업(부모, 태어날 가정, 몸형태, 자랄 사회 종교적 환경 등은 변경불가)과 변화 가능한 업(산스까라(버릇, 기질) 형태로 잠재적으로 내재되어 있고 자유의지로 극복할 수 있는 과거 업)이 있고 선행과 악행에 따라 선업과 악업으로도 나눈다.

보통사람들의 과거 업은 좋거나 나쁘거나 둘이 혼합되어 있다. 개인의 특정 생은 과거 업의 일반적 균형으로 결정된다. 예를 들어 전반적 균형이 긍정적(좋은 업)이라면 영혼이 진보할 환경에서 태어난다. 선업, 악업 모두가 영혼을 속박하므로 궁극적으로 필요한 것은 선업을 쌓는 것에서(이는 보다 나은 내생을 위한 것) 더 나아가 자아에 대한 무지에서 벗어나 자아를 실현함으로써(자신의 진정한 본질을 깨달음으로써) 모든 업과 윤회에서 자유로워지는 것이다. 이것이 해탈이다.(류경희, 2013)

죽음으로 육체에서 분리된 영혼이 재생하는 것을 흔히 하늘로 올랐다가 땅에 다시 떨어지는 연에 비유한다. 영혼을 다시 땅으로 데려오는 연줄은 우리의 욕망과 집착으로 인해 쌓은 업보다. 이 업보가 영혼이 해탈에 이를 때까지 끝없이 윤회시킨다는 것이다. 결국 업과 윤회를 믿는 인도인들에게 죽음이란 또 다른 생으로 들어가는 관문이다. 그리고 사후의 삶이란 죽은 이의 영혼이 재생하기 전에 거치는 중간 정거장일 뿐이다.

죽음보다 '삶의 의무'의 치열한 실천이 중요

인도인들의 가장 일반적인 장례방식은 화장이다. 인도인들의 독특한 화장의례와 장례관습은 고대 이래 이어져온 여러 가지 믿음과 업과 윤회사상과 밀접히 관련된다.

인도에서는 사람이 숨을 거두면 간단한 사전 의식을 거친 뒤 곧이어 화장을 위한 준비를 한다. 시신은 다른 것을 오염시킬 가능성이 크다고 믿기 때문에 즉시 화장을 하는데 보통 죽은 뒤 열두 시간 안에 한다. 화장은 주로 개방된 야외 화장터에서 장작을 사용해 이루어지고 보통 서너 시간 정도 걸린다. 인도인들이 가장 신성시하는 화장터는 힌두 성지 바라나시의 강가에 있는 마니까르니까 가트 화장터다. 힌두교도들은 이곳에서 화장되기 위해 바라나시에서 죽음을 맞이하길 염원한다. 윤회에 대한 믿음 때문인지 인도인들이 죽음을 대하는 태도는 매우 담담하다. 야외 화장장에서 가족의 시신이 타들어가는 모습을 그대로 바라보고 있으면서도 눈물을 흘리는 사람은 극히 드물다. 대개는 특별한 감정의 노출 없이 아주 담담한 표정으로 서너 시간을 조용히 지켜본다.

화장관습 이면에 있는 관념은 불의 신 아그니가 죽은 이의 영혼을 죽음을 관장하는 신인 야마의 왕국으로 데려간다는 믿음과 불로 시신을 태워 재가 되고 난 후에야 죽은 이의 영혼이 야마의 왕국에서 새로운 몸을 얻어 신의 세계나 조상의 세계로 갈 수 있다는 믿음이다. 또한 시신을 태우는 것이 영혼이 몸에서 빨리 벗어나도록 돕는다는 믿음도 작용하고 있다. 그들은 화장의례를 '영혼을 몸에서 해방시켜 천상으로 여행하게 하는 의식'으로 부른다. 화장을 치르지 않으면 죽은 이의 영혼이 가장 최근에 머물던 거처 주위를 위로받지 못한 채 맴돌며 어려움에 처하게 된다고 한다. 따라서 힌두교도들은 죽은 자의 영혼의 안녕을 위해 화장이 절대적으로 필요하다고 생각한다. 간디 역시 이러한 전통 화장관습에 따라 화장되었다.

인도인들은 죽은 이의 영혼이 사후세계에 얼마간 머문 후 업보에 따라 새로운 몸을 얻어 다시 태어나며 태어나는 존재 양태는 그가 전생에 쌓은 업보에 따라 다양하게 결정된다고 믿는다. 따라서 화장의식 이후의 의례들은 죽은 이의 영혼이 야마의 왕국으로 가는 긴 여행을 잘할 수 있도록 그리고 야마 왕국에서 조상의 지위를 얻도록 죽은 이의 영혼을 먹여 살리고 그것의 재생을 돕는 과정이라고 할 수 있다. 이런 의례들 가운데 중요한 의례가 슈라다Śrāddha이다. 슈라다는 보통 사후 11일째에 행한다. 가장 중요한 것은 죽은 이와 그의 새 몸에 영양을 줄 삔다Pinda다. 이 삔다로 죽은 이가 재생되기 이전까지 사용하게 될 몸을 만든다고 믿기 때문이다. 죽은 이가 세상을 떠난 지 1년이 되는 때에 마지막 슈라다를 행하는데 이때가 죽은 이의 영혼이 조상이 되는 때라고 믿는다. 그리고 죽은 이의 좋은 내생을 보장하기 위해 매년 사망일이면 아들들이 슈라다를 행한다.

인도종교는 이렇게 죽음과 삶이 연결고리로 연계되어

있다고 인식해왔다. 간디도 인도종교의 생사관을 공유하고 있다고 생각된다. 그러나 간디는 죽음의 문제보다는 현실에서 정의로운 삶을 실현하는 데 몰두한 인물이다. 간디가 죽음을 주요 화두로 삼지 않고 죽음을 두려워하지 않았다고 해서 죽음의 문제가 그에게 중요하지 않았다는 의미는 아니다. 다만 간디는 죽음과 그 이후는 전적으로 신(또는 우주의 법칙)에게 맡기고 자신에게 주어진 현실 삶의 의무를 치열하게 실천하는 데 몰두했던 것이다.

간디에게 묻고 싶은 질문과 답 05

건강을 지키는 방법은 무엇인가 ?

마음을 다스리게 하는 간디의 건강철학

마음을 다스리게 하는 간디의 건강철학

—류성민

건강은 마음과 감각이 조화와 균형 상태에 있는 것

간디는 몇 차례 심한 병을 앓기도 했고 거의 죽음 직전에 이르렀던 경우도 있었지만 평생 동안 비교적 매우 건강한 생활을 했다. 그는 당시 인도인들의 평균수명보다 훨씬 많은 79세 나이에 죽었고, 그것도 병이 나거나 늙어서 죽은 것이 아니라 암살에 의한 것이었다. 죽기 바로 며칠 전까지 단식할 수 있었던 것을 고려하면 그가 상당히 건강했음을 짐작할 수 있다. 간디는 평생 건강하려고 노력했고, 몸소 갖가지 방식으로 실험하고 체험하면서 건강을 유지했다. 그리고 자신의 경험을 글로 남겨 많은 사람들과 공유하면서 모두가 건강하게 살길 원했다. 비록 간디가 이미 수세대 이전 사람이고 우리와는 다른 문화와 환경 속에 살았지만, 그의 건강철학과 건강비법은 인도는

물론 유럽과 아메리카 등 세계 곳곳에서 주목을 받았고 오늘날에도 좋은 평가를 받고 있다.[36]

간디의 건강철학은 인간의 몸에 대한 그의 종교적 신념과 깊이 관련되어 있다. 곧 인간의 몸은 "신이 거주하는 곳이며, 신에게 봉사해야 한다는 조건으로 주어진 것"이라고 그는 믿었다. 따라서 완전한 건강은 신의 뜻에 따르는 것에 있다고 그는 확신했다. 우리가 이러한 간디의 종교적 신념을 받아들이든 그렇지 않든 간에 건강에 대한 그의 다음과 같은 견해는 공감할 만하다.

> 건강이란 몸이 편안하다는 것을 뜻한다. 건강한 사람은 모든 질병으로부터 자유롭고, 피곤함 없이 자신의 정상적인 활동을 수행한다. 건강한 사람은 하루에 15~20킬로미터를 쉽게 걸을 수 있고, 지치지 않고 일상적인 육체노동을 할 수 있는 사람이다. 건강한 사람은 보통의 소박한 음식을 소화할 수 있고, 마음과 감각이 조화와 균형의 상태에 있다.[37]

건강에 대한 간디의 정의는 다소 밋밋하다. 그의 정의에 따르면 대다수 사람들이 "나도 건강하다"고 할 수 있을 것이다. 그러나 곰곰이 생각해보면 건강하다고 자신 있게 말하기 힘들 것이다. 누구나 크고 작은 병이 있기 마련이고, 피곤한 날이 그렇지 않은 날보다 많지 않은가. 실제로 하루에 15~20킬로미터를 걸어보기나 했는가? 하루에 얼마나 육체노동을 하는가? 마음과 감각이 조화를 이루기는커녕 몸 따로 마음 따로 사는 것이 아닌가. 유심히 자기 자신을 돌아보면 사실상 건강하다고 자부할 수 있는 사람은 별로 없을 것이다.

간디는 몸을 건강하게 하기 위해서는 몸에 대해 잘 알아야 한다고 강조한다. 몸의 구조, 근육과 뼈, 피와 그 순환, 몸과 마음의 관계 등등 우리의 몸에 대한 기초지식을 학교에서 의무적으로 가르쳐야 한다는 것이 간디의 입장이다. 몸에 대해 너무 무지하다 보니 조그만 병이나 상처가 생겨도 약과 의사에게 의존하게 되고, 같은 실수를 반복하게 됨으로써 결국 점점 더 큰 병과 고통에 빠지게 된다는 것이다. 그렇다고 우리가 당장 몸에 대한 공부를 하기는 쉽지 않을 테지만 늘 몸에 관심을 가져야 한다는 뜻으로 보면 간디의 주장은 경청할 만하다.

인간은 살기 위해 먹는 존재다?

간디는 사람이 살아가기 위해 몸에 꼭 필요한 세 가지, 곧 공기와 물과 음식을 중시했는데, 그 중에서도 공기가 가장 중요하다고 보았다. 물 없이도 며칠을 살 수 있고 음식을 먹지 않아도 그보다 더 오래 살 수 있지만 공기가 없이는 단 몇 분 안에 죽게 되기 때문이다. 그래서 건강하기 위해서는 무엇보다 신선한 공기를 들이쉴 필요가 있다는 것이다. 이를 위해 간디가 제안하는 것을 정리하면 다음과 같다.

- 가능한 한 야외에서 생활하고, 잠도 야외에서 자고, 방에서 잘 때는 방문과 창문을 열어놓고 자라.
- 화장실 청소를 깨끗이 하고 함부로 침을 뱉거나 오물을 버려 공기를 오염시키지 말라.
- 말을 할 때 외에는 항상 입을 다물고, 늘 코로 숨을 쉬도록 해야 한다.
- 빛이 있어야 공기가 정화되기 때문에 빛과 공기가 모두 들어올 수 있도록 모든 문과 창문은 열어두어야 한다.[38)]

도심에 사는 사람들은 이러한 제안을 따르기 힘들지만, 오염된 공기가 무수한 질병의 원인이 될 뿐만 아니라 질병을 옮기는 주요 통로가 된다는 점에서 간디의 말을 새겨들을 필요가 있다. 그리고 공기 다음으로 중요한 것이 물인데, 가능한 한 자연적인 깨끗한 연수軟水(단물)를 마시되, 갈증을 느낄 때 갈증을 해소할 정도의 물만 마시고, 보통의 경우 음식을 통해 물을 섭취해야 한다는 것이 간디의 견해다.

신선한 공기를 들이쉬고 깨끗한 물을 마시는 것이 얼마나 중요한지를 모르는 사람은 없을 것이다. 그러나 개개인이 아무리 노력해도 이미 오염된 공기와 물에서 완전히 벗어나기는 힘들다. 주어진 여건 하에서 최선을 다할 수밖에 없다. 하지만 음식은 누구든지 자신의 의지와 결단에 따라 얼마든지 취사선택이 가능하다. 비록 음식이 공기와 물보다는 덜 중요하다고 하더라도 우리가 먹는 음식만큼은 마음먹기에 따라 조절이 가능하므로 간디도 음식과 관련된 많은 실험들을 하면서 건강에 해로운 음식과 이로운 음식, 그리고 그 먹는 양과 방법 등을 찾고자 노력했다.

이미 널리 알려진 것이지만, 술과 담배, 마약, 각종 향신료와 양념 등은 백해무익하다는 점을 간디는 누누이 강조하고 있다. 특히 술과 마약을 "악마의 발명품"이고 "악마의 두 팔"이라고 하면서 매춘보다 나쁘다고 역설했다. 그래서 모든 술과 마약을 철저히 거부해야 한다고 강변한다. 물론 흡연도 마찬가지다. 그 외에 차[茶], 커피, 코코아 등의 음료와 설탕, 소금 등도 별로 좋지 못한 식품이라고 한다. 이러한 식품들에 대해서는 많은 논란이 있었고 아직도 계속되고 있지만, 간디가 당시 인도의 현실과 의사들의 조언을 통해 그리고 나름대로의 경험을 통해 갖게 된 이러한 소신은 참고할 만한 견해라고 본다.

그렇다면 간디는 어떤 음식이 건강에 좋은 것이라고 말했을까? 간디가 어떤 음식을 얼마나 어떻게 먹어야 하는지, 그리고 어느 때 먹어야 하는지 등 음식에 대해 말할 때는 몇 가지 중요한 전제가 있다. 이는 간디의 음식 철학이라 할 수 있을 것이다. 첫째는 모든 음식을 맛으로 먹어서는 안 된다는 것이다. 음식을 맛으로 먹지 말고 오히려 미각을 통제해야 한다는 것이 그의 입장이다. 아마도 황당한 주장이라고 여기는 사람들이 많을 것이다. 이러한 간디의 견해는 인간은 먹기 위해 사는 존재가 아니라 살기 위해 먹는 존재이며, 음식은 단지 건강을 유지하기 위해서 먹는 것이라는 그의 주장에 따른 것이다.

우리는 흔히 '먹는 즐거움'을 말하곤 한다. 대단한 미식가는 아닐지라도 음식의 맛은 거부하기 힘든 유혹이다. 소문난 맛있는 음식점에 사람들이 몰리는 것은 인지상정일 것이다. 그러나 우리는 우리의 입맛이 얼마나 간사한지도 잘 알고 있다. 아무리 맛있는 음식이라도 금방 싫증나기 마련이다. 그러다보면 점점 더 조미료와 향신료가 많이 들어간 음식을 먹게 되고, 결국엔 건강을 해치게 되는 경우가 허다하다. 그러니 비록 음식에는 맛이 있어야 하겠지만 맛보다는 건강을 생각해 음식을 먹는 습관이 필요하지 않을까? 건강에 좋은 음식이라면 맛이 없어도 먹을 수 있어야 하지 않을까?

필요 이상의 음식은 가난한 이들에게서 훔쳐온 것

음식에 대한 간디의 신념에서 가장 많은 논란이 된 것은 그의 철저한 채식 스타일이었다. 그는 인간이 채소와 과일만으로 생명을 유지하고 건강할 수 있도록 창조되었다는 신념을 갖고 있었다. 더군다나 간디는 육식이 치아를 썩게 하고 관절염을 일으키며 분노와 같은 나쁜 감정을 불러일으킨다는 일부 학자들이나 의사들의 주장을 받아들이고 있다. 간디가 이러한 신념을 갖게 된 데는 농업이 주된 산업인 인도라는 나라의 환경과 힌두교와 자이나교 같은 종교가 영향을 주었다고 할 수 있다. 극지방이나 한대에 속한 국가들에서는 육식이 생존을 위한 불가피한 선택일 수 있고, 비록 기독교와 이슬람교에서 금기시되는 고기나 음식은 있지만 육식 자체가 거부되지는 않았다. 채식을 해야 하는지, 육식이 좋은지, 아니면 채소와 육류를 골고루 먹어야 하는지 논란이 많은 것도 현실이다.

그러나 육식에 대해 몇 가지 문제를 제기할 수는 있다.

육식이 필요하다고 말하는 영양학자나 의사들도 지나친 육식이 많은 질병을 유발한다고 하는 점에는 동의하고 있다. 특히 육가공품과 즉석식품이 건강에 해롭다는 것은 상식이다. 더군다나 최근의 광우병 사태에서 여실히 드러났듯이, 우리가 먹는 대부분의 육류가 육가공 부산물이 포함된 사료를 주면서 공장식 농장에서 사육된 가축의 고기라는 사실을 알게 된다면, 육식의 문제는 더 심각하다. 사육하는 가축들을 몸을 뒤로 돌릴 수도 없는 좁은 공간에 가두어놓고, 먹고 싸는 일만 반복하게 해 급속도로 살을 찌우게 하는 농장, 아니 공장과, 그러한 공장에서 항생제와 고농도 영양제를 투여해 겉보기에만 토실토실하게 만든 병든 가축들이 비참하게 도살되어 우리 식탁의 고기로 제공되는 현실에서 우리가 육식을 하고 있는 것이다. 아마도 그러한 가축의 원한이 광우병이라는 저주와 복수의 칼이 되지는 않았는지, 섬뜩한 일이다.

물론 채식도 농약이나 환경오염으로 인한 농산물의 문제가 있지만, 육식으로 인한 피해를 줄이기 위해서라도 채식을 적극 권장할 필요는 있다고 본다. 당장에 모두가 채식주의자가 될 수도 없고 육식의 습관을 버릴 수는 없지만 채식에 대한 간디의 신념과 실험에 유념할 이유는 충분하다고 본다.

간디는 채식을 권장했을 뿐만 아니라 자연이 모든 생명체가 먹고살 수 있을 정도의 충분한 음식을 제공한다는 신념을 갖고 있었다. 우리가 너무 많이 먹기 때문에 굶주리는 사람이 생길 수밖에 없다는 것이 간디의 생각이었다. 그래서 그는 "필요 이상으로 먹는 음식은 가난한 사람들의 위장에서 훔쳐온 것"[39]이라고 말하기도 했다. 보통 사람들은 하루에 두 끼면 충분하고, 해가 진 후에는 절대로 먹지 말아야 하며, 주기적으로 단식을 함으로써 건강을 유지할 수 있다는 것이 자신의 실험을 통해 밝힌 간디의 견해였다. 과식으로 인한 갖가지 병이나 엄청난 음식쓰레기, 그리고 아직도 먹을 것이 없어 굶주리는 지구상의 수많은 사람들을 생각한다면 간디의 주장을 흘려들을 수는 없을 것이다.

끝으로 간디가 제시한 건강법칙을 보자.

- 최대한 순수한 생각을 하고 게으르고 불순한 모든 생각을 떨쳐버려라.
- 밤낮으로 최대한 깨끗한 공기를 호흡하라.
- 육체노동과 정신노동 사이의 균형을 지켜라.
- 바르게 서고 바르게 앉고 정결하고 단정한 행동 하나하나에 내면의 상태가 드러나게 하라.

- 음식은 몸과 마음이 원활히 움직일 수 있을 정도면 충분하다.
- 먹는 물과 음식과 공기는 반드시 깨끗해야 한다.[40)]

우리가 간디와 같은 식생활을 할 수는 없지만, 그리고 그의 건강철학이 모두에게 타당하지는 않을지라도, 건강하게 살아온 그의 삶은 우리에게 귀감이 될 것이다. 그러니 여러분도 간디가 제시한 건강법칙을 하나라도 실험해 보는 것은 어떨까.

금욕적인 생활은 필요한가?

가치 있는 삶을 위한 자기절제와 희생

가치 있는 삶을 위한 자기절제와 희생

—류성민

고행이 아닌 위로와 기쁨으로서의 금욕

잘 알려져 있듯이 마하트마 간디는 매우 금욕적인 삶을 살았다. 그는 어려서부터 금욕과 절제를 가르치는 힌두교와 자이나교의 영향을 받았고, 자신의 종교적 신념에 따라 무수한 시행착오를 반복하면서 욕망을 극복하기 위해 노력했다. 간디에게 육체와 정신(영혼)은 구별되지 않았기 때문에 별도로 논하는 것은 적절하지 않지만, 그의 금욕적 삶은 육체적 욕망을 극복하는 것에서부터 시작되었으니 그것부터 다루어보자. 음식에 대해서는 앞 장에서 자세히 다루었기 때문에 생략할 것이다. 다만 간디가 건강을 유지할 수 있을 정도의 아주 간단하고 적은 양의 채식으로 살았다는 것만은 염두에 둘 필요가 있다.

간디가 육체적 욕망 가운데 가장 극복하기 힘들었다고

여기면서도 가장 중요하게 생각한 것은 성적 욕망이었다. 이미 언급했듯이 간디는 성적 욕망으로 인해 아버지의 임종을 지키지 못했고 첫아들을 태어난 지 며칠 만에 잃는 뼈아픈 경험을 했다. 자의에 의한 것은 아니었지만 매춘을 할 뻔했던 일도 여러 번 있었다. 간디의 표현대로, 신의 도움으로 간디는 결혼 이후 일부일처의 이상을 지켜왔고 부인 이외의 여성과 어떤 성적 관계도 맺지 않았다. 그것을 그는 '진리에 대한 사랑'의 일부라고 말하기도 했다.

그런데 간디는 브라마차랴를 지키기 위해 부부 사이의 성관계마저 중단하고자 했다. 자손을 낳기 위한 이유 이외에는 정욕을 만족시키는 어떠한 성관계도 바람직하지 않다고 여긴 것이다. 그러나 간디도 고백하듯 정욕을 억제하는 일은 매우 힘들었다. 각방을 쓰기도 했지만 그것으로는 충분치 못했다. 37세가 되어서야 간디는 마침내 스스로 맹세를 하고 부인의 동의를 얻어 브라마차랴를 결행했고, 평생 맹세를 지켰다고 한다. 당시의 심정을 간디는 이렇게 말하고 있다.[41)]

> (브라마차랴의) 맹세를 지키는 매일마다 나는 브라마차랴를 통해 몸과 마음과 영혼이 보호되고 있음을 점점 더 확실히 깨닫게 되었다. 왜냐하면 이제 브라마차랴는 더 이

상 고행의 과정이 아니었고, 오히려 위로와 기쁨이 되었기 때문이다.[42]

간디가 이러한 말을 했다고 그가 아무런 어려움 없이 성적인 욕망을 극복한 것은 아니다. 그는 신의 은총 없이는 결코 브라마차랴를 완전히 지킬 수 없다는 것을 자주 언급했다. 또한 인류를 위해 전심전력으로 봉사하려는 사람에게 브라마차랴는 필수불가결한 요건이라는 신념이 있었기에 가능한 것이었다.

단식은 육체적 금욕인 동시에 정신적 금욕

브라마차랴는 성적인 욕망을 끊는 것만이 아니고 모든 육체적 욕망을 근절하는 것인 동시에 정신적으로도 그에 상응하는 욕망을 없애는, 철저한 금욕적 생활이다. 간디에게 단식은 육체적 금욕인 동시에 정신적 금욕이었으니 그러한 금욕생활의 정수라고 할 수 있다. 간디가 얼마나 단식을 중요시했는지는 다음과 같은 그의 단식일지를 통해 확인할 수 있다.

〈간디의 금식일지〉 (3일 이상)[43)]

연번	년도	장소	기간(일)	금식 이유
1	1913	남아공 피닉스	7	도덕적 해이에 대한 참회
2	1914	남아공 피닉스	14	도덕적 해이에 대한 참회
3	1916	인도 아마다바드	3	자기정화
4	1918	인도 아마다바드	3	사회문제 해결 촉구
5	1919	인도 아마다바드	3	폭력사태에 대한 참회
6	1921	인도 뭄바이	3	폭력사태에 대한 참회
7	1922	인도 바르돌리	5	폭력사태에 대한 참회
8	1924	인도 델리	21	힌두교신자 이슬람교신자 간의 화합
9	1925	인도 아마다바드	7	아슈람의 성적 탈선에 대한 참회
10	1928	인도 아마다바드	3	도덕적 해이에 대한 참회
11	1932	인도 예라브다 감옥	6	정부에 대한 항의
12	1933	인도 파르마 쿠티	21	자기정화
13	1933	인도 예라브다 감옥	7	정부에 대한 항의
14	1934	인도 바르다	7	폭력발생에 대한 참회
15	1939	인도 라즈코트	4	약속위반에 대한 항의
16	1941	인도 세바그람	3	도둑사건에 대한 참회
17	1943	인도 아가칸 감옥	21	정부에 대한 항의
18	1947	인도 캘커타	3	폭력발생에 대한 참회
19	1948	인도 델리	5	폭력발생에 대한 참회

위 표에서 볼 수 있듯이, 간디가 평생 동안 3일 이상 단식한 것만 19회나 된다. 일주일 이상 단식을 8회 했고, 21일간 단식도 3회나 된다. 하루나 이틀 금식한 것이나 하

루 한 끼만 식사를 한 경우는 셀 수 없을 정도로 많다. 간디는 금식이 건강을 위해서도 중요하고 필요한 것이라고 말했지만, 그것보다 훨씬 더 중요한 그의 단식 이유는 정신적이고 영적인 것이었다. 간디가 단식에 대해 말한 다음과 같은 몇 가지 핵심적 발언만 보더라도 그 점을 분명히 알 수 있다.

> 단식은 자기절제의 관점에서 실시될 때만 동물적인 욕정을 제어하는 데 도움이 될 수 있다. (…) 말하자면 자기절제에 대한 부단한 열망에 의해 이루어지지 않는 한 아무 쓸모가 없다. 단식이나 그와 유사한 훈련은 자기절제라는 목적을 이루기 위한 수단의 하나일 뿐이다. 정신적 단식이 수반되지 않는 육체적 단식은 위선과 재앙으로 끝날 수밖에 없다.[44]

> 단식과 기도는 나의 종교에서 공통된 지상명령이다.[45]

> 진실과 참회를 위한 단식은 성스러운 제도이다.[46]

> 완전한 단식은 자아self에 대한 완전한, 문자 그대로의 부정이다. 단식은 가장 진실한 기도이다. (…) 진정한 단식은

몸과 마음과 영혼을 깨끗하게 한다. 단식은 자유로운 영혼을 위해 육체를 십자가에 매다는 것이다.[47]

단식에 대한 간디의 말에서 알 수 있듯, 그에게 단식은 기도와 마찬가지의 종교적 행위였다. 단식 자체가 그에게는 기도이기도 했다. 그리고 그의 기도(단식)에서 가장 중요한 것은 참회였다. 잘못을 인정하는 참회야말로 간디가 단식을 한 근본적 이유였다.

단식을 해본 사람이라면 단식이 얼마나 어려운 일인지를 알 것이다. 음식을 먹지 않는 것도 육체적으로 큰 고통이 아닐 수 없지만(사람에 따라 다소 편차가 있지만, 특히 단식을 시작한 처음 며칠과 일주일 혹은 10일 정도에 극도의 고통이 따른다), 그보다 훨씬 더 고통스러운 것은 참회다. 간디에게 참회는 단지 자기 자신의 잘못을 인정하고 용서를 비는 것만이 아니었다. 그 누구의 잘못도 자신의 잘못으로 여기는 것이 진정한 의미의 참회다. 가족의 잘못이든 친구나 친지의 잘못이든, 더 나아가 이웃과 국민들의 잘못이든 간에 그러한 잘못에 대해 스스로 책임을 떠맡는 것이 간디의 참회였다. 마치 자식의 잘못에 대해 부모가 용서를 빌듯, 전 국민의 잘못에 대해 정치지도자들이 책임을 지고 모든 명예와 지위를 포기하듯, 간디는 다른 사람의 잘못을 참회했고 그렇게 함으로써 그들도 참회할 수 있도록 했다.

금욕적 생활과 단식은 가장 중요한 종교적 실천

사실상 이러한 간디의 단식과 참회는 인도종교들에서 면면히 이어져내려온 금욕주의 전통에 따른 것이다. '타파사tapasya', 곧 희생은 다른 사람이나 존재 혹은 신을 위해 스스로 고통을 당하는 것이며, 그렇게 함으로써 영적인 능력을 고양하는 종교적 훈련의 방식으로 인도의 여러 종교들에서 중시한 것이다. 그래서 갖가지 육체적 고행이나 난행難行, 단식 등이 널리 행해져왔다. 간디는 이러한 전통을 사회문제를 해결하는 데까지 확대, 적용한 것이다.

> 자기 스스로 해를 당하는 고통 (…) 이것이 비폭력의 본질이다. 내가 자발적으로 자신의 생명을 희생하는 수많은 사람들을 기쁨으로 후원하는 것은 생명을 경시해서가 아니라 결국에 가서는 그것이 생명의 희생을 최소한도로 줄이는 것이며, 동시에 생명을 잃는 사람을 고귀하게 지키면서 그들의 희생으로 세계를 도덕적으로 풍요하게 만들기 때문이다.[48]

이렇듯 간디의 금욕과 단식의 근본 취지는 자기희생에 있다. 그렇기 때문에 간디에게 금욕적 생활과 단식은 가장 중요한 종교적 실천이고 그의 사탸그라하 운동에서도 필수불가결한 요소였다. 희생이 동반되지 않는 그 어떤 종교적 행위도 그에게는 무의미했고, 그로써는 폭력뿐만 아니라 그 어떤 사회문제도 해결할 수 없다고 믿었기 때문이다.

모든 생명체가 그러하듯 사람도 다른 생명을 죽여야 살 수 있다. 인간의 생명을 유지하기 위해서는 식물이든 동물이든 생명체(유기체)를 먹지 않으면 안 된다. 그래서 그것은 불가피하고 자연스러운 법칙이요 현실이라 할 수도 있을 것이다. 금욕이나 단식은 그러한 법칙에 따르지 않는 것이요 자연스러운 삶이 아니라고 생각할 수 있다. 하지만 간디가 금욕을 했다고 해서, 단식을 자주 했다고 해서 먹지 않고 살려고 했던 것도 아니고 부자연스러운 삶을 살고자 했던 것도 아니다. 다만 스스로 절제하고 희생하면서 다른 사람들을 위한 보다 가치 있는 일에 헌신하려고 했던 것이며, 그것이 바로 그의 종교적 실천이었다.

자연은 약육강식과 승자독식의 처절하고 무자비한 경쟁법칙만이 통용되는 곳처럼 보이지만, 그것은 인간이 자연을 그렇게 볼 뿐이지 실제로는 그렇지 않다고 본다. 자연에서는 얼마나 절제와 균형과 조화가 잘 이루어지고 있는가! 배부른 사자가 사슴을 공격하는 법이 없고, 쓸모없거나 먹지 못하는 것을 파괴하는 동물은 없다고 하지 않는가. 썩지 않고 많은 열매를 맺는 씨앗도 없고, 아무런 노력도 하지 않고 양분과 양식을 얻는 동식물도 없다. 간디가 믿었듯이, 신은 그가 창조한 모든 생명들이 자연스럽게 그 생명을 보존할 수 있기에 적당한 양식을 마련해주었다. 누군가가 많이 먹으면 누군가는 굶게 되고, 누군가가 희생하면 또 누군가는 생명을 얻게 되는 법이다.

금욕과 단식에 대한 간디의 말을 되새겨보면서 이러한 상념에 젖게 된다. 지금도 누군가 금욕을 하기에 우리가 살 수 있는 것은 아닌가? 누군가 단식을 하기에 우리가 먹을 수 있는 양식이 있는 것은 아닌가? 누군가 자기 자신을 희생하기에 우리가 생명을 유지할 수 있는 것은 아닌가?

간디에게 묻고 싶은 질문과 답 07

'두려움 없음'은 무엇이며 어떻게 얻을 수 있는가 ?

모든 속박에서 자유로워졌을 때
갖게 되는 용기

모든 속박에서 자유로워졌을 때 갖게 되는 용기

—류경희

가장 강력한 무기로서의 '두려움 없음'

우리는 살아가면서 여러 형태의 두려움과 마주하게 된다. 두려움은 우리를 주저하게 하고 속박하며 우리의 자유를 제한한다. 그래서 두려움 속에 갇혀 있는 상태는 일종의 노예상태와 같다. 진정한 의미의 자유란 두려움이 존재하지 않는 상태라 할 수 있다. 그러나 두려움이 없다는 것이 결코 자만과 오만을 의미하는 것은 아니다. 진정한 '두려움 없음'은 삶과 인간에 대한 사랑과 겸손을 바탕으로, 추구하는 가치에 대한 확고한 믿음, 그 가치(목표)를 향해 흔들림 없이 나아가는 강한 의지와 용기, 어떤 상황에도 침착하게 대처할 수 있다는 자기신뢰 등에서 나온다고 생각한다. 간디는 이 모두를 지닌 인물로 보인다.

간디는 생애를 통해 중요한 선택과 판단을 해야 할 때

나 큰 위기나 절망의 순간마다 두려움 없는 확신과 용기를 가지고 행동했다. 그는 정의와 진리를 실현하기 위해서라면 자기이해를 초월했고 경우에 따라서는 목숨까지도 희생할 준비가 되어 있었다. 그는 '두려움을 갖지 않는 것'을 영적 능력의 첫 번째 필요조건으로 꼽았다.(*YI*, 13 Oct. 1921 ; *MM*, 69) 그러나 간디는 이 '두려움 없음'이 오만과 자만에서 나온 것이 아니란 점을 이렇게 말한다.

> 두려움을 갖지 않는다는 것이 오만이나 공격성을 의미하지는 않는다. 오만이나 공격성 자체가 두려움의 표시다. 두려움 없음은 침착함과 마음의 평화를 전제로 한다. 이를 위해 신에 대한 살아 있는 신앙을 가질 필요가 있다.(*H*, 3 Nov. 1946: 388)[49)]

> 모든 위대한 대의에서 결정요인이 되는 것은 투쟁하는 이들의 수가 아니라 그들의 자질이다. 세계의 위대한 인물들은 늘 홀로 서는 이들이었다. 붓다, 예수, 무함마드 등은 모두 홀로였다. 그러나 그들은 그들의 신과 자기 자신에 대한 살아 있는 신앙을 가지고 있었고 신이 자신의 편에 있다고 믿었다. 그래서 결코 외롭다고 느끼지 않았다.(*YI*, 10 Oct. 1929 ; *MM*, 72)

그러니까 간디가 생애를 통해 보여준, 어떤 상황에서도 두려워하지 않고 자신의 신념을 실천해나간 그 강인함의 근원은 무엇보다 신 또는 진리에 대한 확고한 믿음에 있었다고 할 수 있다. 그렇다면 간디가 '두려움 없음'으로 본 것은 구체적으로 무엇이었을까? 관련된 그의 몇 가지 언급을 살펴보기로 하자.

> 두려움 없음은 다른 숭고한 자질을 키우는 데 필수요소다. 두려워하지 않는 것 없이 어찌 진리나 사랑을 추구할 수 있겠는가? 쁘리땀은 신께로 가는 길은 겁쟁이가 아닌 용감한 이들의 길이라고 말했다. 여기서 신은 진리를 의미하고 용감한 이들은 겁쟁이들의 무기인 칼이나 총이 아니라 두려움 없음으로 무장한 이들이다. ; 두려움 없음은 질병, 상해, 죽음, 가장 사랑하는 이의 상실, 명예를 잃는 것에 대한 두려움과 같은 모든 외적 두려움에서 자유로워지는 것을 의미한다.(*YI*, 11 Sept. 1930: 1~2)

> 비폭력과 비겁함은 반대되는 말이다. 비폭력이 가장 위대한 덕이라면 비겁은 가장 큰 악덕이다. 비폭력은 사랑에서 생겨나고 비겁함은 증오에서 생겨난다. 비폭력은 언제나 고통을 겪는다. 이에 비해 비겁함은 언제나 고통을 가한

> 다. 완전한 비폭력은 가장 숭고한 용감함이다. 비폭력적인 행동은 결코 부도덕할 수 없지만 비겁한 행동은 언제나 부도덕하다.(the Official Mahatma Gandhi eArchive)

간디는 두려워하지 않는 것을 비겁함과 상반되는 의미로 이해한다. 그것은 우리의 삶에서 생겨날 수 있는 모든 형태의 두려움에서 자유로워졌을 때 갖게 되는 용기를 의미한다. 간디는 사랑에서 비롯되는 비폭력을 바로 이러한 형태의 용기로 보았고 이러한 형태의 두려움 없음이 가장 강력한 무기일 수 있다고 역설한다.

'두려움 없음'을 얻는 길들

그렇다면 어떻게 해야 우리를 속박하는 두려움에서 자유로워질 수 있는가? 간디가 제시하는 몇 가지 요건들을 찾아볼 수 있다. 그 가운데 첫 번째로 꼽고 싶은 것은 우리의 세속적인 욕망에서 자유로워지는 것이다.

> 모든 두려움은 근거가 있는 것이 아니며 자기 스스로 직조해내는 구성물이다. 우리가 부와 가족과 몸에 대한 집착을 날려버린다면 우리 가슴에 두려움이 있을 곳은 없다. '지상의 것들을 버려 그것들을 향유하라'는 말은 숭고한 계명

이다. 부와 가족과 몸은 늘 그 자리에 똑같이 그대로 있을 것이다. 그러나 그것들에 대한 우리의 태도를 바꾸어야만 한다. 이 모두는 우리의 것이 아니라 신의 것이다. 이 세상의 무엇이든 우리의 것은 아무것도 없다. 우리 자신마저도 신의 것이다. 그렇다면 왜 두려움을 가져야 하는가?(*YI*, 11 Sept. 1930: 1~2)

간디는 심리적인 것이든 물리적인 것이든 두려운 감정을 불러일으키는 대상은 어떤 실체가 있는 것이 아니라 우리의 심리나 의식이 만들어내는 것이라 보고 있는 것 같다. 우리의 욕망은 무언가를 갈망하고 소유하려 한다. 그리고 그 욕망이 충족될 때까지 욕망은 우리를 속박한다. 욕망이 우리를 좁은 에고에 가두기 때문이다. 모든 개별존재들이 연계되어 하나의 세상을 이루고 있어 애초에 개별자의 소유라 할 것이 없다고 한다면 세속의 것들에 그리 집착하지 않게 된다. 위 구절에서 신을 전체 우주 또는 세상으로 이해해도 무방할 것 같다.

둘째는 두려워하지 않는 용감함은 신체적 자질이 아니라 정신적 또는 영적 자질이므로 정신을 단련하는 것이 필요하다는 것이다.

> 모든 사람들이 자기방어의 기술을 배워야 한다. 배워야 하는 것은 몸의 단련이기보다는 정신상태다. 정신적 훈련은 무기력감을 훈련하는 것이다. 용감함은 몸의 자질이 아니라 영혼의 자질이다. 나는 강한 근육을 지닌 겁쟁이들을 보아왔고 가장 약한 몸에서 드문 용기를 보아왔다.(*YI*, 20 Oct. 1921: 335)

간디는 여기서 두려워하지 않는 용기를 물리적 힘이 아닌 정신적 힘으로 보고 있다. 따라서 훈련과 단련을 통해 강한 정신력을 키울 것을 권고한다.

셋째는 자신이 옳다고 믿는 가치들을 확신을 가지고 실천하는 것이다.

> 주변에 너무도 많은 잘못된 믿음과 위선이 있어 심지어는 옳은 것을 행하는 것을 두려워한다. 그러나 두려움에 길을 터준다면 진리마저도 억압받게 될 것이다. 황금률은 옳다고 믿는 것을 두려움 없이 행하는 것이다.(*H*, 2 June 1946: 160)

분명 자기확신은 두려움을 갖지 않게 되는 중요한 요소다. 그러나 여기서 주의해야 할 것은 자기확신에 때론 오류가 있을 수도 있고 자기확신이 독단이 될 수도 있다는 점이다. 위에서 인용한 간디의 말에 이러한 점이 언급되어 있지는 않지만 간과되어서는 안 되는 부분이다. 자기확신의 옳고 그름을 가늠할 수 있는 중요한 기준 중 하나가 자기이해와 관련된 것이냐 아니면 자기이해를 초월한 진리에 부합하는 것이냐의 구분일 수 있다. 간디의 경우는 그가 진리 또는 신이라 믿는 가치가 자기확신의 옳고 그름을 구분하는 기준으로 작용한 것으로 보인다. 마지막 필요조건으로 언급하려는 것이 바로 이와 관련된 것이다.

넷째, 간디에게는 진리, 곧 신을 실현하려는 목표를 향해 나아가는 것이 두려움을 없애주는 주요 요인이었다.

> 신을 실현한 사람만이 최고의 해방을 의미하는 완벽하게 두려움 없는 상태를 얻을 수 있다. 결연하고 지속적인 노력과 자신에 대한 점차 증가하는 확신으로 이 목표를 향해 계속 전진할 수 있다. ; 우리는 내면의 적인 우리 안의 두려움 속으로 걸어 들어가야 한다. 우리는 동물적 열정, 분노와 같은 것을 두려워한다. 하지만 우리가 이러한 배반자들을 정복하기만 하면 외적인 두려움들은 멈추게 된다. 모든 두려움은 몸을 중심으로 돌아간다. 그렇기 때문에 몸에 대한 집착을 버리게 되면 모든 두려움은 사라질 것이다.[50)]

2부

나와 우리

간디가 불평등하고 부조리한 차별을 극복하고자 투쟁했던 방법, 곧 사탸그라하 운동에는 인간에 대한 보다 깊은 이해가 깔려 있다. 모든 인간에게는 신으로부터 받은 신적인 본질이 있다고 믿었고, 그것을 신과 같은 진리이자 최고선으로 여겼다. 모든 인간의 본질적 선함과 가치를 바로 그러한 인간의 신적 본질에서 찾은 것이다. 그것이 참자아, 곧 아트만이다. 스스로를 '진리의 소박한 구도자'라 칭한 간디는 그 참자아를 그의 삶 속에서 실현하고자 했던 것이다.

나는
누구인가
?

모든 인간은 본질적 선함과 가치를 지닌다

'내 안의 신성' 실현이 인간이 추구해야 할 목표

모든 인간은 본질적 선함과 가치를 지닌다

—류성민

카스트는 타고난 성향에 따른 의무를 규정한 것

예전이나 지금이나 사람들이 가장 많이 스스로에게 묻는 질문이면서도 가장 대답하기 힘든 문제가 '나는 누구인가?'일 것이다. '너 자신을 알라!'는 성현의 가르침을 모르는 사람이 없겠지만, 막상 내가 누구인가를 말하려면 그저 이름, 나이, 성격, 취미 등을 떠올리기 마련이다. 물론 그것들이 그 물음에 대한 답이 아님을 알면서도 말이다.

이 물음에 대해서는 학문 영역마다 다른 대답을 찾을 수 있겠지만 대체로 정체성과 인생관의 문제로 접근할 수 있다고 본다. 자신의 성性과 나이, 직업, 능력과 그 한계, 재산 등등을 고려해 자기 자신의 현재 상황과 미래의 가능성을 정확하게 파악함으로써 적절한 언행을 하고 바른 태도로 살아가도록 하는 것이 정체성을 확립하는 것이다.

흔히 '주제파악'을 해야 한다고 말하는 것도 정체성을 염두에 둔 것이며, 그러기 위해서는 늘 스스로를 되돌아볼 수 있어야 한다. 지나치게 자기 자신을 과대평가하거나 과소평가하지 않고, 최대한 냉정하고 객관적으로 자기 자신을 파악하는 것은 현실을 충실히 살기 위해서도, 보다 나은 내일을 위해서도 매우 중요한 일이다. 그런데 문화에 따라 정체성에 영향을 주는 주요 요인은 다를 수 있다. 우리의 경우 혈연, 지연, 학연 등 주로 인맥관계가 주는 영향이 크다. 처음 만나는 사람에게 이름과 본本을 물어보고 고향과 출신학교 등 몇 가지만 더 알아보면 곧바로 누구를 아느냐고 묻게 된다. 그러다가 한두 사람만 연계되면 그가 어떤 사람인지 금방 알게 되고 쉽게 친한 사이가 되기도 한다. 그래서 '나는 누구인가?'를 묻게 되면 곧바로 그러한 인맥관계 속에서 답을 찾게 되기 십상이다.

인도인들에게 가장 중요한 정체성의 기준은 카스트제도[1)]에 있다고 본다. 법적으로는 폐기되었고, 카스트제도를 부정하는 자이나교와 불교 등의 영향이 있고 수많은 카스트제도 개혁운동이 있었으나, 카스트는 여전히 인도인들의 정체성에 가장 큰 영향을 주고 있다. 카스트가 평생의 직업과 배우자와 거주지를 결정하며 대대로 물려주는 유전자처럼 여겨지고 있는 것이 인도의 일반적 현실이다.

그러면 간디는 카스트제도에 대해 어떻게 생각했는가? 그는 카스트제도가 낳은 불가촉천민제도를 가장 큰 죄악이자 사탄의 고안물이라고 여겼다. 간디는 평생 동안 불가촉천민을 위해 노력했고 그들이 당하는 억울함과 차별을 없애기 위해 심혈을 기울였다. 그러나 카스트제도 자체는 부정하지 않았다. 다만 그것이 잘못 이해되고 악용되고 있다고 여겼을 뿐이다. 원래 크게 넷으로 나누어지는 카스트는 특권이나 계급적인 지위를 의미하는 것이 아니라 사람의 타고난 성향에 따른 의무를 규정한 것으로 간디는 보았다. 그는 그것이 힌두교에서의 카스트의 본래 의미라고 확신했다. 인간은 모두가 신의 피조물로 동등하지만, 지식을 지닌 브라만, 다른 사람들을 보호할 수 있는 힘을 지닌 크샤트리아, 상업적 능력을 지닌 바이샤, 육체적 노동을 하는 수드라 등으로 그 타고난 성향이 구분되어 각각 가장 잘할 수 있는 의무를 나눈 것이 카스트라고 간디는 주장했다. 그래서 수드라도 지식을 가질 수 있고 브라만도 노동을 할 수 있다는 것이다. 다른 카스트와 함께 음식을 먹지 않는다거나 결혼을 하지 않는 것이 결코 카스트의 본래 의미가 아니라는 것이다. 그래서 간디는 네 개의 카스트에도 포함되지 못하는 최하층 불가촉천민을 하리잔Harijan(신의 자녀)이라고 부르면서 그들과 함께 먹고 함께 살면서 잘못 악용되는 카스트제도의 맹점을 고치려 했다.

우리가 혈연과 지연, 학연 등 다양한 인맥에서 자유로울 수는 없지만, 그것으로 인한 폐해가 많다는 것은 널리 알려져 있지 않은가! 우리가 우리의 정체성을 그러한 인맥에서 찾는다면 그로 인한 문제에도 주의를 기울일 필요가 있다. 간디가 카스트제도의 잘못된 이해와 관행을 극복하고자 했고 불가촉천민을 위해 노력한 것처럼 말이다.

'참자아'의 실현이 존재의 목적

간디는 인도의 시성詩聖으로 불리는 타고르가 그에게 붙여주었고, 인도인들뿐만 아니라 전 세계인이 그의 이름처럼 부르는 '마하트마Mahatma(위대한 혼)'란 호칭을 부담스럽게 생각했고 애써 부정하고자 했다.

> 나는 마하트마라는 말을 떨구어버려야 한다. 나는 누구든지 간에 나를 마하트마로 부르고 내 발에 입을 맞추는 사람을 범죄자로 규정하는 법을 만든다면 기꺼이 그 법에 서명할 것이다.[2)]

> 나는 실수도 저지르고 죽어야 할 사람에 불과하다. 나는

내가 마하트마이고 다른 사람들이 알파트마Alpa-atma(미천한 혼)라고는 꿈에도 생각해본 적이 없다. 우리 모두는, 힌두교인이든 이슬람교도이든, 조로아스터교인이든 기독교인이든 우리의 창조자 앞에서는 평등하며 한 하나님에 대한 숭배자이다.[3)]

카스트제도가 사실상의 신분이자 사회적 지위로 고착되어 있는 사회에서 모든 사람들을 평등한 존재로 여기고 자기 자신도 그러한 평등한 존재의 하나임을 인정했던 간디의 인간이해와 자아이해는 그의 사탸그라하 운동의 근간이라 할 수 있다. 그가 남아프리카에서 사탸그라하 운동을 시작한 것도 인도인들을 포함한 아시아계 유색인에 대한 불평등을 타파하기 위한 것이었다. 지주와 농민, 공장사업주와 노동자, 브라만과 불가촉천민, 인도인과 영국인 사이에서 권력, 부, 지위, 카스트 등에 의해 생겨나는 차별을 없애기 위해 그는 사탸그라하 운동을 전개한 것이다.

나는 누구인가라는 물음을 정체성의 문제로 이해하는 것은 다소 피상적이고, 인도의 종교적이고 철학적인 자아에 대한 물음과도 동떨어진 것이겠지만, 간디에게는 그러한 학문적인 자아 논의나 교리적이고 사상적인 문제는 중요하지 않았다. 신 앞에서 모든 인간은 평등하다고 여겼기에 간다는 인간을 불평등하게 하는 법과 제도, 관행과 인습에 맞서 투쟁한 것이다.

그런데 간디가 불평등하고 부조리한 차별을 극복하고자 투쟁했던 방법, 곧 사탸그라하 운동에는 인간(자아)에 대한 보다 깊은 이해가 깔려 있다. 모든 인간에게는 신으로부터 받은, 신적인 본질이 있다고 믿었고, 그것을 신과 같은 진리이자 최고선으로 여겼다. 모든 인간의 본질적 선함과 가치를 바로 그러한 인간의 신적 본질에서 찾은 것이다. 그것이 참자아, 곧 아트만Atman이다. 간디는 그 참자아를 그의 삶 속에서 실현하고자 했던 것이다.

> 내가 성취하고자 원했던 것, 내가 지난 30년 동안 성취하려고 애쓰고 투쟁해온 것은 자아실현self-realization이다. 곧 하나님을 얼굴과 얼굴을 맞대고 보는 것이며 목샤를 얻는 것이다. 나는 그 목적을 위해서 살고 있고 활동하며 내 존재가 바로 그 목적 안에 있다.[4)]

간디는 이러한 참자아의 실현을 가로막는 것이 바로 인간의 육체(몸과 마음)라고 여겼다. 인간에게는 신적 본질로서의 참자아도 있지만, 그 자아가 실현되는 것을 방해하는 육체가 함께 있다는 것이다. 이 점에서 간디는 인간이 육체와 영혼(참자아, Atman)으로 되어 있다는 전통적인 힌두교의 인간관을 받아들이고 있음을 알 수 있다.

육체를 지배하는 것이 힘사himsa(생명의 파괴, 폭력)다. 인간이 육체를 지니고 있는 한 힘사에서 완전히 벗어날 수 없다. 육체가 보존되기 위해서는 다른 육체를 필요로 하기 때문이다. 인간이 살기 위해서 먹는 것 자체가 또 다른 생명을 파괴하는 것이며 그것이 힘사인 것이다. 그리고 힘사를 부정하는 것이 아힘사ahimsa다. 육체의 존재 욕구에서 벗어나는 것이 아힘사인 것이다. 그렇기 때문에 인간이 살아 있는 한 완전한 자아의 실현은 불가능하다. 다만 죽기까지 최선을 다해 육체적 욕구를 이겨내고 참자아를 실현하기 위해 노력할 뿐이다.

이 점에서 간디는 영혼과 육체를 단순히 이분법적으로 이해해 육체를 전혀 쓸모없는 것으로 부정하는 입장에 있지 않다는 것을 알 수 있다. 인간이 죽기 전까지는 육체와 영혼이 함께 있고, 육체가 힘사의 지배에서 벗어나도록 부단히 노력해야 한다는 것이다. 육체로 하여금 그 욕구를 이길 수 있도록 훈련해야 하고, 그러기 위해서는 육체 자체를 중시해야 한다고 보았다. 그래서 그에게는 육체적 운동과 노동도 필수적이다. 간디에게는 육체적 욕망을 극복하는 브라마차랴와 육체적 노동인 브레드레이버가 이

율배반적이지 않았고 모두 사탸그라하 운동에 필요한 것이었다.

간디는 "나의 미션My Mission"이란 글에서 자신이 진리의 소박한 구도자라고 말하면서 자신을 실현하기 위해서, 곧 바로 지금의 실존에서 목샤를 얻기 위해 열심히 노력하고 있다고 하면서 다음과 같이 말하고 있다.

> 나는 나 자신을 살아 있는 모든 것과 동일시하길to identify 원한다. 『바가바드기타』의 언어로 말하자면, 나는 친구와 적과 모두 평화롭게 살기를 원한다. 이슬람 신자이거나 기독교 신자이거나 혹은 힌두교 신자이거나 간에 나를 경멸하고 미워할 수 있을지라도 나는 그를 내 처나 아들을 사랑하듯 사랑하고 그에게 봉사하길 원한다.[5)]

이러한 말은 간디가 자신에게 "나는 왜 여기 있는가?"라고 자문하면서 답한 것 같다. 그는 법률가로, 사회운동가로, 독립투쟁가로, 정치인으로, 남편이자 아버지로 살아왔지만 그의 인생의 최종 목표는 목샤였고, 그의 모든 활동은 목샤로 귀결된다. 그는 종교적 구도자였고, 그의 정치사회적 활동은 그가 있던 실존적 정황에서 종교적 목적에 부합하는 행동이었다. 그렇다면, 나는 누구인가?

‘내 안의 신성’ 실현이 인간이 추구해야 할 목표

—류경희

인간은 신성한 본질을 지닌 존재

나는 누구인가? 그리고 나는 왜 여기에 있는가? 인간의 본질과 존재에 대한 이 물음은 인류가 지속적으로 그 답을 찾아온 물음이다. 간디는 이 물음에 어떤 답을 찾아냈을까? 인간의 본질과 존재이유에 대한 간디의 이해는 신(진리)에 대한 이해의 경우와 마찬가지로 근본적으로 힌두 전통의 배경 속에서 이루어졌다.

간디는 인간이 신성한 본성을 지니고 있다고 보았다. 그는 인간의 신성한 본질에 대해 다음과 같이 언급한다.

> 어떤 체계나 제도에 저항하거나 그것을 공격하는 것은 가능하다. 하지만 그것을 만든 이를 공격하고 그에게 저항하는 것은 자신에게 저항하고 자신을 공격하는 것과 같

다. 우리 모두는 하나인 창조주의 자식들이기 때문이다. 우리 안에 있는 신성한 힘은 무한하다. 한 사람의 인간을 경멸하는 것은 신성한 힘을 경멸하는 것이고 그래서 단지 그 신성한 존재뿐 아니라 전 세상을 해치는 것이 된다.(the Official Mahatma Gandhi eArchive)

간디의 이러한 인간본성 개념을 이해하려면 힌두 사상의 인간관을 이해할 필요가 있다. 힌두 전통은 인간을 경험적 차원에서는 제약적이고 속박된 존재이지만 본질적 차원에서는 완전하고 자유로운 존재로 이해한다. 힌두 사상에 따르면 모든 변화와 한계를 초월하고 완전함과 영원성을 지니는 하나의 근원실재(브라흐만Brahman)가 존재하며 우주만물은 이 근원실재에서 파생되었다. 따라서 자연의 모든 개별존재들이 형태, 이름, 기능은 다르지만 그들의 깊은 내면에는 신성이 영혼(순수자아 또는 순수의식)의 형태로 존재한다. 인간은 신체, 마음, 지성으로 구성되는 몸이 영혼과 결합되어 있는 복합체로 몸은 생성소멸을 겪으며 온갖 한계 속에 속박되어 있는 일시적 요소이나 영혼은 모든 한계를 초월해 완전성을 지니는 영원한 요소다. 이러한 인간이해는 인간을 한계성을 지니는 몸속에 완전한 신성의 본질을 지니는 존재로 이해하는 관점이다.

또 힌두 사상은 개별요소인 몸을 에고의식의 토대로, 에고의식을 모든 속박의 원인으로, 그리고 바로 이 속박성을 고苦의 본질로 이해한다. 따라서 힌두 전통은 인간을 속박해 고를 경험케 하는 개별자 의식 즉 에고의식을 제거하고 모든 존재가 본질적으로 하나라고 깨닫는 자아실현(또는 신실현)의 경지에 이르는 것 즉 해탈을 인간이 삶에서 추구해야 할 최고 목표로 제시해왔다. 간디의 인간이해도 이와 다르지 않다. 아래 구절들이 이를 입증해준다.

> 누구도 몸에 머무는 한 완전함을 달성할 수 없다. 그 이유는 간단하다. 에고를 완전히 극복하지 못하는 한 이상적 상태에 이르는 것이 불가능하고 에고는 육신에 묶여 있는 한 완전히 제거될 수 없기 때문이다.(*YI*, 20 Sept. 1928 ; *MM*, 12~13)

여기서 몸은 에고의식의 토대로, 에고의식은 우리가 완전한 상태에 이르는 것을 방해하는 요소로 그리고 완전함은 인간 속에 있는 신성한 본질로 이해되고 있다. 간디는 이렇게 말한다.

> 구체적으로 형상화된 존재로서의 우리의 존재는 순전히

일시적이다. 영원성에 비한다면 100년의 인생은 아무것도 아니다. 에고이즘의 고리를 끊는다면 우리는 인류의 대양으로 녹아들어가 영원성을 누릴 수 있다. 우리가 무엇이라고 느끼는 것, 그것이 신과 우리 사이에 장벽을 만들고 그러한 느낌을 멈추면 우리는 신과 하나가 된다.(*YM*, Chap. 12 ; *MM*, 13) ; 대양에 있는 물 한 방울은 대양의 위대함을 함께하지만 대양에서 떨어져나온 물 한 방울은 이내 말라 버리고 만다. 삶이 거품과 같다고 말하는 것은 과장이 아니다.(*YM*, Chap. 2 ; *MM*, 13)

여기서 대양은 우주와 만물의 모체이자 근원인 브라흐만 또는 신을 상징한다. 이 모체로부터 파생되어 나온 개별존재들은 몸을 지닌 일시적인 존재들로 개별성을 인식하는 에고의식을 지닌다. 이 개별성 인식을 없애면 모든 차이와 구분이 사라지는 보편적이고 근원적인 차원 즉 신성의 경지에 이르게 된다는 것이다. 대양은 바로 이 경지에 대한 상징이기도 하다. 간디는 개별성의 인식이 힌사himsā 즉 폭력과 연결된다는 점을 다음과 같이 지적한다.

몸을 지닌 모든 삶에는 힌사(폭력)가 존재한다. 세상은 파괴의 고리 속에 갇혀 있다. 즉 힌사는 몸을 지닌 삶에 필요요소다. 그것이 아힌사(비폭력)의 신봉자가 언제나 육신의 굴레에서 궁극적으로 구원되길 기원하는 이유다.(*YI*, 2 Oct. 1928 ; *MM*, 73)

간디는 몸을 지닌 개별존재들로 구성된 경험세계에서는 폭력이 필연적으로 존재한다고 보고 있다. 따라서 아힌사 즉 비폭력을 이러한 개별자 요소를 뛰어넘어 보편적 경지로 나아가는 길로 제시한다. 힌두 사상은 인간이 신체, 마음(과 지성), 영혼으로 구성되어 있다고 본다. 신체와 마음은 개별요소인 몸의 구성요소로 생성소멸의 변화를 경험하고 영혼은 영원성을 지니는 본질로 모든 제약과 변화에서 자유로운 영적 요소다. 따라서 가장 이상적인 삶은 이 세 요소를 균형 있게 발전시키는 삶이다. 간디의 다음과 같은 언급은 이러한 힌두 사상을 표현하고 있다.

인간은 지성(마음)만도, 신체만도, 영혼만도 아니다. 인간을 구성하고 있는 이 세 요소를 조화롭게 결합시켜 완전한 전체로서의 인간을 만드는 것이 필요하다.(*H*, 11 Sept. 1937 ; *MM*, 110~111)

간디는 이렇듯 힌두 사상의 인간이해를 바탕으로 인간

을 야수성과 함께 신성한 본질을 지니는 존재로 이해했다. 그래서 그는 "완전함은 신만의 속성이며 형언할 수 없고 번역할 수 없다. 나는 인간이 완전해질 수 있다고 믿는다. 우리 모두가 이 완전함을 추구할 필요가 있다"고 역설했고 "인간은 이성과 식별력과 자유의지를 지닌다. 짐승은 그러한 것들이 없다. (…) 자유로운 에이전트인 인간은 덕과 악덕, 선과 악의 차이를 알며 그가 자신의 보다 높은 본성을 따를 때 짐승보다 훨씬 우월한 모습을 보여준다. 그러나 낮은 본성을 따르게 되면 짐승보다 못한 모습을 보여준다"고 말한다.(the Official Mahatma Gandhi eArchive) 또 "인간의 본성은 근본적으로 악하지 않다. 야수적 본성은 사랑의 본성에 굴복해왔다. 그러니 인간본성에 결코 절망해서는 안 된다"[6]라며 인간의 야만적인 모습 앞에서도 인간의 본질적 선함에 대한 희망을 결코 버리지 않았다.

신의 도구, 사회적 존재로서의 인간

간디는 인간이 신성한 본질을 지녔으므로 그 신성을 실현하는 것이 인간의 의무라고 여겼다. 그리고 신성의 실현은 개인적인 차원뿐 아니라 사회, 국가, 인류, 그리고 우주 등 더 커다란 공동체 차원에서도 이루어져야 한다고 믿었다. 인간은 공동체를 구성하는 여러 구성원들과 서로 연계되어 하나를 이루는 존재라고 이해했기 때문이다. 간디는 공동체적 이해와 복지가 신의 뜻이며, 인간은 그 뜻을 실현하는 도구라고 생각했다. 간디는 이렇게 말한다.

> 우리는 단지 신 의지의 도구일 뿐이므로 무엇이 우리를 앞으로 나아가게 하고 무엇이 장애로 작용하는지 알지 못한다. 그래서 우리는 우리가 도구일 뿐이라는 것을 아는 것에 만족해야 한다. 그리고 수단으로서의 우리가 순결하다면 두려움 없이 마지막에 떠날 수 있다. ; 나는 누구인가? 나는 신께서 내게 주신 것 외에는 어떠한 힘도 가지고 있지 않다. 나는 순수한 도덕 말고는 내 동포에 대한 어떠한 권위도 가지지 않는다. 신께서 나를 지금 지구를 지배하고 있는 폭력의 자리에 비폭력을 퍼뜨리는 순수한 도구가 되도록 잡아주신다면 내게 힘을 주시고 길을 보여주실 것이다. 나의 가장 큰 무기는 묵언기도다. 그러므로 평화의 대의는 신의 선한 손에 달려 있다.(the Official Mahatma Gandhi eArchive)

> 인간을 야수와 구분하는 것은 인간의 사회적 본성이다. 독립적이 되는 것이 인간의 특권이다. 그리고 상호의존적이 되는 것도 똑같이 인간의 의무다. 오만한 사람만이 다른

사람에 의존하지 않고 독자적이라고 주장할 것이다. ; 나는 인간이나 인간사회가 사회적, 정치적, 종교적이라 불리는 엄격히 구획된 영역으로 구분되지 않는다고 주장한다. 모두가 서로 작용하고 그것에 대해 반응한다.(the Official Mahatma Gandhi eArchive)

요컨대 간디는 인간의 본질은 신성하며 인간이 이 세상에서 추구해야 할 목표는 자기 안의 이 신성을 실현하는 것이라고 생각했다. 또한 모든 인간이 신성을 공통된 본질로 공유하므로 신성 실현은 공동체 복지와 관련된다고 보았다. 따라서 인간은 공동체적 존재로서 공동체에 기여하는 의무를 통해 신성 실현을 추구해야 한다고 여겼다. 즉 인간을 영적 존재이자 사회적 존재로 파악한 것이다.

인간의 존재이유는 업보의 결과

나는 왜 여기에 있는가? 인간이 존재하게 된 이유에 대한 물음이다. 사실 이 물음은 간디에게서는 두드러지게 나타나지는 않는다. 신과 인간의 존재와 본질에 대한 그의 믿음이 확고했기 때문으로 보인다. 하지만 그의 사상이 근본적으로 힌두적 세계관에 토대를 두고 있다는 점에서 인간의 존재이유에 대한 간디의 인식 역시 힌두 사상 안에서 이루어졌다고 봐야 한다. 힌두 사상은 완전하고 영원한 본성을 지닌 인간이 유한하고 제약적인 존재조건 속에서 생사의 순환을 경험하며 살아가는 이유를 업과 윤회사상으로 설명한다. 업과 윤회는 간디가 표면적으로 특별히 강조하거나 관심을 기울인 주제는 아니지만 간디뿐 아니라 대부분의 인도인들이 공유하고 있는 인도종교와 철학의 핵심 사상이다.

힌두 우주관에 따르면 하나의 근원실재가 자신을 우주로 드러냈고 이 우주는 창조, 유지, 해체 과정을 무한히 반복한다.[7] 또 이렇게 생성소멸 과정을 되풀이하는 우주 속의 모든 생명체들도 태어나고 죽는 과정을 되풀이해 경험한다. 이 끝없는 생사의 순환을 설명하는 인도사상이 업karma과 윤회saṃsāra다. 업과 윤회는 힌두교 이외에도 자이나교와 불교 그리고 거의 모든 인도 철학체계들이 수용하고 있는, 인도종교와 철학의 핵심 사상이다.

업은 우주의 인과법칙으로 우주를 운행시키는 자연법칙이자 인간의 도덕적인 행위에 대해 엄격한 보상과 처벌을 부여하는 도덕률이기도 하다. 업 사상의 핵심원리는 (말, 생각, 몸으로 하는) 모든 행위는 반드시 그 결실을 낳는다는 것이다. 인간은 욕망으로 인해 행위를 하게 되고 그 행위는 업을 낳는다. 그러나 그 업의 결과가 현생에서 다

나타나는 것은 아니어서 그 결실에 따라 다양한 존재 형태로 다시 태어나게 되는데, 개인이 자신의 행위 결과에 따라 수없이 많은 생을 살게 된다는 이론이 윤회다. 따라서 인도인들은 태어나는 것은 자기 업보의 결과이고 죽음이란 각자의 영혼이 자신의 업보에 따라 몸이란 옷을 갈아입는 과정이라고 이해한다. 결국 업과 윤회사상에 따르면 인간은 자기 업보에 따라 존재하게 된다.

업은 개인이 삶에서 겪게 되는 불평등성을 설명해주는 엄격한 도덕률로도 제시된다. 각 개인이 놓인 삶의 조건이나 사회적 지위 그리고 삶에서 겪게 되는 기쁨과 슬픔, 행복과 불행과 같은 서로 대립적인 경험들이 자신이 전생에 쌓은 업의 필연적 결과로 설명된다. 마찬가지로 개인이 행하는 모든 행위는 그 선악 여부에 따라 그 결과가 그의 미래운명을 결정하게 된다는 것이다. 개별존재가 쌓은 업의 결과는 여러 생을 통해 나타난다. 이와 같이 업과 윤회사상은 인간의 현재 운명은 그 자신이 쌓은 과거행위의 결과이고 또 현재의 행위가 미래의 운명을 결정한다고 설명함으로써 인간을 자기 운명의 궁극적인 결정자로 제시한다. 그러나 인도사상은 업 법칙의 기원에 대해서는 시작도 끝도 없다고 언급할 뿐 최초의 존재원인에 대한 명확한 설명은 하고 있지 않다.

결국 업과 윤회는 우주적 차원에서는 우주를 순환시키는 기계적 인과법칙이고 사회적 측면에서는 도덕적 분배법칙이라 할 수 있다. 인도의 종교와 철학이 궁극적으로 추구해온 해탈은 윤회라는 무한한 시간의 흐름을 초월하는 것이다. 즉 목샤는 시간으로부터의 해방이다. 이는 직선적 시간관을 갖는 유일신 종교가 제시해온, 시간을 통한 구원 즉 시간 안에서 점진적이고 진보적인 완성을 이루는 것과는 차이를 보인다.(류경희, 2013)

요약하면 인간은 영원성과 완전성을 지니는 신성을 그 본질로 지니고 있는 존재이나 자신의 본질을 마음과 신체로 구성되어 있는 물질적 몸으로 인식하는 무지 때문에 에고이즘이 생겨나고 이 에고이즘(자기중심성)에서 욕망이 생겨나 행위하며 이 행위가 업을 쌓아 그 업보에 따라 생과 사를 되풀이하는 윤회의 굴레에 묶이게 된다는 것이다. 여러 수행을 통해 이 윤회의 굴레에서 벗어나 완전한 해방을 달성하는 것이 인도인들이 추구해온 해탈이다.

그러나 간디가 추구한 해방은 종교적 차원의 개인의 해방에 그치는 것이 아니라 모두의 해방, 즉 전 인류의 해방을 추구하는 보편적 의미의 해방이었다. 간디는 인간은 이 목표를 향해 끊임없이 나아가야 한다고 믿었다. 그리고 그의 삶은 이 목표를 위해 끊임없이 투쟁하는 삶이었다.

이웃이란 누구인가?

친분관계가 없더라도
관심을 가져야 할 사람들

자연생산물을 공유하는
권한과 의무를 지닌 존재

친분관계가 없더라도 관심을 가져야 할 사람들

—류성민

간디의 이웃은 인도의 불가촉천민

10여 가구가 한 마을을 이루고 살던 어린 시절에는 마을 사람들이 모두 이웃이었다. 누구네 집에 무슨 일이 있는지를 거의 다 알 정도였다. 뒷집에 살던 벙어리 할아버지가 돌아가셨을 때 동네 사람들이 다 모여 상여를 만들고 묘지를 장만해 장례를 치렀던 일이 지금도 생생히 기억난다. 이웃은 말 그대로 가까이 살고 있는 사람들이었다. 가까이 살면서 서로 돕고 의지하는 사람들이 이웃이었다.

공부를 위해 도시로 나와 살자 주변에 살고 있는 사람들은 그들과 전혀 달랐다. 바로 옆집에 사는 사람조차 무심히 쳐다볼 뿐 말조차 건네지 않았다. 새로 이사 왔다고 인사해도 무덤덤하게 받을 뿐이었다. 몇 년을 살았어도 이웃에 아는 사람이 별로 없었다. 그때야 비로소 이웃은 가까이 사는 사람만이 아님을 어렴풋이나마 알게 되었다.

대한민국 인구의 60퍼센트 이상이 아파트에 살고 있고, 도시는 거의 80퍼센트에 이른다고 한다. 그러니 도시에서 아파트가 아닌 단독주택에 사는 것이 쉽지 않다. 아파트가 싫어 변두리를 전전했지만, 결국 불가피하게 아파트에 살게 되었다. 옆집과의 거리는 불과 5미터도 안 되지만 4년이 넘도록 가보지 못했다. 그저 출입문 밖에서 만나면 가볍게 인사를 나누는 것이 고작이다. 멀리 살고 있는 친척이나 친구도 우리 집에 자주 오가는데 오히려 가까이 사는 윗집, 아랫집, 옆집 사람들과는 거의 왕래가 없다. 그들은 그냥 이웃에 사는 사람일 뿐이다. 사는 거리로는 이웃이지만 이웃이라는 말이 적절하지 않은 듯하다.

그러면 누가 이웃인가? 가족이나 친구 혹은 친척, 직장 동료, 동우회 회원, 친지 등 가깝게 알고 있는 사람들이 이웃인가? 굳이 그들을 이웃이라 할 필요가 있을까? 그들에게는 너무나 당연히 관심을 갖게 되고 사랑과 도움을 주고받으며 살고 있지 않은가? 그렇다면 어떤 사람들을 이웃이라고 해야 할까? 이렇게 이웃을 정의하면 어떨까? 간디의 글을 읽고 그의 삶을 생각하면서 나름대로 정의해보았다. "이웃은 아무런 친분관계가 없더라도 관심을 가져야 할 사람들이다." 가족과 친척은 혈연으로, 친구와 친지는 오랜 사귐으로, 직장동료와 동우회 회원은 일과 취미로 친분관계를 맺어온 사이다. 그러나 이웃은, 우리가 이웃이라고 불러야 할 사람은 우리와 아무런 친분이 없더라도 관심을 갖고 서로 도움을 주고받아야 하며, 그렇게 하는 것이 가치 있는 일로 여겨지게 하는 사람들이다. 그러면 그런 이웃은 어떤 사람들일까?

이렇게 이웃을 정의한다면 간디의 이웃은 누구였을까? 간디가 평생 아무런 친분이 없을지라도 가장 많은 관심을 보였고 사탸그라하 운동을 통해서도 그들을 위해 노력을 아끼지 않았던 사람들은 인도의 불가촉천민이다. 인도의 불가촉천민은 경제적으로 가난하고 사회적으로 천대받으며 정치적으로 소외되는 사람들일 뿐만 아니라 종교적으로도 멸시의 대상이 되는 가장 낮은 계층의 사람들이다. 간디의 이웃, 간디가 그 어떤 사람들보다 더 관심을 가진 이웃이 불가촉천민이라 할 수 있다.

카스트에 의한 차별과 불평등에 저항하다

불가촉천민제도는 1949년에 인도 헌법(제3부 제15조)에서 카스트에 의한 차별이 철폐되어 법적으로는 무효화된 사회제도다. 그러나 간디가 활동했던 그 이전에는 말할 것도 없거니와 현재에도 인도 사회 전역에서 광범위하게 수용되어 있다. 특히 인도의 대부분을 차지하는 농촌지역에서는 여전히 유력하게 영향을 미치는 제도로 남아 있다. 카스트제도의 종교적 근원이나 해석 등에 많은 논란이 있어왔고, 그 폐해와 불합리한 점이 널리 알려졌음에도 불구하고 간디가 활동하던 시절에도 전통적 관습과 상위 카스트에 의해 유지되고 있었다.

불가촉천민은 인도의 카스트제도에서조차 인정하지 않는 계층outcaste으로 간디 시절에는 주로 달리트dalit(산스크리트어로 '땅에 속한 사람', '억압받는 사람'의 의미)로 불렸고, 간디는 '하리잔halijan('Children of God'의 뜻)'으로 부르면서 그들에 대한 부정적 명칭을 바꾸려 했다.[8] 불가촉천민Untouchable이란 말에서 알 수 있듯이 그들은 갖가지 사회적 차별과 냉대를 받아야 했다. 예컨대 그들은 상위 카스트에 종속되어 허드렛일이나 더럽고 힘든 노동을 해야 했고, 다른 카스트 사람들과는 함께 음식과 차를 먹거나 같은 자리에 앉는 것이 금지되었으며, 마을사람들이 공동으로 이용하는 길로 가지 못할 뿐만 아니라 샌들을 신거나 우산을 쓰고 상위 카스트 앞으로 지나갈 수도 없었다. 이러한 불가촉천민들이 21세기 초반에도 인도 총인구의 15~20퍼센트나 된다고 한다.

간디는 불가촉천민제도를 낳은 카스트제도 자체를 부

정하거나 철폐하기 위한 운동을 하지는 않았는데, 그것이 후에 그에 대한 비판의 주요 이유가 되기도 했다. 그는 불가촉천민제도가 우선적으로 없어져야 하며, 그래야 카스트제도도 개혁될 수 있다고 여겼다. 그는 카스트제도가 원래 사회적 분업 체계로서 사람들의 타고난 성향에 따른 일의 분업이며, 따라서 카스트는 언제든지 바뀔 수 있다고 이해했다. 그렇기 때문에 카스트에 의한 차별이나 불평등은 본래의 카스트제도와는 관련이 없는 악습이고 잘못된 전통이라 여겼다. 그래서 이렇게 말하기도 했다.

> 카스트제도가 고대의 전통으로 여겨질 수 있고, 어린애를 결혼시키는 것도 그럴 수 있다. 고대의 많은 참혹한 신념과 미신적 관행들도 그렇게 여겨질 수 있다. 그러나 만일 내가 권력을 가진다면 그러한 모든 것을 근절시킬 것이다.[9]

실제로 간디는 자신부터 불가촉천민에 대한 차별을 없앴다. 그들과 함께 한 지붕에서 살기도 했으며, 자신이 설립한 아슈람에 기꺼이 불가촉천민을 받아들였다. 또한 불가촉천민에게 가해진 차별을 없애기 위해 사탸그라하 운동을 전개하기도 했는데, '비콤 사원로 사탸그라하'가 대표적인 사례다.[10] 이 운동은 인도 남부 트래번코어 주州의 비콤Vycom이란 마을에서 전개되었다. 그 목표는, 단기적으로는 불가촉천민에게 금지된 사원 입구의 공공도로를 개방(이 도로가 개방되지 않아 불가촉천민들은 멀리 돌아서 집으로 가야 했다)하는 것이었고, 장기적으로는 불가촉천민제도를 철폐하는 것이었다. 이 사탸그라하는 무려 16개월(1924년 봄부터 1925년 가을까지) 이상 지속되었고, 간디는 막바지에 이 운동을 성공적으로 이끄는 역할을 했다.

힌두교 사원으로 가는 마을의 주요 공공도로를 불가촉천민에게 개방하지 않는 것은 카스트제도에 따른 오랜 전통이었다. 정통 힌두교 신자들은 물론 주 경찰과 의회 의원들까지 그 전통을 지지하고 있었다. 이 사탸그라하 운동에 참여한 사람들은 대부분 불가촉천민이었고, 힌두교의 하위 카스트에 속하는 힌두교 신자들과 그리스도교 신자들 일부가 가담했다. 사탸그라하에 참여한 사람들(사탸그라히)은 금지된 도로로 행진을 했고, 경찰들이 제지하는 가운데 정통 힌두교 신자들, 특히 최고 계층인 브라만들의 폭력이 난무했다. 그러나 그 어떤 사탸그라히도 대항해 싸우거나 폭력을 행사하지 않았다. 사탸그라하 지도자들이 체포되기도 했고 사탸그라히들이 바리게이트로 막힌 도로 앞에서 경찰과 대치하다가 체포되어 감옥에 구금되기도 했다. 주 의회에서 의원들 대다수가 경찰과 정통 힌두교 신자들을 옹호했고, 사탸그라하 참여자와 그 가족들에 대한 협박도 끊이질 않았다. 그럼에도 불구하고 사탸그라히들은 평화롭게 시위를 했고 자신들의 행위가 정당함을 홍보했다. 간디와 주 당국자들 사이의 협상을 통해 바리게이트가 철거되었으나 사탸그라히들은 반대자들의 기대와는 달리 도로로 진입하지 않았다. 사탸그라히들은 브라만들이 그들의 통행을 기꺼이 용납할 때까지 인내심을 갖고 기다리면서 설득했다. 마침내 불가촉천민의 공공도로 통행을 반대했던 정통 힌두교 신자들과 브라만들도 통행을 허락했다. 그들은 "더 이상 우리에게 요구된 기도를 거부할 수 없다. 우리들은 기꺼이 불가촉천민을 받아들인다"고 선언했다.

내가 먼저 누군가의 이웃이 되어야

이 사탸그라하 운동을 통해 정통 힌두교도들과 브라만들은 불가촉천민들과 이웃이 되었다. 간디에게 불가촉천민들은 이웃이었다. 간디에게 비콤 마을의 불가촉천민들은 생면부지 사람들이었지만, 지대한 관심을 갖고 그들의 고통을 해소해주려고 노력함으로써 그들을 이웃으로 맞이할 수 있었다.

불가촉천민에 대한 간디의 노력을 장황하게 기술하는

것은, 이 사실이 간디에게 누가 이웃인지를 가장 잘 보여주기 때문이다. 물론 간디가 지도하거나 지원을 했던 많은 사탸그라하 운동에서도 간디의 이웃을 찾을 수 있다. 부당한 토지세 인상으로 어려움을 겪고 있던 뭄바이 관할 바르돌리 지역 농민들도 간디의 이웃이었다. 공장주로부터 부당한 대우를 받고 있던 아메다바드의 노동자들도 그의 이웃이었다. 소금세로 가난에 허덕이게 된 인도인들도, 계엄령이라 할 수 있는 로울래트 법안으로 고통을 받아야 했던 인도국민들도 간디의 이웃이었다.

그가 영국으로부터 인도의 독립을 위해 매진한 것도 영국 식민지에서 고난을 당하고 있던 인도국민을 이웃으로 여겼기 때문이며, 이슬람교 신자들과 힌두교 신자들의 갈등과 분쟁을 막고 통일된 국가가 되도록 노력했던 것도 그들 모두를 이웃으로 여겼기 때문이다. 그 중에서도 불가촉천민은 간디가 인도의 어느 곳에서든 어느 때든 만나고 찾을 수 있는 이웃으로, 간디는 그들을 진정한 이웃으로 여겼기에 그들을 차별하지 않았고 그들을 위해 노력했다고 본다.

우리는 누가 우리의 이웃인가를 묻곤 한다. 때론 내가 어려움에 처했을 때 나를 도와줄 이웃이 없음을 한탄하기도 한다. 주변에 이웃하여 가까이 살고 있는 사람들과 소원하게 지내다 보니 그들이 이웃처럼 여겨지지 않는다. 문만 닫으면 옆집과도 완전히 차단되는 아파트에 살다 보니 며칠 동안 서로 얼굴 한 번 보지 못하는 사람들이 되고 만다. 조그만 소음에도 다투게 되는 아랫집, 윗집 사람들을 이웃이라 할 수 있을까. 이웃하여 사는 사람들끼리 칼부림을 하게 되는 경우도 있을 정도다. 그래서 이웃이 없이 산다고 하는 사람들이 많다.

그런데 간디에게 이웃은 가까이 살고 있는 사람들이 아니었다. 그가 알고 있던 사람이 그에게 이웃이 된 것이 아니었다. 아니, 원래부터 그의 이웃이 있었던 것이 아니라, 그가 찾아감으로써 이웃이 생겨난 것이었다. 그가 한 가족처럼 받아들임으로써 낯선 사람도 이웃이 되었다. 아무런 친분관계가 없어도 그가 도와주었기에 이웃이 될 수 있었다. 그를 필요로 하는 사람들에게 가까이 갈 수 있었기에 그들이 그의 이웃이 되었다.

그러고 보면, 누군가가 나의 이웃이 되는 것이 아니라 내가 누군가의 이웃이 될 수 있는 것이라는 생각이 든다. 곧 내가 먼저 누군가의 이웃이 될 때 그가 나를 이웃으로 여기게 되는 것이다. 아무런 친분관계가 없어도 내가 관심을 가지면 그가 나의 이웃이 되는 것이다. 그러니까 내게 이웃이 없다면 그것은 온전히 내 탓이 되는 것이리라.

자연생산물을 공유하는 권한과 의무를 지닌 존재

—류경희

좋은 사람은 모든 생명체의 친구다

나와 이웃, 나와 공동체의 관계는 무엇이고 그 관계를 어떻게 맺을 것인가? 간디에게 이 물음은 신과 진리 다음으로 중요한 물음이었다. 간디는 이 물음에 대한 답을 자신의 세계관과 도덕관에 근거해 제시한다. 간디는 이렇게 말한다.

> 구원의 길은 내 동포와 인류를 위해 끊임없이 봉사하는 노력 속에 있다. 나는 살아 있는 모든 존재와 조화를 이루고 싶다. 내 삶은 쪼갤 수 없는 하나이며 나의 모든 활동은 서로 뗄 수 없는 관계들로 연결된다. 그리고 그들 모두는 채워지지 않는 나의 인류애를 바탕으로 솟아오른다.(간디, 2001: 25)

간디는 세상을 지배하는 하나의 법칙이 있으며 이 법칙 아래에서 모든 존재들이 상호의존적으로 관계를 맺고 있다고 이해했다. 따라서 인간을 공동체적 존재(즉 사회적 존재)로 이해했고 모두가 평등한 권리와 의무를 지닌다고 믿었다. 그리고 아힌사의 실천을 통해 모두가 평등한 복지를 누리는 사회를 꿈꾸었다. 이를 위해 개인보다는 전체 공동체에 우선적 가치를 부여하고 공동체의 복지를 위해서는 개인의 자기희생이 필요하다는 점을 강조했다. 간디에게 이웃은 가깝게는 인도의 동포들이었고 멀게는 세계인들 더 나아가 인간을 포함한 모든 생명체였다.

이러한 관점은 인도가 전통적으로 견지해온 사회관 및 우주관과 관련된다. 인도전통은 사회와 더 나아가 우주가 동일한 법칙에 의해 지배되는 하나의 유기체로 그 구성원들이 상호의존적 관계를 지니고 있다고 이해해왔다. 이러한 관점에서 인도에서는 개인주의가 발전하지 않았고 개인보다는 집단이 강조되는 문화를 형성해왔다. 이것이 인도사회가 우주와 사회의 질서체계이자 의무인 다르마를 강조해온 이유이고 인도의 계급적 사회제도인 카스트 역시 이러한 관념에 토대를 두고 있다. 이렇게 볼 때 이웃은 사실상 내가 포함된 범주로 나의 확대라고 볼 수 있다. 간디의 다음과 같은 말은 위와 같은 관점을 잘 보여준다.

나는 결코 가난한 사람들과 나 사이에 차이가 있다고 생각한 적이 없다. 나는 그들을 형제요 핏줄로 생각한다.(간디, 2001: 24)

아무리 욕심 없는 봉사를 열망한다 해도 그의 관심이 자신의 카스트나 공동체에 한정되면 공동체와 자신을 이기적으로 만들고 반사회적이 된다. 진정으로 이기심 없는 봉사는 공동체를 위해 개인을, 지역을 위해 공동체를, 주를 위해 지역을, 전체 나라를 위해 지역을 포기할 수 있어야 한다. 바다의 물방울 하나가 바다 전체와 분리되면 그것은 아무런 소용도 없게 되고 이내 말라버린다. 하지만 그것이 바다의 일부가 될 때 그 작은 것이 거대한 흐름의 짐을 함께하게 된다. 진정한 자유의 결과로 진전된 인도는 어려운 시기에 이웃 나라들을 도울 것이다. 아프가니스탄, 버마(현 미얀마), 실론(현 스리랑카) 한 나라 한 나라에 이웃을 돕는 이 규칙을 적용할 것이다. 이 나라들 또한 인도의 이웃이 될 것이다. 그래서 차별 없음과 지혜에 근거한 개인의 자기희생은 또한 전체 인류에 대한 봉사를 의미할 것이다.(Gandhi, 1964: 246~247)

이처럼 간디는 개별존재의 복지가 이웃이라는 전체 공

동체의 복지를 통해 가장 잘 보장될 수 있다고 믿고 전체 공동체를 위한 개인의 봉사 의무를 중요시했다. 그래서 간디는 "당신 자신을 발견하는 최상의 길은 단지 자신을 잊고 이웃에 봉사하는 길이다", 또 "인간의 위대함의 정도는 이웃의 복지를 위해 일하는 정도에 달려 있다. 좋은 사람은 모든 생명체의 친구다"라고 말했다.[11)]

더 나아가 그는 민중에 대한 봉사를 진리 곧 신에 대한 예배와 동일시했다. 이는 "나는 민중에 봉사함으로써 진리인 신을 예배한다"(간디, 1997: 236), 또 "나는 인간을 향한 봉사를 통해 신에게 나아가고자 한다. 나는 전체의 일부분이고 나의 동포는 가장 가까운 나의 이웃이다. 인간을 떠나 신을 깨우칠 수 없다. 나는 동포를 위해 일하는 과정을 통해 진리인 신을 숭배한다"(간디, 1997: 79)와 같은 언급에서 잘 나타난다. 실제로 간디의 생애는 궁극적으로는 신을 추구하는 과정이었고 그가 한 모든 활동과 행위는 신에 대한 봉사행위였다.

간디는 도덕주의자이자 박애주의자, 인본주의자

간디는 또 존재하는 모든 부는 신에 귀속된 것이므로 개인의 소유권 같은 것은 존재하지 않으며 개인이 소유한 무엇이든 신이 사람들에게 봉사하도록 위임한 것이라 보았다. 따라서 가난하고 고통받는 이웃에 대한 배려와 도움을 의무로 여겼고 부의 분배 역시 공평해야 한다고 믿었다. 그래서 필요 이상으로 가진 사람은 과다하게 잉여분을 가진 것이므로 그 잉여분을 가난하고 도움이 필요한 이들을 위해 사용해야 한다고 주장했다. 그리고 신이 우리가 필요로 하는 것을 주실 것이므로 그날 필요한 것을 취하고 미래를 위해 축적하는 것을 바람직하지 않게 생각했다.(Gandhi, 1964: 163) 간디는 이렇게 말한다.

> 부자들은 창고에 물건들을 필요 이상으로 쌓아놓고 있어 그 물건들이 낭비되고 있는데 그 물건들을 필요로 하는 수백만의 사람들은 기아에 허덕이고 추위에 떨며 죽어간다. 우리가 필요한 만큼만 소유한다면 모두가 만족스러운 삶을 살 수 있을 것이다.(*YI*, 4 Sept. 1930 ; *MM*, 18)

> 필요하지 않는데도 소유한다면 훔친 것이 아니더라도 훔친 것과 같다. 소유는 미래를 위해 저장해두는 것이다. (그러나) 진리추구자, 즉 사랑의 법칙을 따르는 이는 내일을 위해 어떤 것을 소유하지 않는다. 그는 결코 그 순간 필요한 것 이상을 만들어내지 않는다. 신께선 우리가 필요로 하는 모든 것을 주신다. (…) 우리가 일상의 양식을 인간에

게 주는 신성한 법칙the Divine Law을 간과해 모든 고통을 낳는 불평등을 낳았다. 수백만의 가난한 이들이 기아상태에 놓여 있는데 부자들은 필요로 하지 않는 것들을 넘쳐나게 저장하고 있고 그것들에 신경도 쓰지 않아 낭비되게 하고 있다. 각자가 필요한 만큼만 소유한다면 모두가 만족한 삶을 살 것이다. (…) 부자들이 소유를 합리적인 범위로 제한한다면 굶주리는 이들이 먹게 될 것이고 부자와 빈자가 함께 만족의 교훈을 배우게 될 것이다.(*SB*, 75~76)[12)]

나는 우리가 일상 삶에서 필요로 하는 것들을 생산하는 것이 자연의 기본법칙이라고 생각한다. 필요한 만큼만 취한다면 이 세상에 빈민이나 기아자는 없을 것이다. 불평등함이 있는 한 우리는 누군가로부터 훔치고 있는 것이다. 나는 사회주의자가 아니며 소유한 사람들의 것을 빼앗으려는 것이 아니다. 우리들 중 어둠에서 빛을 보려는 이들이 따라야 할 규칙을 말하려는 것이다.(*SB*, 75)

이웃에 대한 간디의 이러한 주장은 인도의 전통 우주관과 사회관에 그 사상적 토대를 두고 있다. 그리고 보다 직접적으로는 인도의 수많은 가난한 대중들의 문제 즉 빈곤문제를 해결하려는 과정에서 나왔다. 간디는 인도의 가난한 이웃인 대중들 편에 서 있었다. 그래서 간디는 도덕주의자이자 동시에 박애주의자였고 인본주의자였다고 할 수 있다. 그는 자신이 개인의 소유를 금하는 사회주의자로 오해되지 않도록 경계하면서 부의 균등한 분배와 소유를 주장했다.

간디는 모든 생산물을 근본적으로는 자연의 산물로 보았다. 따라서 자연 속에 살고 있는 모든 이들이 자연의 산물을 자유롭게 공유할 권한을 가지며 특정 개인이나 집단 또는 국가가 그 생산물을 지나치게 소유하거나 독점하는 것을 자연의 법칙에 위반되는 폭력의 일종으로 보았다. 결국 간디에게 이웃이란 자연이라는 하나의 질서 공동체 안에서 함께 살아가는 구성원들로, 자연의 혜택인 자연의 생산물을 동등하게 공유할 권한과 의무를 지니는 존재라고 할 수 있다.

자녀교육은 어떻게 해야 하는가?

오직 부모에게서 진정한 교육은 이루어지는 법

오직 부모에게서 진정한 교육은 이루어지는 법

—류성민

참 어려운 자식농사

우리는 종종 자녀교육을 농사에 비유하면서, 농사 중에 가장 어려운 농사가 자식농사라고 말한다. 나도 이제 두 딸을 키워 출가시키고 손자와 손녀를 보면서 조금은 그 말을 이해할 것 같기도 하다. 자녀교육을 농사로 이해했던 선조들과 어른들의 지혜가 감탄스러울 뿐이다.

농사는 때를 아는 것이 무엇보다 중요하다. 언제 땅을 갈아 씨나 모종을 심고, 어느 때 김을 매고 거름을 주며 솎음질을 해야 하는지, 언제쯤 수확을 하고 저장을 해야 하는지 등등 모두 적절한 때를 아는 것이 필요하다. 자녀교육도 마찬가지라고 생각된다. 언제부터 우리글을 가르치고 영어를 시작해야 하는지, 조기교육은 필요한지, 어느 때 어떤 공부를 하는 것이 효과적인지 등등 부모가 되는 순간부터 자식교육은 적절한 때를 아는 것이 중요하다고 본다.

농부들에게서 농사는 기다릴 줄 알아야 한다는 말을 많이 들었다. 농작물이 자라나 꽃피고 열매를 맺기까지는 긴 시간이 필요하다. 어떤 작물도 거름을 두 배로 많이 준다고 두 배로 빨리 자라지 않고, 꽃도 피우지 않고 열매를 맺는 법은 없다. 인내를 갖고 기다리다 보면 어느새 불쑥 자라는 것이 농산물이다.

농부들은 하늘이 도와야 풍년이 든다고 말한다. 아무리 열심히 농사짓고 온갖 정성을 다해 농작물을 가꿔도 태풍과 홍수로 농사를 망치는 경우도 있다. 절기에 맞게 비도 내리고 계절에 따라 기온도 적당히 변하지 않으면 제대로 농사를 지을 수 없다. 인력만으로는 제대로 농사를 지을 수 없는 것이다. 그래서 우리 선조들은 농사짓기 전에 하늘에 제사를 드리고 수확한 후에는 하늘에 감사의 예물을 바쳐왔다. 우리가 흔히 말하듯 자식교육만큼은 마음대로 되지 않는다. 부모가 아무리 애쓰고 노력해도 잘 안 되는 것이 자녀교육이다. 부모로서 할 수 있는 최선을 다해야 하지만, 때론 그냥 하늘의 뜻에 맡기고 놓아둘 수밖에 없는 경우도 있다.

간디가 자녀교육에 관해 쓴 글을 읽으면서 문득 농사 생각이 났고, 자식농사 참 어렵다는 말을 실감하게 되었다. 간디는 첫아이를 낳은 지 며칠 만에 잃었고, 그 후 32세 때까지 아들만 넷을 두었다. 부모가 저명한 인사일 경우 자식들은 별 볼일 없거나 삐뚤게 살아가는 예가 적지 않다. 아마도 부모의 큰 그늘에 가려 제대로 자라지 못하기 때문이리라. 간디의 첫째아들 하릴랄 간디도 그런 사례의 하나일 것이다.

하릴랄 간디는 장남으로서 아버지와 같이 영국으로 유학을 가서 변호사가 되길 원했다. 그러나 간디는 자기 아들이 서구식 교육을 받는 것에 반대했다. 그러한 교육이 인도를 지배하고 있던 영국에 대한 투쟁에 도움이 되지 못한다는 것이 그 주된 이유였다. 결국 하릴랄 간디는 20대 초반에 모든 가족과 의절했다. 간디의 장례식 때 나타난 하릴랄 간디를 알아보는 사람조차 거의 없었다.[13] 간디는 첫째아들에 대해 자식교육을 제대로 할 수 없었던 것을 후회 반 아쉬움 반으로 회고하고 있다.

> 오늘날 나의 첫째아들에게서 볼 수 있는 바람직하지 못한 모습은 나 자신의 훈련되지 못하고 잘 형성되지 못한 어린 시절의 삶을 닮았다고 늘 느끼고 있다. 나는 그때를 설익은 지식과 방종의 시기로 여긴다. 그 시기는 첫째아들의 감수성이 가장 예민한 때와 일치하는데, 그가 그때를 방종

과 경험이 없는 시기로 여기지 않는 것도 이해가 된다. 그는 그때가 자신에게 가장 좋았던 때이고 그 이후의 변화들은 미망과 잘못된 깨달음 때문이었다고 믿었다.[14)]

자유와 자존의 정신을 심어줘야 할 의무

자녀교육에 대한 글을 쓰면서 첫째아들을 언급하는 것은 간디에게 괴롭고 안타까운 일일 것이다. 간디는 첫아들이 백일도 되기 전에 영국으로 유학을 갔다. 몇 년 만에 귀국해서도 제대로 가족과 함께 지내지 못한 상태에서 남아프리카로 갔던 간디로서는 맏아들과 함께 지내지 못한 시절들이 회한으로 남을 수밖에 없었을 것이다. 간디가 자녀교육에서 부모와 자식의 접촉을 강조한 것도 첫째아들에 대한 그 자신의 경험이 바탕이 되었음을 짐작할 만하다.

첫째아들을 제외한 간디의 세 아들들은 간디와 많은 시간을 함께 보내면서 그의 사탸그라하 운동에 참여하는 등 간디의 활동에 협조적이었다. 다만 셋째아들 람다스 간디는 간디가 남아프리카에 있을 때 태어났고 줄곧 아슈람에서 함께 생활하며 아버지의 활동을 가까이서 도와주고 그 일로 인해 투옥된 적도 많았지만, 아버지의 금욕적 생활에는 적응하지 못했고 심지어 사냥을 즐기는 등 다른 삶을 살려고 하기도 했다.

〈간디의 네 아들〉

구분	이름 (생몰년도)	출생지-사망지	아버지와의 관계	비고
첫째	하릴랄 간디 Harilal Gandhi (1888~1948, 60세)	인도-인도	영국으로 유학 가고자 했으나 아버지의 반대로 못 가고, 1911년에 가족관계 절연	한때 이슬람교로 개종 (압둘라Abdullah로 개명)
둘째	마닐랄 간디 Manilal Gandhi (1892~1956, 63세)	인도-남아프리카	아버지를 도와 「인디언 오피니언」을 편집, 인쇄하는 등 적극 동참	영국 식민지 시절 사탸그라하 운동에 참여, 여러 차례 투옥
셋째	람다스 간디 Ramdas Gandhi (1897~1969, 72세)	남아프리카-인도	아버지의 활동에 적극 참여	아버지처럼 금욕적이지 않았고 사냥을 즐기기도 했음
넷째	데브다스 간디 Devdas Gandhi (1900~1957, 57세)	남아프리카-인도	아버지의 활동에 적극 참여	저명한 언론인이 되어 「힌두스탄 타임스」 편집인으로 일함

그렇다면 간디는 자녀교육에 대해 어떤 견해를 갖고 있었는가? 그의 자서전에 "자녀교육Education of Children"이라 제목을 붙인 항목을 넣을 만큼 간디는 자녀교육에 관심이 많았고(『간디 자서전』, 제3부 제5장), 그의 글에는 학교교육이나 교육 일반에 대한 언급도 많은데, 그것도 대부분 가정교육과 연관되어 있다. 간디는 자녀교육에 있어서 학교

보다 가정에서의 교육이 더 중요함을 역설했다.

> 이 주제(자녀교육)를 다루는 목적은, 문명의 역사를 배우는 학생이라면 잘 훈육된 가정교육과 학교교육 사이의 차이점을 파악할 수 있을 것인바, 자녀들의 삶에서 부모에 의해 촉발된 변화가 그들에게 얼마나 큰 효과를 나타내는지를 알게 하는 것이다. 또한 진리를 열망하는 자가 얼마나 많은 진리의 실험을 해야 하며, 자유를 추구하는 자에게 자유의 여신이 요구하는 희생이 얼마나 많은지를 보여주고자 하는 것이다.[15)]

가정교육이야말로 중요하고 의미 있는 교육

간디는 첫째아들에게는 아버지로서 가정교육을 제대로 하지 못했지만, 다른 세 아들에게는 나름대로의 실험을 통해 자유와 자존의 정신을 심어줄 수 있었다고 자부하고 있다. 비록 자녀들을 남아프리카에 사탸그라하 운동가의 자녀들을 위해 세운 학교에서 교육시킨 것 이외에는 정규교육을 받도록 한 적이 없을지라도, 간디는 가정에서의 교육을 통해 더 중요하고 더 의미 있는 교육을 할 수 있음을 여러 차례 지적하고 있다.

1920년에 내가 젊은이들을 노예의 성채城砦 곧 그들의 학교와 대학에서 나오라고 했고, 그들에게 노예의 사슬에 묶여 문자 교육을 받으러 가는 것보다 차라리 문자를 모르고 비참한 생활을 하는 편이 훨씬 낫다고 했다. 아마도 그 젊은이들은 이제 내가 왜 그렇게 충고했는지를 알 수 있을 것이다.[16)]

간디가 이러한 말까지 할 수 있었던 것은 자녀교육에 대한 나름의 소신이 있었기 때문이었다. 곧 이상적인 조건 하에서는 오직 부모에 의해서만 진정한 교육이 이루어질 수 있다고 그는 확신했다. 비록 자신이 이상적인 아버지가 되지 못했다고 말하면서도 시간만 더 투자했더라면 제대로 교육을 할 수 있었다고 여겼다. 그뿐만 아니라 공동체를 위한 봉사를 위해 그러한 문자 교육을 희생할 수밖에 없었고, 첫째아들 외의 다른 아들들은 그것을 불가피했던 것으로 이해해주었다고 간디는 술회하고 있다.

간디는 이러한 가정교육의 중요성에 대한 입장을 가정에서의 영어교육과 연관해 설명하고 있다. 간디의 절친한 영국 친구로 가족같이 지내던 폴락Polak도 세계 공용어로서의 영어를 잘한다는 것이 인생의 경쟁에서 매우 유리한 위치를 갖게 한다는 점을 누누이 주장했지만, 간디의 입장은 달랐다. 인도인 부모가 자녀들을 어려서부터 영어로 생각하고 말하도록 훈련하는 것은 그들의 자녀와 그들의 국가를 버리는 것이라는 확신을 그는 갖고 있었다. 언어는 영적이고 사회적인 유산이기 때문에 모국어를 모르면 그만큼 그 유산을 물려받을 수 없고 국가와 사회를 위한 봉사도 제대로 할 수 없다는 것이 간디의 입장이다. 따라서 가정에서부터 모국어로 자녀들을 양육해야 하고, 그만큼 가정교육이 중요함을 간디는 거듭 강조하고 있다.

간디는 가정교육에 대한 자신의 입장이 경험, 곧 실험을 통해 확증된 것임을 누누이 밝히고 있다. 심지어 막내아들을 낳을 때의 경험을 바탕으로 자녀교육은 임신과 더불어 시작되어야 하며, 갓난아기를 어떻게 다루고 간호해야 하는지를 알아야 한다고 보았다.

> 우리는 어린아이가 태어나서 처음 5년 동안은 아무것도 배우는 것이 없다는 일종의 미신 때문에 오해를 하곤 한다. 사실은 그 반대다. 처음 5년 동안 배운 것을 그 이후에는 결코 배울 수 없다. 자녀교육은 임신에서부터 시작된다. 임신 순간의 부모의 육체적, 정신적 상태는 아기에게 그대로 재현된다. 임신기간 동안 어머니의 기분과 욕구와 기질에 의해 아기는 영향을 받으며 어머니의 생활방식에 의해

서도 영향을 받는다. 태어난 후에는 아기가 부모를 닮는다. 오랜 기간 동안 아기의 성장은 그것들에 의존하게 된다.[17)]

이러한 간디의 주장은 최근 임신과 육아교육에서 매우 강조하는 것인데, 이는 그의 실험이 매우 의미가 있었다는 반증이기도 하다. 태교가 필요하고 어린 시절의 부모 역할이 얼마나 중요한지를 간디는 자신의 경험을 통해 배웠고 많은 사람들과 공유하고자 했던 것이다.

자녀교육에서 가정교육의 중요성은 아무리 강조해도 지나치지 않겠지만, 사실상 부모 마음대로 되지 않는 것이기도 하다. 간디도 첫째아들과의 불화로 쓰라린 경험을 했고, 간디와 그 아들과의 관계는 영화와 연극의 소재가 될 정도로 사람들의 주목을 받기도 했다. 간디가 다른 세 아들의 가정교육에 더 많은 관심을 갖게 된 것도 첫 자식 농사의 미숙함과 그로 인한 회한이 작용한 것이 아니었을까 싶다. 부모로서 자식교육에 관심 없는 사람이 어디 있겠는가? 부모로서 최선을 다해 교육에 힘쓰고, 자식이 자라나는 것을 인내심을 갖고 지켜보며, 그래도 부족한 것은 신(하늘)의 뜻에 맡길 수밖에 없지 않겠는가.

바람직한 결혼과 부부관계는 ?

사랑 자체를 따지기보다 결혼한 사람을 사랑하라

사랑 자체를 따지기보다 결혼한 사람을 사랑하라

—류성민

타산지석으로서의 인도인들의 결혼과 부부관계

잘 알려져 있듯이 간디는 13세에 동갑내기 카스투르바이 Kasturbai와 결혼했다. 그것도 두 살 위인 형과 한 살 위인 사촌형과의 합동결혼이었다. 그의 결혼은 인도 전통에 따라 집안 어른들이 결정한 것이었고, 결혼 비용을 절약하고 결혼의 번잡함을 최소화하기 위한 편의에 의한 것이었다. 어린 나이의 간디는 결혼한다는 것의 의미도 제대로 알지 못했으니, 그저 좋은 옷을 입고 맛있는 음식을 먹을 수 있다는 것만을 좋아했던 철부지의 결혼이었다. 간디가 조혼早婚에 반대하고 그 폐해를 장황하게 설명하고자 했던 것은 기본적으로 자신의 경험에 의한 판단이라 할 수 있다.

인도인들에게 결혼은 신성한 의무로 여겨진다. 인도의 신들이 인격적으로 표현될 때는 늘 결혼의 과정이 언급되는 것이 상례다. 사랑하고 결혼해 자식을 낳는 것은 인도의 인격신들이 반드시 거치는 과정이기도 하다. 신들도 남녀관계처럼 질투하고 시기하며 음란하고 부도덕한 성적 관계를 맺는 예들도 인도의 경전과 신화에서 쉽게 볼 수 있는데 주목할 만한 사실은, 그러한 이야기들이 모두 결혼의 신성성을 바탕으로 하고 있는 점이다. 힌두교 신자들에게 총각신이나 처녀신은 숭배의 대상이 되지 못한다. 인도인들 사이에서 가장 이상적인 부부상으로 널리 알려진 남성신 라마Rama와 여성신 시타Sita는 결혼의 신성함을 잘 보여준다.[18] 일부일처제는 인도의 신들을 통해 제도화되었다고 해도 과언이 아니다.

인도에서는 결혼의 신성성이 강조되기 때문에 이혼은 경멸되고 있으며, 일반적으로 재혼도 바람직하지 못한 것으로 여겨진다. 더군다나 미망인의 재혼은 금기되어 있는 것이 인도의 현실이다. 이러한 인도의 결혼관은 현대의 인도사회에서는 비현실적이며 갖가지 사회문제를 일으키기도 한다. 간디가 반대했던 조혼도 그 중 하나다.

그런데 고대 인도에서부터 일부일처제가 가장 완벽하고 바람직한 결혼제도로 천거되었다는 점은 주목할 만하다. 『리그베다』[19]를 비롯한 고대 경전들에서 신들이 일부일처의 관행을 갖고 있었고, 대체로 기원전 2세기에 성립

되기 시작한 것으로 여겨지고 그 후 오늘에 이르기까지 인도인들의 생활 전반에 가장 큰 영향을 준 『마누법전』[20] 에서도 일부일처제를 확고히 관철하고 있을 뿐만 아니라 여러 구절에서 부인(여자)을 잘 대하라고 권고하고 있다.

> 여자가 공경받는 가문에 대해 신들은 기뻐하고 여자가 대접받지 못하는 가문은 모든 일에 성과가 없다. 여자가 고통을 당하는 가문은 모든 것이 망하고 고통을 당하지 않는 가문은 모든 것이 흥한다.[21]

> 만일 부인을 즐겁게 해주지 않으면 남편 또한 기쁘지 못하리니, 기쁘지 않음으로 하여 그들의 자식을 낳지 못한다. 부인이 즐거우면 모든 가족이 즐겁고 부인이 즐겁지 못하면 모두가 즐겁지 못하다.[22]

고대 인도에서 이러한 법조문이 만들어질 수 있었다는 사실 자체가 경이롭다. 언론을 통해 간혹 인도 여성이 학대받는 사건이나 성폭력이 뉴스거리가 되고, 남편이 죽어 화장을 하게 되면 부인이 화장 불에 뛰어들도록 강요하는 풍습이 해외토픽으로 소개되는 사례도 있지만, 지나치게 과장되거나 침소봉대한 경우가 대부분이다. 간디의 예에서 알 수 있듯이, 인도인들의 결혼관이나 부부관계는 우리가 타산지석으로 삼을 만한 것들이 적지 않다.

부부가 된 이상 서로 사랑하며 살라

인도인들은 결혼에 대해 이렇게 말하곤 한다. "우리는 사랑하는 사람과 결혼하는 것이 아니라 결혼한 사람을 사랑한다." 사랑이 결혼의 조건이고 행복한 결혼생활로 가는 지름길인 양 생각하는 사람들에게는 이해하기 힘든 결혼관이다. 그러나 이미 매년 결혼하는 남녀의 수와 이혼하는 부부의 수가 엇비슷한 우리의 현실에서 사랑이든 돈이든, 미모이든 직업이든 어떤 조건을 전제한 결혼은 바람직하지 않아 보인다. 비록 우연하게 만났거나 부모의 결정으로 부부가 되었을지라도 부부가 된 이상 서로 사랑하면서 인생의 동반자가 될 수 있다면 그러한 결혼 또한 멋진 인생이 아닐지.

간디는 어린 나이에 부모의 결정에 따라 결혼하면서도 한평생 신의를 지키는 것이 남편의 의무라는 것을 알았고 그렇게 살았다. 스스로 그렇게 신의를 지킨 간디도 때론 아내에 대한 사랑과 관심이 지나쳐 그녀를 '이상적 아내'로 만들려고 하다가 질투가 생겨 둘 사이가 서먹하게 된 경우도 있었고, 때론 육체적 정욕으로 고민도 했지만, 서로를 의지하고 신뢰하는 부부로서 함께 살려고 노력했다. 그의 부인이 죽기까지 무려 64년을 함께 해로할 수 있었던 것도 결혼한 이상 늘 사랑하려고 노력했기 때문이라고 본다.

물론 간디도 여느 부부와 마찬가지로 갈등도 있었고 싸움도 했다. 간디가 그의 자서전에서 고백한 일화는 간디 부부의 면모를 잘 보여주고 있다. 간디가 남아프리카공화국에서 변호사로 일하고 있었던 때의 일이다. 간디는 서구식으로 지은 큰 집에 살고 있었지만 같이 일하는 많은 사람들과 가족처럼 그 집에서 함께 살았다. 방은 여러 개이나 화장실이 제대로 갖추어져 있지 못했기에 어쩔 수 없이 방마다 일종의 요강을 하나씩 놓았다. 그 요강을 비우고 닦는 일은 간디 부부가 맡았다. 그렇지만 얼마 지나지 않으면 함께 살던 대부분의 사람들은 각자 자기 방의 청소와 요강 소제를 하곤 했다.

그런데 당시 새로 들어온 판차마Panchama 출신의 젊은이가 있었는데, 이 젊은이의 방과 요강 청소 또한 간디 부부가 했다. 판차마 출신은 달리트, 곧 불가촉천민으로 간주되었고, 더군다나 그 젊은이는 기독교인이었다. 그의 부인은 다른 사람들의 요강을 치우는 일은 그런대로 할 수 있었지만 그 젊은이 방의 요강을 치우는 일은 참을 수 없어

했다. 남편이 그 일을 하는 것도 마뜩하지 않았다. 그러나 간디는 부인으로 하여금 그 일을 하도록 했고 그것도 기쁜 마음으로 하길 원했다(이쯤에서는 "바랄 것을 바라야지" 하는 생각이 든다). 분한 마음에 얼굴이 붉어지고 구슬 같은 눈물을 흘리면서 요강을 들고 계단을 내려오는 부인을 보고 간디는 목소리를 높여 나무랐다. "내 집에서 이런 터무니없는 일이 일어나는 것을 참을 수 없어." 이 꾸지람은 간디의 표현대로 화살처럼 그의 부인의 마음을 관통했다. 결국 부인은 "당신 집은 당신이 지키세요, 나를 내보내세요"라고 되받아 소리쳤다.

이미 제정신이 나간 간디는 부인의 손을 후려잡고 문밖으로 밀어내려 했다. 억수처럼 흐르는 눈물을 닦으며 그의 부인은 말했다. "부끄럽지도 않으세요? 완전히 정신이 나갔군요. 잠시 묵을 부모도 친척도 없는데 어디로 가란 말이에요? 당신 아내가 당신의 손찌검 발찌검도 참아야 한다고 생각하는 거예요? 제발 참으시고 문 좀 닫으세요. 이 꼴을 다 보일 셈이세요?" 그 순간 간디는 아무렇지도 않은 표정을 지었으나 속으로는 정말로 부끄러워했고 이내 문을 닫았다. 그 후 어떻게 됐는지는 간디도 자세히 말하지 않았지만 짐작하고도 남는다.

간디는 이 일화를 그의 자서전에 소개하면서 "거룩한

회상과 참회A Sacred Recollection and Penance"[23]라는 제목을 달았다. 간디는 회상컨대 그러한 일들을 통해 아내를 협조자이자 친구이고 동반자로 여기게 되었고, 그의 아내도 남편의 일을 충심으로 도와주는 반려자가 되었다고 했다. 간디도 한때는 대부분의 당시 남편들과 마찬가지로 자기 아내를 정욕의 대상으로, 가르쳐야 할 무식한 아이처럼 취급했었다. 심지어 아내가 입는 옷이나 신발마저 자기 뜻대로 강요하기도 했었다. 그런데 되돌아보니 간디 자신이 얼마나 큰 실수를 저질렀는지 알게 된 것이다. 이처럼 자신의 잘못을 뉘우치고 참회할 수 있다면, 그래서 다시는 그러한 잘못을 하지 않을 수 있게 되었다면, 어떤 치욕적인 과거도 부끄러운 일이 아니다. 간디의 고백처럼 그러한 일을 회상하는 것 자체가 "거룩한" 일이리라.

부부관계의 핵심은 상호존중과 신뢰

또 다른 간디 부부의 일화[24]는 부부가 어떤 사이가 되어야 하는지를 잘 보여준다. 남아프리카에 있을 때 간디의 부인이 중한 병에 걸렸다. 극도로 쇠약해졌던 그녀는 마취도 하지 못한 채 수술을 해야 했고, 수술 후 오히려 사경을 헤맬 정도로 악화되었다. 간디는 수술을 한 의사와 잘 아는 사이였는데 그가 매우 유능하고 친절했기에 그에게 모든 것을 맡겨두고 잠시 출타 중인 상황에서 부인이 위중하다는 소식을 듣게 되었다. 의사는 환자를 위해 소고기 즙을 먹게 해야 한다고 권했지만 간디는 자신의 종교적 신념에 따라 허락하지 않았다. 다만 최종적인 결정은 그의 부인이 하도록 했다. 급히 병원으로 돌아온 간디는 위독한 상황에 놓인 부인을 보고, 힌두교 신자들 중에도 고기나 술을 약으로는 먹기도 한다는 것을 말해주면서 어떻게 해도 자신은 괜찮다고 했다.

의사는 자신의 처방대로 소고기 즙을 먹게 하지 않는다면 부인이 죽을 수도 있다고 말하면서, 계속 고집을 피우면 부인을 데리고 병원을 떠나라고 할 수밖에 없다고 했다. 힌두교의 성자로 여겨지는 한 스와미Swami와 간디의 아들마저 힌두교 경전을 들먹이며 고기즙 먹기를 권했다. 그럼에도 불구하고 간디의 부인은 간디에게 단호하게 말했다. "소고기 즙을 먹지 않겠어요. 이 세상에 인간으로 태어난 것도 흔한 일은 아니에요. 그러한 혐오스러운 것으로 내 몸을 더럽히기보다는 차라리 당신 팔에 안겨 죽겠어요." 간디는 이 말을 듣고 '기뻤다I was delighted'고 말한다. 남편에 대한 부인의 무한한 신뢰를 보고 기뻐하지 않을 사람이 있겠는가? 저명한 의사보다, 세인들의 존경을 받는 성자보다, 자신보다 자신을 더 믿어주는 아내가 얼마나 사랑스러웠겠는가! 간디 부인은 소망대로 간디의 품에 안겨 세상을 떠났지만, 그 일이 있은 지 40년이 지난 후였다.

우리가 간디 부부의 이 일화에서 종교적 신념에 의한 육식 거부의 윤리적 논쟁에 빠질 필요는 없다고 본다. 자기 자신의 생각이나 신념을 강요하기보다는 아내 스스로의 결정을 존중해줄 수 있었던 간디, 그리고 자신을 존중해주는 남편에 대해 죽음까지 무릅쓰고 한없는 신뢰를 보여준 그의 부인은, 부부가 어떤 사이가 되어야 함을 잘 보여주고 있다. 간디도 그러했다고 고백했듯이 부부 사이에는 크고 작은 갈등과 다툼이 있기 마련이다. 그러나 상호 존중과 신뢰는 그 어떤 역경도, 고난도 함께 이길 수 있는 힘이 되고, 비온 후 땅이 굳듯이 더 깊고 넓고 든든한 사랑을 꽃피우게 하는 것이리라. 그렇게 살다 보면 우연한 만남도 필연이 되고, 얼굴도 보지 못하고 결혼을 했어도 천생연분이 되는 것이 아닐까.

간디에게 묻고 싶은 질문과 답 12

참교육이란 무엇인가?

신체와 정신, 영혼을 함께 발전시키는 것이 되어야

육체와 정신, 영혼에서 최고를 이끌어내려는 노력

신체와 정신, 영혼을 함께 발전시키는 것이 되어야

—류성민

교육은 훌륭한 인격을 완성하는 수단일 뿐

간디가 교육, 특히 학교교육에 지대한 관심을 갖고 있었다는 것은 그의 저술에서 교육에 관한 것만 모아도 한 권의 책이 될 수 있었다는 사실[25]에서 잘 알 수 있다. 물론 많은 말을 했다는 것이 중요한 것은 아니지만, 간디 자신이 교육에 대한 확고한 철학을 갖고 있었고, 그에 의거해 학교교육의 현실을 비판하거나 대안을 제시하고자 했다는 점에서 그의 교육관이 주목을 받아왔다.

간디가 태어난 지 이미 한 세기 반이 다 되어가고 있고, 교육과 관련된 그의 입장은 독립을 염두에 두면서 영국의 지배를 받고 있을 당시의 인도 교육현실을 반영한 것이며 그의 종교적 신념과 깊이 연관되어 있는 것이지만, 그의 기본적인 교육철학은 오늘 우리의 현실에서도 숙고해볼 만하다고 생각한다.

가정교육, 곧 자녀교육의 의의와 방법에 대한 간디의 견해는 앞에서 정리했는데, 간디는 학교교육에 대해서도 가정교육과 연계해 자신의 입장을 제시하고 있다. 먼저 교육에 대한 간디의 생각을 알아보자. 간디는 교육을 이렇게 정의했다.

> 교육이란 어린이를 포함하여 모든 사람의 육체와 정신(또는 마음), 그리고 영혼 속에서 최고의 것을 이끌어내는 일체의 노력이라 생각한다.[26)]

이러한 정의는 다소 애매하지만, 몇 가지 점에서 재고해볼 수 있다. 우선, 간디의 교육관에는 인간에 대한 기본적 이해가 전제되어 있다. 곧 인간이 육체와 정신과 영혼으로 되어 있다는 인간에 대한 힌두교의 이해[27)]가 반영되어 있다. 또한 간디가 육체와 정신을 부정적으로 보거나 무의미한 것으로 보는 입장이 아님을 알 수 있다. 궁극적으로는 육체와 정신으로부터의 영혼의 해방(목샤)을 지향하지만, 인간으로 살아 있는 이상 육체와 정신을 중시해야 하고, 그래야 궁극적인 목적을 이룰 수 있다는 것이며, 그렇기 때문에 교육에서는 육체와 정신과 영혼을 모두 중시해야 하고 상호 연관되어야 한다는 것이 간디 교육관의 근본이다.

그렇다면 간디가 언급한 '최고의 것'은 무엇인가? 간디가 그것을 구체적으로 언급하지는 않았지만, 그가 이상적인 교육으로 제시한 것들에서 충분히 짐작할 수 있다. 간디는 교육 자체를 신체적, 지적, 영적 능력을 계발하는 것으로 여겼고, 그것이 모두 함께 이루어질 수 있어야 진정한 교육이라고 보았다.

> 내가 생각하는 진정한 교육은 신체기관들, 예를 들면 손, 발, 눈, 귀, 코 등등에 대한 적절한 훈련을 통해서만 가능하다. 말하자면 신체기관에 대한 지적인 사용을 통해 그의 지식을 가장 좋고 가장 빠르게 발전시킬 수 있다. 그러나 정신과 몸의 발전이 그에 상응하는 영혼의 각성과 함께 가지 못한다면 전혀 균형이 잡힌 교육이 아니다. 정신의 온전하고 적절한 발전은 육체적이고 영적인 교육과 보조를 맞추어야 한다.[28]

요컨대 간디는 육체적 발달과 정신적 발달, 그리고 영적 발전이 동시에 이루어질 수 있는 교육을 해야 한다는 것이었고, 자기 자신의 경험을 통해 그 전형적인 예로 손으로 하는 작업(수작업, handicraft)을 제시하고 있다. 물레질이나 직조 혹은 신발 만드는 수작업을 과학적으로 가르치고, 실제로 그 과정과 원리를 이해하도록 하면서 수공예품을 만든다면 신체적 기관들을 발달시킬 수 있을 뿐만 아니라 지능도 발달시킬 수 있으며, 더 나아가 그러한 과정을 통해 진리에 이를 수 있는 인격을 형성할 수 있다는 것이다.

교육 그 자체는 목적이 아니라 훌륭한 인격을 완성하는 수단일 뿐인데, 그 수단이 인격을 완성할 수 없다면 아무 소용이 없다는 것이 간디의 교육관이다. 따라서 간디의 교육관은 훌륭한 인격 형성이란 목적에 초점을 맞추고 있다. 그렇다면 어떤 사람이 훌륭한 인격을 지닌 자인가?

> 훌륭한 인격의 소유자는 진리와 비폭력, 무소유, 브라마차랴, 도둑질하지 않는 것, 두려움 없는 것 등 여러 가지 맹세를 실천하는 사람이다. 훌륭한 인격의 소유자는 진리 이외의 모든 삶을 포기할 각오가 되어 있다. 훌륭한 인격의 소유자는 죽을 준비가 되어 있어도 남을 죽이지 않으며, 자신의 고통을 기꺼이 감수하면서도 남에게 고통을 지우려 하지 않는다. 또한 아내를 음욕의 눈길로 보지 않으며 친구처럼 지낸다.[29)]

학교교육에 대한 간디의 입장

간디가 교육의 목적이라고 말하는 바람직한 인격은 사탸그라하 운동가가 실천해야 하는 규범들을 통해서 형성할 수 있는 것임을 알 수 있다.[30] 말하자면 간디는 사탸그라하 운동에서 자신의 교육관을 형성한 것이다. 그렇지만 그는 그러한 교육관이 인도의 교육현실에 적용 가능할 뿐만 아니라 적용해야 한다는 견해를 갖고 있었다.

간디는 인도의 초등교육(어린이 교육)에서부터 고등교육(대학교육)에 이르기까지 모든 교육에 반영할 필요가 있다고 본 자신의 교육관을 정리하기도 했는데(비록 동료들도 동의하지 않는 내용이 있다고 말하고 있다.) 그 중에서도 그가 가장 중점을 두었던 초등교육과 관련된 몇몇 주요 내용을 보면 다음과 같다.[31]

1. 어린이는 여덟 살까지는 남녀가 함께 교육을 받아야 한다.
2. 어린이 교육은 교사의 지도하에 주로 공작 과목 혹은 손으로 하는 작업에 초점을 맞추어야 한다.
3. 어린이의 진로를 결정할 때는 어린이 고유의 적성을 반드시 고려해야 한다.
5. 어린이가 사물에 대해 이해하기 시작하면 먼저 사물에 대한 일반적 지식을 가르치고, '읽기와 쓰기'는 나중에

가르쳐도 된다.

9. 어린이는 절대 강제로 가르쳐서는 안 된다.

10. 모든 교육은 모국어로 한다.

14. 종교 교육은 반드시 해야 하는데, 교사가 종교에 대해 말하고 행동하는 것을 어린이가 듣고 익히는 방식으로 교육해야 한다.

27. 영어는 여러 외국어 중의 하나로 가르쳐야 한다. 힌디어가 국가 공식어이므로 국제관계나 국제무역에 국한해서 영어를 사용하도록 하는 것이 좋다.

28. 여성교육에 관해서는, 나는 그것이 남성교육과 달라야 하는지, 또 언제 시작하는 것이 좋은지 잘 모르겠다. 하지만 여성도 남성과 같은 교육시설에서 공부해야 하며, 필요하다면 여성만을 위한 특수 시설도 있어야 한다는 것이 나의 생각이다.

이러한 교육에 대한 입장 이외에 간디는 모든 교육비는 국가가 부담해야 하고, 교육자는 어머니와 같은 자세로 교육해야 하며, 교육이 돈벌이 수단이 되어서는 안 되며, 실업교육을 강화해야 하고, 어떤 경우에도 체벌을 해서는 안 된다고 하는 등 학교교육과 관련된 많은 주장을 했다. 간디의 학교교육에 대한 이러한 입장에서 계속 많은 논란이 제기된 것은 영어교육, 종교교육, 성교육과 여성교육 등이며, 그러한 것들에서 간디의 교육관이 보다 잘 드러난다.

간디가 자신의 교육관을 인도의 교육현실에 적용하면서 가장 자주 가장 강력하게 반대한 것이 학교에서의 영어교육과 영어로 하는 교육이었다. 그가 영어교육을 반대하는 이유는 세 가지로 정리된다. 첫째는 영어교육으로 인해 가정생활(가정교육)과 학교생활(학교교육)이 분리된다는 것이다. 대다수 부모들이 영어를 모르기 때문에 학생들이 학교에서 영어로 배운 것이나 영어로 진행되는 학교생활을 부모에게 말할 수 없게 되고 그만큼 가정과 학교 사이의 벽이 생겨 부모와 자식이 동떨어진 삶을 살게 된다는 것이다.

둘째로는 영어를 배우고 익히는 데 너무 많은 시간과 정열을 소비하기 때문에 실제로 배워야 할 것을 제대로 배울 수 없다는 것이다. 예컨대 기하와 대수, 화학, 천문, 역사와 지리 등을 배울 때 내용과 원리를 배우기보다는 영어 단어를 외우는 데 더 많은 시간을 소비하게 되고, 결국에는 이해도 하지 못한 채 무조건 외우는 암기만 하게 된다는 점을 간디는 지적하고 있다. 심지어 그는 “기하나 대수, 수학, 화학, 천문에 관하여 영어로 4년간 배운 내용을 만일 영어가 아니라 구자라트어(간디가 어려서부터 배운 지역어)로 배운다면 1년 정도로도 쉽게 배울 수 있다"고 말하고 있다.

셋째는 영어로 인한 문화적 침탈이 자행되고 있다는 것이다. 간디는 영어권 문화와 문학을 무시하거나 과소평가하지 않았지만, 영어를 배우는 데 들어간 시간과 노력을 인도의 고전어 산스크리트어나 그의 지역어 구자라트어를 공부하는 데 투여했더라면 훨씬 더 많은 인도의 문화와 고전을 이해할 수 있고, 그만큼 인도인들과 국가를 위해 더 유익한 봉사를 할 수 있었다고 술회하고 있다.

그리고 간디가 학교교육에서 강조했던 것의 하나가 종교교육이다. 종교교육을 일반적인 다른 교육과 같은 비중으로 가르쳐야 한다는 것이다. 그가 말하는 종교교육은 적어도 청소년이 되면 종교적인 문제들에 대해 스스로 판단하고 행동할 수 있는 능력을 키우는 것이다. 특히 종교교육의 과정에서 자기 자신의 종교뿐만 아니라 타 종교를 이해하게 함으로써 세계의 여러 위대한 종교들의 가르침을 존중하고 관용의 정신을 키우는 것이 중요하다고 보았다. 종교들 사이에서 볼 수 있는 교리와 신앙의 차이는 본질적으로는 전혀 중요하지 않고, 그러한 차이를 넘어서는 보편적이고 절대적인 진리를 종교들에서 볼 수 있도록 교육해야 한다는 것이 간디의 종교교육 이해다.

여성교육과 성교육도 간디의 중요한 관심사였다. 성차별, 특히 여성에 대한 차별을 노예제도만큼 잘못된 것으로 여겼던 간디는 교육에 있어서 남녀 차별이 있어서는 안 된다는 확고한 신념을 갖고 있었다. 여성들이 제대로 교육받지 못함으로써 차별을 받는 당시 인도의 현실을 비판하면서 간디는 인도의 남성신과 여성신이 동등한 지위와 자격을 지닌 존재로 여겨졌듯이,[32] 모든 여성이 남성과 동등해야 함을 강조했다. 그런데 남녀는 평등하지만 신체적으로나 정신적으로는 서로 다르다는 것이 교육적으로 반영되어야 한다고 그는 여겼다. 현실적으로 남자는 바깥일을 많이 하고 여자는 집안일을 많이 하는 것을 고려해 각각에 맞는 적절한 교육을 하되 우열을 따지지 말고 서로가 서로를 절대 필요로 함을 인정해야 한다는 것이다.

조혼早婚에 대한 간디의 반대도 여성교육과 관련이 있다. 이는 어린 소녀를 한순간에 가정주부로 탈바꿈하게 함으로써 여성으로서의 교육기회를 상실하게 만들며, 더군다나 어린 소녀에게 임신의 고통을 주어서는 안 된다는 것이다.

이러한 관점에서 성교육에 대해서도 간디는 나름대로의 입장을 피력하고 있다. 간디는 성교육의 가장 중요한 내용이 "욕정을 다스리는 능력"을 키우는 것이 되어야 한다고 보았다. 그래서 생식기의 기능에 대해 어린 학생들에게 가르칠 필요가 있는데, 그래야만 성적 욕망을 적절히 조절하고 극복할 수 있다는 것이며, 성적 충동을 극복하고 통제한 경험이 있는 교사들이 자신의 경험을 바탕으로 성교육을 해야 한다는 것이 간디의 입장이다. 심지어 간디는 자식을 낳기 위해서만 부부가 성관계를 가져야 한다는 주장을 하기도 한다.

물론 성적 욕망이 얼마나 강하고 제어하기 힘든 것인지를 간디는 자신의 경험을 통해 잘 알고 있었지만, 그 스스로가 각고의 노력 끝에 37세가 되던 1906년에 부인과의 성관계를 완전히 그만두었고 부인도 그러한 맹세를 받아들였다고 밝히고 있다.[33] 그러나 신의 도움이 없이는 그러한 맹세를 완전하게 지킬 수 없기에 늘 신의 도움을 구해야 한다고 간디는 조언하고 있다. 순수한 마음으로, 진정한 자세로 성적 욕망을 자제하고 극복하려 한다면 신이 도와준다는 것이 간디의 신념이기도 했다.

가슴에 새겨야 할 간디의 교육철학

간디의 이러한 교육관, 곧 그의 교육철학은 오늘날에도 많은 논쟁을 불러일으키고 있다. 그러나 초등학교에서부터 대학까지, 아니 대학 졸업 후의 취업에까지 영어가 중심을 이루는 우리의 교육현실에서 간디의 영어교육관은 분명 타산지석으로서의 의미가 있다. 우리가 이 땅에서 한국인으로 살아가는 데 과연 영어를 그렇게 오래도록 공부할 필요가 있을까? 직장생활을 하면서 학교에서 배운 영어를 활용할 수 있는 사람이 얼마나 될까? 아마도 영어를 공부하는 데 들인 시간과 노력의 반의반만이라도 한문 공부에 투여한다면 사서삼경과 삼국유사, 왕조실록 등등은 줄줄 읽고 이해하게 되지 않을까?

최근 영국과 미국, 그리고 유럽연합에서 종교교육의 필요성이 재론되고 있다. 그러면서 글을 모르면 문맹이라 하듯이 종교를 모르는 것을 종교적 문맹으로 정의하면서, 종교적 문맹으로 인해 사람들 간의 오해와 왜곡, 갈등과 분쟁이 생겨나고 평화로운 공존이 위협을 받고 있다고 진단하고 있다. 그리고 그 해결책으로 종교교육이 천거되고 있다. 물론 특정 종교의 입장에서 교리나 사상을 배우는 교육education of religions이 아니라 세계 주요 종교들을 학문적이고 교양적인 수준에서 배우는 교육education about religions이다. 이미 다문화사회, 다종교사회가 된 우리 현실에서도 간디의 종교교육에 대한 견해는 충분히 검토해볼 가치가 있다고 본다.

간디의 성교육 관련 언급도 고리타분한 주장일 수 있으나 오늘날의 성적 방종과 만연된 성범죄를 고려한다면 충분히 경청할 만한 입장일 수 있다. 적어도 성적 욕망을 제어하는 능력을 키우는 성교육이 필요하다는 점에서는 수긍이 갈 수 있다.

교육이 목적이 아닌 수단이 되어야 하고, 돈벌이와 출세를 위한 것이 되어서는 안 되며, 신체와 정신과 영혼을 함께 발전시키는 것이 되어야 한다는 간디의 주장은 원론적이고 이상적인 교육관이라 하더라도 오늘날에도 계속 되새겨볼 만한 것이 아닐 수 없다. 그렇지 않은가!

육체와 정신, 영혼에서 최고를 이끌어내려는 노력

—류경희

교육의 목표는 전인적인 인격함양

교육문제 역시 간디가 관심을 기울인 주요 주제다. 간디는 자신이 세웠던 남아프리카의 피닉스 정착촌과 톨스토이 농장 시절부터 자신이 이상적으로 그리는 교육형태와 방법을 실험하기 시작했다. 인도로 돌아온 후에도 자신이 세운 여러 아슈람에서 이 실험을 계속해나갔다. 그는 공동체와 기능을 중시하는 교육을 확립하려 했다. 교육에 대한 간디의 생각을 알 수 있는 일화가 있다. 간디가 말년에 힌두와 무슬림 간 유혈충돌사태를 진정시키려고 인도 동부지역을 순례할 때다. 시중을 들며 동행했던 마누라는 소녀가 간디에게 말했다. "위대한 일을 한 이들은 모두 학위를 가진 분들이니 (봉사의 삶을 살고 싶은) 저도 대학의 학위를 따고 싶어요." 이에 간디는 이렇게 대답했다.

> 선한 것이 위대하지 위대한 것이 선한 것은 아니다. 학위는 단지 우빠디upadhi(학위와 걱정 모두 의미)다. 공부는 지식에 대한 갈증에서 비롯되는 탐구이지 지금처럼 학위를 따려는 욕심에서 하는 것은 아니다. 시험을 잘 보기 위해, 지식으로 돈을 벌고 좋은 직업을 얻기 위해 읽고 공부하는 것이어서는 안 된다. 모든 교육의 유일한 목적은 봉사 사다리의 가장 높은 계단에 도달하는 것이다. 인도의 모든 학생들이 이 목표만을 추구하라는 뜻은 아니지만 이것이 지침이어야 함은 분명하다. 또 봉사의 자격과 능력은 교육을 통해서가 아니라 신으로부터 부여되는 것이다. 우리가 가진 모든 것을 신에게 봉헌해야 한다.(Gandhi, 1964: 35~36)

간디는 지식의 궁극적인 목표 역시 종교와 마찬가지로 인류에 대한 봉사를 통해 인류를 해방시키는 것이라 보았다. 그래서 "지식은 인류봉사에 도움이 되는 훈련을 모두 포함하며 해방은 외부의 지배나 자기욕구로 인한 노예상태에서 벗어나는 것이다. 해방시키는 지식만이 연구될 가치가 있다"고 말했다.(간디, 1997: 420) 요컨대 간디에게 교육은 그 자체가 목적이 아니라 인류를 해방시키는 데 기여하는 도구였다고 할 수 있다.

이러한 궁극적인 목표 아래 간디가 지향했던 교육의 구

체적인 목표는 전인적인 인격함양이다. 간디는 힌두 전통에서와 마찬가지로 인간이 지성(마음), 신체, 영혼으로 구성되어 있다고 보고 이 세 요소의 적절하고 조화로운 발전이 전인적 성장에 필요하며 이것이 최고의 교육이라고 보았다.(간디, 2006: 7~8) 그래서 간디는 교육을 '사람의 육체와 정신(또는 마음) 그리고 영혼 속에서 최고의 것을 이끌어내는 일체의 노력'이라 정의한다.(간디, 2006: 44) 즉 진정한 교육은 자신에게서 최고의 것을 이끌어내는 데 있으며 휴머니티의 책이 가장 훌륭한 책이라고 선언한다.(*H*, 30 March 1934; *MM*, 114) 또 학생들의 내면에서 최선의 것을 이끌어내는 것, 바로 이것이 진정한 교육이다. 별로 필요하지도 않은 정보를 학생들에게 억지로 주입하는 것은 결코 진정한 교육이 될 수 없으며 오히려 학생들의 독창성을 파괴하고 그들을 단순한 기계의 부품으로 전락시키는 참으로 어리석은 일이라고 지적한다.(간디, 2006: 87)

이런 관점에서 간디는 지식이나 학습습득 능력을 키우는 데 치중하는 교육보다는 인격함양을 가능하게 하는 요소들을 교육의 주요 요소로 보았다. 간디는 당시 영국식민지배 아래에서 이루어지고 있던 읽고 쓰기 중심의 서구식 교육방식에 대해 매우 비판적이었다. 그는 당시의 교육이 읽고 쓰기 능력을 키우는 데만 집중하고 있어 세상의 이치나 도덕을 가르쳐 삶에 실질적 도움을 주는 교육과는 거리가 멀다고 비판했다. 이로써 오히려 학생들이 가진 장점을 잃게 하고 서구문명의 부정적인 측면까지도 그대로 모방하게 하고 있다고 지적했다. 이런 비판은 자신이 받은 교육경험에서 나온 것이기도 하다.

간디는 참교육이 추구해야 할 목표를 윤리의 굳건한 기반 위에서 올바른 인격과 품성을 키우는 것으로 보았다. 그는 이것이 인도 전통교육의 목표라고 지적한다.(간디, 2006: 17~26) 그는 훌륭한 인격을 갖추기 위해 필요한 요소로 진리, 비폭력, 무소유, 브라흐마차리아brahmacharya(성적 정결함), 두려움 없음의 실천 등을 꼽는다.(간디, 2006: 33)

노동중시의 교육관

간디 교육관의 특이점은 인도의 전통 교육관에 자신의 독특한 노동중시 관점을 가미한 점이다. 인간을 구성하는 세 요소(신체, 지성, 영혼)의 균형적 발전이라는 전통교육의 목표에 기반을 두면서 신체, 특히 손을 사용하는 교육의 중요성을 강조한다. 그는 이렇게 말한다.

> 글로 하는 교육보다 동물과 달리 인간에게 부여된 선물인 손을 사용하는 교육이 선행되어야 한다. 읽고 쓰는 기술을

> 알지 못하면 인간의 완전한 발전이 불가능하다는 생각은 잘못된 생각이다. 그런 지식이 삶에 도움이 되는 것은 사실이나 그것이 인간의 도덕적, 신체적 성장에 필수불가결한 것은 아니다.(*H*, 8 March 1935; *MM*, 112)

간디의 교육철학은 그의 '나이 딸림Nai Talim' 글에 잘 반영되어 있다. 그는 영국식 교육제도(넓게는 식민주의 교육제도)가 일반대중과 엘리트 계층을 분리시켜 부정적인 영향을 주고 산업화와 도시화의 문제를 증가시킨다고 보았다. 그래서 지식과 노동이 분리되지 않는 교육을 주장했다. 간디 교육학의 세 기둥은 생애를 통한 교육, 사회적 성격, 통합적 과정으로서의 교육 형태다. 간디에게 교육은 도덕적 발전이었다.[34] 간디가 제안하는 '직능이란 매개를 통한 새로운 교육' 즉 '나이 딸림'은 서구교육이 정신(마음)과 육체에만 관심을 기울이는 것과는 달리 영혼까지 더해 세 요소의 균형적인 발전을 추구한다. 특히 간디는 신체기관의 적절한 훈련을 통해 지성을 올바로 발전시킬 수 있다고 보아 손을 사용하는 수공업을 통한 교육을 강조했다.[35]

또 그는 수공업과 산업을 교육의 수단으로 여겼고 교육과정에서 생산이 도출되어 교육비용을 산출하는 자급자족형 교육을 제안했다.(간디, 1997: 422~425) 간디는 기능과 공동체 중심의 교육을 확립하기 위한 '나이 딸림'의 활동을 수행하기 위해 '힌두스따니 딸리미 상Hindustani Talimi Sangh'이라는 조직을 만들어 건설적인 프로그램을 심화시키고 그것을 새로운 분야들로 확대시키는 데 여러 해를 보냈다.

간디는 학생의 인격을 높이는 참교육을 위해 육체노동의 가치와 존엄을 인식하고(간디, 2006: 7) 신체기관의 적절한 사용을 통해 지성을 계발하고 심성교육을 통해 영혼을 각성시킬 것을 주창한다.(간디, 2006: 220~224) 이는 머리로 하는 지식 중심의, 그리고 읽고 쓰기 중심의 교육에 대한 부정적 인식에서 비롯되었다. 그는 "사람을 만드는 것은 읽고 쓰는 능력이나 지적 학문이 아니라 삶에 대한 진실한 깨달음이다"라고 말한다.(간디, 1997: 421) 또 책을 통한 학습에 대해, "지나치게 책에 의존하는 학습은 학식은 있으나 진정한 지혜는 결여된 어리석은 자들만을 키워왔다. 그래서 의미 없는 책 학습은 단지 우리를 망쳐왔다"고 지적한다.(Gandhi, 1964: 167)

모국어를 통한 교육의 중요성

간디의 교육관에서 또 다른 특이점은 언어교육, 특히 영어교육의 문제를 제기하고 인도인 다수가 사용하는 힌디를 교육언어로 사용할 것을 강조한 점이다. 간디 자신이 영국유학을 다녀온 인물로 영어교육을 받고 자주 영어로 글을 쓰고 연설을 했지만 학창시절 자신의 경험을 통해 그리고 정치운동과 대중운동을 주도해나가면서 영어교육의 폐해를 강하게 인식하고 있었다. 그는 당시 교육의 주요 실패원인으로 서구문명의 부정적인 측면을 단순히 모방하는 문제와 영어교육을 꼽았다.

간디는 외국어로 하는 교육의 문제점을 다음과 같은 이유로 강하게 비판한다. 인도의 경우는 영어인데, 긴 시간을 투자해 영어를 배우지만 실제 삶에 실질적인 도움이 되지 못하고 유럽인을 모방하는 것에 그쳐 독창적 능력이 저하되며 모국어를 피폐하게 만들어 모국어 발달을 저해한다는 것이다. 또 무엇보다 학교와 가정에서 배우는 것들이 다르다 보니 조화가 깨질 뿐만 아니라 배운 것을 부모나 대중에게 전달할 수 없어 부모와 자식 간, 그리고 대중과 엘리트 계층 사이에 괴리가 생긴다고 비판한다.(간디, 2006: 26~27, 30~31, 101~105) 사실 이러한 문제들은 간디의 우려대로 현재 인도에서 그대로 나타나고 있다.

위와 같은 이유로 간디는 "외국어로 하는 교육이 우리 아이들을 인도에 사는 이방인으로 만들었으며 이것이야말로 현행 교육체계가 낳은 가장 큰 비극이다"라고 한탄

했다. 그리고 러시아와 일본 등의 예를 들며 영어교육을 필요한 소수에게 국한시켜 필요시 번역을 통해 해결할 것과 모국어 교육을 실시할 것을 제안했다.(간디, 2006: 29) 그가 모국어 교육을 중시한 주요 이유는 인도의 정신과 전통을 잃지 않기 위한 것이었다.

> 인도는 인도의 기후와 풍경 그리고 인도의 문학으로 풍성해져야 한다. 비록 인도의 것이 영국의 것보다 못하다 할지라도 말이다. 우리와 우리의 후손들은 인도 고유의 유산에 뿌리를 내리고 서야 한다.(간디, 2006: 45) ; 나는 모든 나라의 문화의 바람이 내 집에 불어오기를 바란다. 그러나 그 바람에 내 집의 뿌리가 뽑히는 것을 원하지 않는다.(간디, 2006: 117) ; 나는 모든 민족이 각자의 고유언어 속에 담긴 보배를 찾아낼 수 있기를 진정으로 바란다. 그리고 자기 모국어를 통해서도 다른 민족 언어에 담긴 보물의 아름다움과 귀함을 감상할 수 있다.(간디, 2006: 146)

가르침을 의무로 여기는 교육자

간디는 교육의 주체인 교육자의 자질에 대해서도 중요한 언급을 했다. 간디가 생각하는 교육의 목표가 개인의 실리적인 이익추구가 아니라 전인적 인격형성을 통해 인류에게 봉사하고 궁극적으로는 인간을 해방시키는 것이었기 때문에 가르치는 일을 자신의 의무 즉 다르마로 여기는 것을 교육자의 가장 중요한 자세로 꼽았다. 그리고 영적 안내자(스승)인 구루guru를 통해 전인적 교육을 받는 인도의 전통적인 교육제도에 대한 호감을 표현하면서 가르침 자체를 사랑하고 청빈한 삶을 사는 교육자상을 제시했다.

간디가 생각하는 훌륭한 교사는 교재에 얽매임 없이 생생한 가르침을 주는 교사다. 교과의 핵심 내용에 애착을 가질 수 있도록 이끌어 학생 스스로 그 내용을 이해할 수 있게 도와주는 교사다. 그리고 스승에 대한 헌신적 사랑과 신뢰 없이는 인격을 함양할 수 없으므로 스승과 제자의 관계는 정신적으로 맺어진 자연스러운 관계여야 한다고 말한다.(간디, 2006: 159~166) 그러나 한 가지 재미있는 점은, 비폭력을 가장 효과적인 교육방법으로 들고 있는 간디가 체벌을 철저히 반대하면서도 말썽피우는 학생의 교화방법으로 교사 자신을 벌하는 방법을 권한다는 것이다. 이 방법은 교사와 학생 간에 사랑과 신뢰가 형성된 경우에 한해 사용 가능하며 스승에 대한 존경심이 없어 어떤 훈계나 규칙도 통하지 않는 학생이라면 미련을 두지 말고 학교에서 내보낼 것을 권고한다. 학생을 억지로 잡고 있는 것이 비폭력 정신은 아니라는 것이다.(간디, 2006: 167~172)

간디에게 묻고 싶은 질문과 답 13

친구는 어떻게 사귀어야 하는가 ?

위대한 영혼은 무수한 사람들의 도움 속에 나타난다

위대한 영혼은 무수한 사람들의 도움 속에 나타난다

—류성민

친구란 인생에서 절실히 필요한 존재

우리 모두가 어려서부터 친구 잘 사귀라는 말을 귀에 못이 박히도록 듣고 살았을 것이다. 그러면서 으레 친구 때문에 잘못된 사례가 거론되곤 했을 것이다. 자기 자식이 잘못을 했어도 친구 잘못 만나 그렇게 됐다는 것이 그나마 부모님들이 할 수 있었던 하소연의 하나였으리라. 그런데 어떻게 하면 좋은 친구를 사귈 수 있는지에 대해서는 별로 들어보지 못했던 것 같다. 부모님이나 선생님 말씀 잘 듣고 공부 잘하면 착하고 좋은 아이라고 하면서 그런 아이를 친구로 사귀어야 한다고, 그래야 착해질 수 있다고 하지만, 세상에 그런 아이가 얼마나 있겠는가? 또 그런 아이가 있다 한들 그애도 나보다 괜찮은 친구들만 사귀려고 하지 않겠느냐 말이다.

아무튼 인생에서 친구가 필요하고 중요하다는 것을 모르지는 않지만, 어떻게 해야 좋은 친구를 만나게 되는지는 환갑이 거의 다 된 나이에도 잘 모르겠다. 친구라고 할 수 있는 사람들을 떠올려보며 생각해봐도 그냥 살다 보니 친구가 되었지 굳이 좋은 친구라 해서 사귀려 해서 친구가 된 것 같지는 않다. 학교 동창생이든지 아니면 직장 동료나 동네의 동년배든지 그냥 오랫동안 가까이 알고 지내다 보니 말 그대로 친구親舊가 되지 않았나 싶다. 말하자면 친구란 자연스럽게 그런 사이가 되는 것이 아닌지.

어쨌거나 친구가 있다는 것은 좋은 것 같다. 심심하고 무료할 때 말동무도 되고 어려운 일을 당할 때 부담 없이 도움을 청할 수 있으며 중요한 일을 상의할 수 있는 친구가 있다는 것은 행복한 일이다. 이렇게 친구를 생각하니 사실상 부부보다 더 친한 친구는 없는 것 같다. 같이 있는 시간이 가장 길고 힘들 때나 기쁠 때나 늘 위로와 힘과 즐거움이 되는 부부 사이야말로 최상의 친구관계일 것이다. 물론 인생의 가장 중요한 일도 부부가 함께 이루어가는 것이 당연하겠고, 부부가 고락을 함께하며 해로할 수 있다면 그보다 더 좋은 친구는 없을 것이다.

하지만 부부끼리만 세상을 살아가는 것도 아니며 부부가 한날한시에 세상을 떠나게 되는 것도 아니지 않는가.

부부 사이도 서먹해질 수 있고 싸움도 하게 되며 말 못할 일도 생기기 마련이지 않은가. 그렇게 안 되면 좋겠지만 사람인 이상 어쩔 수 없는 일 아닌가. 부모자식 사이도 마찬가지다. 친구처럼 허물없는 사이면 좋겠지만 말처럼 쉽지는 않을 것이다. 철들어 부모에게 효도하려면 이미 부모는 이 세상 사람이 아니기 십상이고, 자식 이기는 부모 없다고 말하듯이 부모 뜻대로 살려는 자식이 얼마나 되겠는가. 그렇다 보니 친구가 중요하다고 하는 것 아니겠는가. 배우자나 부모나 자식 외에 친구도 우리 인생에 절실히 필요하다고 하는 말도 일리가 있다.

간디의 글을 읽다 보면 의외로 친구에 관한 내용이 많다. 그런데 어렸을 때의 친구에 대한 간디의 추억은 그리 좋지 못한 것 같다. 중학생 시절, 간디는 친구의 주장에 현혹되어 부모에게 거짓말까지 하면서 종교적으로 금기시되었던 육식도 해보았다. 친구와 담배를 피우게 되고 그 일로 도둑질까지 하다가 그런 자신의 모습에 실망해 친구와 함께 자살을 시도하기까지 했다. 젊은 시절에는 친구들의 꼬임이나 속임수에 빠져 적어도 네 차례나 매춘하는 곳까지 가게 되었지만, 간디의 고백대로 신의 도움으로 더 이상의 죄를 짓지 않게 되기도 했다. 누구나 그러하듯이 어린 시절의 기억에는 좋은 일보다는 나쁘고 불행했던 일이 많기 마련이다.

간디의 멘토는 사람과 더불어 책

그렇지만 간디는 일생 동안 잊지 못할 좋은 친구들도 많이 사귀었다. 간디가 인도에서의 변호사 초년 시절에 만난 레이찬드바이Raichandbhai는 종교적으로나 도덕적으로 깊은 영향을 준 사람이다.[36] 간디는 그를 자신의 안내자요 도움을 주는 사람이라 칭했고, 남아프리카에 가서도 편지를 주고받으며 우정을 쌓았다. 이런 동년배 친구가 있었다는 것은 간디에게 행운이라 할 것이다.

또한 간디가 스승이자 친구로 사귀었고 가장 많이 의지했던 사람은 아마도 고칼레Gopal Krishna Gokhale일 것이다. 간디 자서전에서 무려 6개의 장이 고칼레와 관련되어 있다.[37] 사실상 고칼레는 간디의 멘토였고 간디도 그렇게 여겼다. 간디가 남아프리카에서 투쟁을 하고 있을 때 고칼레를 초청한 것도 그의 조언을 받고자 했던 것이다. 간디가 그를 양처럼 온순하면서도 사자같이 용감한 사람이라고 표현했듯이 고칼레는 인간적으로나 정치적으로 간디의 사표師表였다.

간디와 고칼레는 서로의 견해 차이를 존중할 수 있는 우정을 공유했다. 간디가 늑막염에 걸려 극도로 몸이 약해졌을 때 고칼레는 담당의사의 의견을 받아들여 간디에게 우유를 마시도록 권고했다. 그러나 간디는 종교적 신념을 이유로 정중히 거절의 의사를 밝혔고 고칼레도 더 이상 강권하지 않았다. 간디는 "고칼레의 자애"라고 그 일을 표현했다. 간디는 서구적 제도들에 대한 고칼레의 신뢰에도 찬동하지 않았지만 그에 대한 존중과 배려는 결코 저버리지 않았다. 두 사람의 관계가 진정한 친구의 모습이라 해도 좋을 것이다. 이처럼 서로 생각과 견해가 달라도 인격적으로 존중하고 서로의 입장을 배려할 수 있는 친구가 진짜 친구가 아닐까.

간디는 다 거론할 수 없을 만큼 일생 동안 많은 친구를 사귀었고 우정을 쌓았다. 그가 사탸그라하 운동을 할 수 있었던 것도, 영국으로부터의 독립운동에 매진할 수 있었던 것도 무수한 친구, 동료의 도움이 없었으면 불가능했을 것이다. 말하자면 간디는 인복人福이 많았던 사람이다. 한 위대한 영혼은 무수한 사람들의 지지와 도움을 통해 나타난다는 것을 보여준 사람이 간디인 것이다.

그런데 간디의 친구는 직접 만나고 교류했던 사람만이 아니었다. 그가 책을 통해 만나게 된 사람 중 적어도 두 명은 간디의 친구라 해도 손색이 없을 것이다. 한 사람은 영국의 작가로 『맨 나중의 이 사람에게도Unto This Last』를 쓴 존 러스킨이고, 다른 한 사람은 『하나님 나라는 네 안에 있다The Kingdom of God is Within You』라는 책을 쓴 러시아의 문호 톨스토이다. 이 두 사람은 간디보다 40~50년 먼저 태어났지만 그들의 두 책은 간디의 평생 친구라고 할 정도로 깊은 영향을 주었다.

『맨 나중의 이 사람에게도』는 간디가 번역해 해설서[38]를 낼 만큼 감명을 받은 책이다. 간디는 이 책의 제목을 『사르보다야Sarvodaya』('모두의 안녕'이란 뜻)로 번역한 후 다음과 같이 요약했다.[39] 첫째, 개인의 선은 모두의 선에 포함된다. 둘째, 변호사의 일이나 이발사의 일은 똑같은 가치를 가지는데, 그것은 모두 자신의 일로 생활을 하는 동일한 권리를 갖고 있기 때문이다. 셋째, 노동으로 살아가는 것, 즉 땅을 경작해 사는 것과 수공예품을 만들어 사는 것은 살 만한 가치가 있는 삶이다. 이러한 간디의 요약만으로도 왜 그가 그 책이 그의 인생을 바꾸어놓았다는 고백을 했는지를 알 수 있다. 그가 늘 강조했듯이 한 사람에게 가능한 것은 모두에게 가능하고, 그렇기에 개인의 선이 모두의 선에 포함되며, 모두가 동일한 존재임을 이 책을 통해 확실히 인지하게 되었던 것이다.

톨스토이의 『하나님 나라는 네 안에 있다』라는 책에 대해서도 간디는 영원히 지울 수 없는 인상을 받았다고 술회하고 있다. 간디가 남아프리카에서 다양한 인종과 계층, 여러 종교인 등이 공동생활을 하는 농장을 세우고 그 이름을 '톨스토이 농장'이라고 명명한 것에서도 이 책이 그에게 얼마나 큰 영향을 주었는지 짐작할 수 있다. 무엇보다 간디는 소박하고 금욕적인 삶과, 모든 인간에 대한 보편적 사랑의 의미를 그 책에서 볼 수 있었다.

신보다 더 가까운 친구는 없었으니

이 두 권의 책 이외에도 여러 종교의 경전들을 비롯해 간디가 애독했을 뿐만 아니라 삶 속에서 무수한 지혜와 실천 방법을 터득하게 해준 책들이 많다. 그 중에서 그의 인생의 동반자라 할 수 있는 한 권의 책을 든다면 『바가바드 기타』[40]가 될 것이다. 간디의 몇 개 안 되는 유품 중 하나가 이 책이었는데 간디는 이를 자신의 "영적 사전a spiritual dictionary"이라고 부를 만큼 언제든 읽고 많은 생각을 하게 한 책이다. 간디는 이 책을 자신의 결코 오류가 없는 행동지침이라 부르면서 그 구절들을 외우고 온갖 문제나 어려운 일들을 해결하는 기준으로 삼았다. 간디가 『바가바드 기타』에서 특히 중요하게 여겼던 내용은 무소유와 평등, 그리고 결과에 연연하지 않는 행동이었다.

간디는 무소유를 가족이든 재산이든 모든 소유를 자기

것으로 여기지 않고 스스로를 단지 관리인으로 여기고 공공의 목적을 위해 아낌없이 내놓는 것으로 이해했다. 모든 사람이 다 신의 자녀로 평등하다는 것은 혈연이나 지연 혹은 계층이나 카스트에 관계없이 동등하게 대접받을 수 있는 것을 의미했다. 그리고 올바르고 정당하다면 결과에 구애됨 없이 행동할 수 있어야 한다는 것을 『바가바드기타』를 통해 간디는 확신했다. 그래서 간디에게 이 책은 그 어떤 사람보다 더 가까운 친구였다. 그의 많은 친구들은 멀리 떨어지게 되거나 죽으면 만날 수 없었지만, 이 책은 죽을 때까지 늘 함께 있고 가장 큰 위로와 격려와 지침이 되었던 친구였다고 해야 할 것이다.

그런데 간디에게는 그 어떤 사람보다, 그 어떤 책보다 더 중요한 친구로 삼고 있는 존재가 있었다. 그는 어려서부터 사람이 얼마나 나약하고 불완전한 존재인지를 잘 알고 있었다. 그래서 그는 신神을 자신의 친구로 삼아 그의 도움을 받았다. 육식을 권하는 친구의 꼬임에 빠져 부모님을 속이는 자기 자신의 과거를 회상하면서 간디는 이렇게 고백하기도 했다.

> 신과 친구가 되려는 사람은 홀로 남아 있든지 그렇지 않으면 온 세계를 제 친구로 삼든지 하지 않으면 안 된다.[41]

간디의 일생에서 언제나 변함이 없고 완전하며 그가 가장 큰 곤경에 빠질 때마다 어김없이 그를 구원해준 분이 바로 신이었다. 병에 걸려 죽음의 문턱까지 갔던 자신을 살린 분도 신이고, 욕정에 사로잡혀 친구의 꼬임에 넘어가 음란의 죄를 범할 뻔한 경우마다 그를 건져준 이도 신이라고 간디는 고백했다. 불가촉천민을 받아들인 일로 인해 모든 지원이 끊어져 그가 세운 아슈람을 해체해야 할 순간에 생면부지의 사람을 보내 구원의 손길을 뻗어주신 분도 그에게는 신이었다. 그로 하여금 모든 육체적 욕망을 끊고 브라마차랴를 결행할 수 있도록 해주신 분도, 사탸그라하 운동에 매진할 수 있도록 해주신 분도 신이었다. 그렇기에 그에게는 신보다 더 가까운 친구는 없었다.

그는 그 신을 진리로 믿었기에 진리가 곧 신이었고 그의 가장 가까운 친구였다. 그래서 그와 얼굴과 얼굴을 맞대고 보고 싶었던 것이다. 그 자신이 신(진리)과 친구가 되고 싶어 했고, 친구가 되는 방법이 곧 아힘사였다. 간디에게 아힘사는 그와 신(진리)을 친구로 맺어주는 끈이었다. 생각건대 간디는 감히 신을 친구로 삼았고, 끝내 친구의 이름을 부르며 친구에게로 간 것이다.

간디에게 묻고 싶은 질문과 답 14

동물을 왜 보호해야 하는가?

동물의 생명을 경시할 때
사람의 생명마저 경시된다

동물의 생명을 경시할 때 사람의 생명마저 경시된다

—류성민

모든 생명에 대한 존중은 인도 종교들의 공통 입장

오늘날 애완동물은 반려동물이라 불릴 정도로 가족 구성원이 되어 있다. 그러한 반려동물을 위한 병원은 물론 각종 옷과 용품을 파는 상점도 많고 호텔과 카페 등도 생겨나고 있다. 반려동물을 위한 묘지와 납골당도 있고 각종 경연대회가 성황을 이루기도 한다. 개와 고양이, 새가 주류였던 반려동물에 이제는 돼지, 양, 말, 닭, 토끼 등 이른바 가축들도 포함되고, 심지어 뱀과 도마뱀, 악어 등 혐오되던 파충류에서부터 고슴도치, 원숭이, 여우, 햄스터 등 동물원에서만 볼 수 있던 동물들과 각종 곤충에 이르기까지 거의 모든 동물들이 가족처럼 한 집에서 살게 되었다. 물론 반려동물의 유기나 학대와 같은 범죄가 사회문제로 부각되기도 하지만, 동물에 대한 인식 변화가 있음을 반려동물에 대한 태도에서 확인할 수 있다. 야생동물도 대부분의 국가들에서 보호대상이 된 지 오래다.

동물에 대한 인간의 인식과 태도의 문제는 이미 20세기 후반부터 심도 있게 논의되어왔다. 성차별이나 인종차별, 종교차별 등 인간 사이의 갖가지 차별이 극복되어야 하듯이, 인간을 비롯한 모든 동물에서의 종種 차별, 곧 '종차별주의'도 극복되어야 한다는 입장에서 '동물해방론'이 주창되기도 했다. 또한 동물의 복지와 동물의 권리(혹은 동물권)도 거론되고 있다. 동시에 동물에 대한 인간의 태도가 동물을 위해서만이 아니라 인간을 위해서도 중요하다는 것이 대다수 생태학자들의 공통된 주장이기도 하다. 동물을 학대하고 죽이는 것은 결국 인간에게도 똑같은 일이 일어날 수밖에 없는 생태환경을 만든다는 것이다.

그렇다면 인도에서의 동물에 대한 태도는 어떠했고, 간디의 입장은 무엇인가? 아마도 한 국가의 헌법에서 모든 생명체를 동정해야 한다는 것을 국민의 기본적인 의무의 하나로 규정한 나라는 인도가 유일할 것이다.

> 숲과 호수, 강, 야생 생물 등을 포함하는 자연환경을 보호하고 증진시키는 것, 그리고 모든 생명체를 동정하는 것은 인도의 모든 시민의 의무다.[42)]

인도헌법에 이러한 조항이 들어갈 수 있는 것은 동식물과 자연에 대한 인도인들의 뿌리 깊은 태도에서 연유되었다고 할 수 있다. 힌두교와 불교, 그리고 자이나교 등 인도의 종교들에서는 모두 모든 살아 있는 것을 죽이지 않는 불살생不殺生 곧 아힘사가 강조되고 있다. 비록 각 종교들과 종파들 간에 어느 정도 차이는 있을지라도 모든 생명에 대한 존중은 인도 종교들의 공통된 입장이라 할 수 있다.

인도 역사상 최초의 통일국가를 이룬 마우리아 왕조의 아소카 대왕Asoka the Great은 어떤 생물도 제물로 바치기 위해 도살되어서는 안 된다는 내용의 칙령을 바위에 새겨 전국에 전했고, 동물을 위한 병원까지 세웠다고 한다. 고대 인도인의 생활방식과 규범을 종합해놓은 『마누법전』에서는 희생제의를 위한 동물의 도살은 인정하지만 음식을 위해서나 이유 없이 동물을 죽이는 것은 철저히 금지하고 있다.

> (정히 고기를) 원한다면 우유버터를 (제사에 바치는) 고기로 삼고 밀가루를 (제사에 바치는) 고기로 삼으라. 절대 이유 없이 짐승을 죽이고자 해서는 안 된다. 이 세상에서 이유 없이 짐승을 죽인 자는 죽어서 죽은 짐승의 털만큼 수없이 태어나고 또 태어난다.[43]

손님을 꿀로 대접하는 것, 신과 조상에 대한 제사, 이러한 경우에만 제물 삼을 것을 목적으로 짐승을 해칠 수 있을 뿐, 다른 곳에서는 그렇지 않다. 이는 마누가 말씀하신 바다.[44)]

자아가 확고한 재생자는 집에 있거나 스승의 거처에 있거나 숲에 살거나 베다가 규정하는 경우가 아닌 때, 아무리 곤란한 때라도 (짐승을) 해쳐서는 안 된다.[45)]

고대 인도에서 제사를 위한 동물의 살해가 허용되기는 했지만 극히 제한적인 것이었다. 심지어 말[馬]을 죽여 제사를 100년 동안 드리는 자와 고기를 먹지 않는 자의 공덕이 같다고 한다거나(『마누법전』 제5장 제53절), 동물(고기)을 잡도록 시키는 자, 잡는 자, 자르는 자, 사거나 파는 자, 조리하는 자, 나누어주는 자, 먹는 자가 모두 살상자라고 함으로써(『마누법전』 제5장 제51절) 사실상 동물 살해를 철저히 금지하고 있음을 알 수 있다. 이러한 전통에서 대다수 인도인들이 채식주의자가 되는 것은 필연적인 것이다.

동물의 생명도 인간 생명 못지않게 귀중한 것

인도의 종교들에서 불살생을 가장 철저히 준수하는 종교는 자이나교다. 자이나교에서는 동식물뿐만 아니라 땅[地],

물[水], 불[火], 바람[風]도 영혼jiva이 있는 존재로 여겨 마음대로 사용하는 것을 경계한다. 그래서 함부로 땅을 파헤치거나 불을 피우는 것, 여과하지 않은 채로 물을 마시는 것, 입을 가리지 않고 숨을 쉬는 것 등도 금지된다. 특히 생명력이 가장 왕성한 5개의 감각(촉각, 미각, 후각, 시각, 청각)이 있는 동물은 절대로 죽여서는 안 된다고 한다. 승려들은 물론 재가 신자들도 생각과 말과 행동에서 모두 생명에게 해를 주거나 살상하는 행동을 하지 않도록 요구된다. 승려들의 경우, 특히 공의파空衣派, Digambara로 알려진 나체의 승려들은 여행이나 움직임마저 자제하고 최소한의 채식으로 살아가다가 단식의 의례로 생을 마감한다. 이러한 모든 행위가 불살생을 준수하기 위한 것이다.

간디는 매우 보수적인 종파로 알려진 힌두교의 바이슈나바파 가문에서 자랐고, 자이나교가 널리 신행되고 있는 지역에서 어린 시절을 보냈다. 그의 아슈람에는 적지 않은 자이나교 신자들이 들어와 살았고, 사탸그라하 운동에 동참했던 자이나교 신자들도 많았다. 불살생과 동물에 대한 간디의 견해가 전통적인 힌두교의 생명관이나 자이나교 교리에서 영향을 받았음을 충분히 짐작할 수 있다.

주지하다시피 간디는 철저한 채식주의자였다. 한때 친구의 꼬임에 넘어가 고기를 먹던 젊은 시절이 있었지만

곤 끊었고, 영국으로 유학 갈 때에도 어머니에게 고기를 먹지 않겠다는 맹세를 했다. 그 후 평생 고기를 입에 대지 않았다. 그것은 그의 신앙이었다.

> 옳건 그르건 간에 사람이 고기와 달걀 등을 먹을 수 없다는 것이 나의 종교적 확신의 한 부분입니다. 살아가기 위한 수단에조차 제한이 있어야 합니다. 심지어 생명 그 자체를 위해서도 할 수 없는 일이 있습니다. 내가 이해하는 바에 의하면, 종교는 내가 나를 위해 고기와 달걀을 먹도록 허용하지 않습니다.[46]

간디의 이러한 언급은, 그의 둘째아들이 병에 걸렸을 때 의사가 달걀이나 닭고기를 먹게 하는 것이 좋겠다는 의견을 말하자 간디가 답한 것이다. 겨우 열 살밖에 되지 않은 아들이 심한 장티푸스에 걸렸고 폐렴까지 겹쳐 몹시 허약해지고 지친 상태가 되어 어떤 약도 소용이 없었다. 의사는 생명이 위독하다는 말을 했지만 간디는 끝내 고기와 달걀을 처방하는 데 반대했다. 간디가 닭고기와 달걀을 그 아들에게 먹으라고 한다면 먹을 것을 알고 있었지만, 아들도 아버지의 뜻에 따라 먹지 않겠다고 했다. 간디는 자신의 물[水] 치료를 아들에게 해주었고 갖가지 민간요법을 사용하기도 했다. 아들의 생명을 건 그의 신앙은 큰 시련을 겪었으나 생명은 신의 손에 달렸다는 믿음으로 며칠을 뜬 눈으로 보내며 아들을 간호했다. 마침내 그 아들은 치료가 되었고 그의 아들들 중에 가장 건강하게 자랐다.

간디에게 육식을 하지 않는 것은 곧 동물을 죽이지 않는 것이었다. 힌두교 전통에서는 육식을 하는 것이나 동물을 죽이는 것은 같은 것이기 때문이다. 그는 희생제의를 위한 동물의 살해도 반대했다. 지금까지도 인도의 칼리Kali[47]사원에서는 양을 희생제물로 바치는 의식이 거행되고 있는데, 간디도 그 광경을 목격한 적이 있었다. 그는 그 제사를 "잔인한 예배의식"이라고 지칭하며 폐지되어야 한다고 말했다.

> 나는 지금도 그때와 마찬가지의 견해를 갖고 있다. 내 생각에는 양의 생명도 인간의 생명 못지않게 귀중한 것이다. 인간의 육체를 위해 양의 생명을 빼앗아서는 안 된다. (…) 나의 끊임없는 기도는 남자이든 여자이든 간에 신적인 동정심을 지닌 분이 이 땅에 오셔서 우리를 이러한 흉악한 죄에서 벗어나게 해주시고, 무고한 피조물들의 생명을 구해주시어 사원을 정화해달라는 것이다.[48]

소를 존중하는 것이 곧 인도를 사랑하는 것

소[牛]를 보호하고 존경해야 한다는 간디의 주장도 동물에 대한 인도인들의 전통적 이해를 반영하는 동시에 보다 적극적으로 모든 생명에 대한 비폭력(아힘사)을 적용한 것이다. 힌두교 전통에서 동물들에 대한 태도는 대체로 동물이 인간에게 이로운 존재라고 보는 입장에서 비롯된 것이다. 이 점은 힌두교의 신 이해에 잘 나타나 있다.

우주(세계) 창조의 신 브라흐마Brahma, 파괴의 신 시바Siva와 더불어 힌두교의 3대 신을 이루는 비슈누Vishnu는 세계의 유지자이자 보존자, 보호자다. 그런데 비슈누는 모든 생명을 보호하고 그들에게 도움을 주기 위해 열 가지 다양한 형상으로 나타나는데 이를 비슈누의 화신化身이라 한다. 그 열 가지 화신 중 큰 물고기, 거북이, 멧돼지, 반인반사자 등 네 가지가 동물이다. 또한 모든 생명의 장애를 없애주고 부와 행복을 가져다주는 신인 가네사Ganesa는 코끼리 얼굴을 하고 있다. 갖가지 신통력으로 어려움에 빠진 생명들을 구해주는 신인 하누만Hanuman은 원숭이의 모습이다. 이러한 신들은 오늘날에도 대중들에게 매우 인기가 있고 널리 숭배되고 있는 신들이다.

그리고 수많은 동물들 중에서도 소는 인도인들에게 가장 많은 이로움을 주는 동물로 대지의 어머니 신을 상징한다. 인도인들에게는 소를 신성시해 보호하고 존중하는 것이 곧 인도를 사랑하는 것이다. 간디는 이렇게 말했다.

> 나는 소를 존경합니다. 소를 바라볼 때 사랑이 넘치는 존경심을 갖고 바라봅니다. 소는 인도의 보호자입니다. 인도는 농업국가이기 때문에 소에게 의존하고 있습니다. 소는 수백 가지 방식으로 활용할 수 있는 가장 유용한 동물입니다.[49]

소와 같이 이로운 동물을 존중하고 보호하지 못한다면 과연 다른 동물들을 제대로 보호할 수 있겠는가! 간디가 소 보호운동에 앞장선 것은 소와 같이 많은 이로움을 주는 동물에 대한 보호이자 생명에 대한 존중을 실천한 것이라 할 수 있다. 그에게는, 지주에게 착취당하는 소작 농민을 위해 일하는 것이나 제대로 임금을 받지 못하는 노동자를 도와주는 일, 혹은 남아프리카와 인도에서 영국의 통치로 인해 괴로움을 겪는 인도인들을 위해 싸우고 독립을 위해 헌신하는 것은 소를 보호하는 것과 마찬가지로 모두 같은 맥락의 아힘사 실천인 것이다. 동물의 생명을 경시할 때 사람의 생명마저 경시하게 될 수밖에 없음을 간디는 역설한 것이다.

3부

생각과 행동

간디는 어떤 경우에도 목적과 수단이 똑같이 정당해야 한다고 주장한다. 그는 한 공동체, 사회, 국가, 더 나아가 인류전체와 우주가 조화로운 상태에서 복지를 이루기 위해 필요한 모든 일들은 동등한 가치를 지니며 따라서 일과 직업에 상하와 귀천은 있을 수 없다고 생각했다. 또한 개인이나 집단의 일을 행하는 방법과 수단 역시 더 큰 집단의 목적을 위반하지 않을 때 정당하다 보았다. 목적과 수단은 분리불가하다는 그의 지론이 일과 직업에도 그대로 적용된 것이다.

바른 직업윤리는 무엇인가 ?

삶의 최소한 필요조건으로서의
일과 직업
공동체의 조화와 발전 그리고
모두의 복지를 위한 것

삶의 최소한 필요조건으로서의 일과 직업

—류성민

법률가와 의사를 향한 간디의 비난과 경멸

우리는 왜 일을 해야 하는가? 어떠한 직업을 택하고 어떻게 그 일을 해야 하는가? 어떤 직업윤리가 올바른 것인가? 이러한 물음을 간디에게 묻는다면 그는 어떻게 대답할까? 간디의 글을 읽어보면, 그가 유독 법률가와 의사에 대해 극도의 비난과 경멸을 하는 것을 볼 수 있다. 간디는 인도가 영국의 지배를 받던 시대에 활동했으니 당대의 법률가와 의사를 비판한 것이겠지만, 그의 주장에서 직업에 대한 입장과 직업윤리를 고려할 수 있는 측면이 있다고 본다. 간디는 법률가를 다음과 같이 혹평했다.

> 법률가는 대개 싸움을 무마하기보다는 부추깁니다. 또한 법률가가 그런 직업에 종사하는 이유는 비참한 지경에 놓

인 사람들을 도와주기 위해서가 아니라 자신의 부를 위해서입니다. 법률가가 되는 것은 부자가 되는 지름길이며, 그들의 관심은 분쟁을 확대하는 데 있습니다. (…)
법률가는 실상 하는 게 거의 없는 사람들입니다. 게으른 사람들이 사치를 탐하기 위해 그런 직업을 선택합니다. 이것은 참말입니다.[1]

법률을 공부해 변호사로 일했던 간디가 이러한 말을 했다는 것이 믿어지지 않을 정도다. 간디가 법률을 공부하게 된 것은 인도 변방에 있던 조그만 왕국의 수상을 지낸 아버지의 뒤를 이어 수상이 되길 원했던 간디 집안의 소망 때문이었다. 그 집안의 오랜 친구이자 고문인 마브지 다베Mavji Dave가 영국으로 유학을 가서 법률을 공부하는 것이 좋겠다고 권고한 것이 크게 작용했다. 대학에 다니다 학업에 흥미를 느끼지 못해 한 학기 만에 중퇴한 간디에게 유학까지 가서 공부하는 것은 다소 꺼려지는 일이었다. 하지만 영국에 가는 것에는 솔깃했다. 그래서 차라리 의학을 공부해 의사가 되는 것이 좋겠다고 말했지만 그의 형이 반대를 했다. 시체를 해부하는 것이 그들의 종교(힌두교의 바이슈나바파)에 맞지 않고, 돌아가신 아버지도 간디가 법률가가 되길 원했다는 것이 그 이유였다. 더군다나 의사로서는 수상이 될 수 없다는 그 고문의 견해에 따라 영국에 가서 법률을 공부해 변호사가 되기로 했다.

반대하는 어머니에게는 술과 여자와 고기를 가까이 하지 않겠다고 맹세함으로써 허락을 받았으나 그가 속한 계급에서 추방되는 서러움을 겪으면서도 간디는 영국으로 유학을 떠났다. 그는 영국 런던[2]에서 인도 법률을 공부해 변호사가 되었다. 간디의 첫 직업이 변호사였던 것이다. 그러나 그는 변호사 일에 적응하지 못했고 제대로 일하지도 못했다. 원래 수줍음을 많이 탔고 말도 잘하지 못했던 간디는 법정에서 변론조차 제대로 하지 못해 망신을 당하기도 했다. 다행히 남아프리카공화국에서 사업을 하고 있는 사람의 고문변호사가 되어 그곳으로 갔고, 나름대로 성실히 일하면서 경제적으로 윤택하게 지낼 수 있었다.

그러나 그가 경험한 법률가의 세계는 온갖 부조리와 부정으로 얼룩져 있었고 후에 인도로 돌아온 후에는 더 심한 불의를 경험하기도 했다. 법률가에 대한 부정적 이해는 그의 경험의 산물인 것이다. 물론 간디가 변호사가 되지 않았다면 남아프리카와 인도에서의 활동이 불가능했을 것이고, 변호사로서의 수입이 그가 사회운동을 하는데 크게 기여한 것도 사실이다. 그럼에도 불구하고 간디가 법률가를 극도로 증오하고 자신의 직업마저 혐오스럽게 여긴 것에서 직업과 직업윤리에 대한 그의 견해를 엿볼 수 있다.

간디가 법률가를 비난하는 또 다른 중요한 이유는 법률가로 인해 오히려 분쟁이 생겨나고 그것이 커지게 된다고 보았기 때문이다. 그가 평생토록, 특히 그의 말년에 가장 심혈을 기울여 노력했던 힌두교 신자와 이슬람교 신자 사이의 싸움도 주로 법률가의 개입에 의한 것이었고, 심지어 영국이 인도를 지배하도록 한 것도 법률가들이라고 보았기 때문이다. 그래서 그는 이렇게 말했다.

> 만약 변호사들이 자신의 직업을 포기하고 또 자신의 직업을 매춘처럼 창피스러운 직업이라고 생각한다면 영국의 지배는 하루아침에 붕괴될 것입니다. (…) 내가 변호사에 대해 말한 내용은 판사에게도 마찬가지로 적용됩니다.[3)]

간디의 이러한 언급은 인도가 영국의 지배를 받고 있고 힌두교도와 이슬람교도 사이의 갈등이 고조되어 있던 상황을 염두에 둔 것은 분명하지만, 역시 그의 직업관과 직업윤리가 반영되어 있는 견해라고 할 수 있다.

온당치 못한 부귀와 권력을 향한 비난일지니

주지하다시피 우리나라에서도 변호사나 판사, 검사는 선망의 직업이다. 대학에서도 법학과나 법 관련 학과가 최고로 인기 있는 학과다. 사법고시 합격은 부와 명예가 보장되는 것으로 여겨진다. 간디가 살았던 인도에서도 마찬가지였다. 간디는 불과 22세 나이에 변호사가 되었고 얼마든지 부귀영화를 누릴 수 있었다. 그러나 그가 변호사 일을 하면서 번 돈은 거의 다 공적인 일을 하거나 주변 사람들을 돕는 데 썼다. 남아프리카에서나 인도에서의 그의 생활은 말 그대로 청빈하고 소박한 것이었다. 그에게 변호사라는 직업은 봉사를 위한 방편에 지나지 않았다.

오늘의 법률가들이 모두 간디의 말처럼 싸움을 부추기고 돈을 벌어 사치를 일삼는 게으른 사람들이라고 매도할 수는 없을 것이다. 억울한 일을 당하거나 실수로 잘못을 저지르게 되었을 때 변호사의 도움 없이는 제대로 대처할 수 없는 것도 현실이다. 흔히 선량하고 어진 사람을 "법 없이도 살 수 있는 사람"이라고 칭찬하지만, 현대 사회에서 과연 누가 법 없이, 법을 전혀 모르고 살 수 있겠는가. 사업을 하든 어떤 직장에서 일하든 간에 법이 정해준 대로 일하고 살 수밖에 없다. 국가도 국제관계도 모두 법에 의해 유지되고 우리 모두가 법의 보호 속에 살고 있는 것이 아닌가.

그런데 일반 사람들이 변호사에게 법적 자문을 받거나 검찰과 법관을 만나게 되는 경우는 대부분 좋은 일보다는 나쁜 일인 경우가 더 많다. 각종 사건과 사고로 인해 법을 잘 아는 사람의 도움이 필요하고 분쟁과 다툼이 있을 때 법적 문제를 따지게 되는 것이 상례다. 그렇기 때문에 사건과 사고가 많을수록, 사람들 사이에서 갈등과 싸움이 많으면 많을수록 법률가는 더 필요한 존재가 되고 그들의 부귀와 권력도 커질 수밖에 없지 않겠는가! 역으로 사회가 안정되고 평화스럽다면, 그래서 변호사도 판·검사도 할 일이 그리 많지 않다면 과연 그 직업이 오늘날과 같이 선호되고 귀하게 여겨질 수 있을까? 정말로 "법 없이도 살 수 있는 사람들"이 많다면, 법을 잘 아는 사람이 존경받는 사회가 될 수 있을까?

간디는 의사에 대해서도 신랄하게 비난하고 있다. 그도 한때 의사가 되려고 했었는데 어떻게 이런 말을 했는지 의아할 정도다. 간디의 말을 들어보자.

> 사람들이 왜 의사라는 직업을 선택하는지 생각해볼 필요가 있습니다. (…) 명예와 부를 얻으려고 의사가 되는 것입니다. (…) 그들이 조제하는 약은 원래 한 푼어치의 가치밖

> 에 없는데도 그들은 열 푼의 값을 매깁니다. 그들의 말을 쉽게 믿으면서 병이 낫게 될 것이라는 희망을 품고 있는 서민들이 거기에 속아 넘어가고 있는 것입니다.[4)]

> 병원은 죄악을 전파하는 시설입니다. (병원 때문에) 사람들은 자신의 몸을 덜 보살피게 되었고 부도덕한 행위는 늘어났습니다.[5)]

간디가 이렇게 의사와 병원을 혹평하는 것은 병에 대한 그의 견해 때문이다. 병은 사람들의 태만과 방종 때문에 생긴다는 것이 간디의 입장이다. 그렇기 때문에 벌로써 병에 걸려 고통을 받는 것인데, 의사가 약을 지어주어 고침을 받으면 받아야 할 벌을 받지 않게 될 뿐만 아니라 계속해서 태만하고 방종한 생활을 하게 된다는 것이다.

간디는 특히 유럽의 의사들이 인간의 몸을 치유하기 위해 엄청난 수의 동물을 실험용으로 죽이는 것을 비난하고 있다. 모든 종교가 인간의 몸을 위해 그렇게 많은 생명을 죽일 필요가 없다고 가르친다는 것이 그 이유다. 간디는 심지어 유럽의 의학을 공부하는 것이 우리를 더 유럽의 노예 상태에 빠뜨리는 것이라고 강변하기도 한다. 간디는 의사와 병원에 대한 이러한 글을 쓰면서 그 자신이 존경하던 의사들에게 자문까지 구했다고 한다.

간디의 직업은 봉사를 위한 방편이었을 뿐

의사들은 물론 일반인들도 간디의 이러한 말에 당혹할 것이다. 사람들의 병을 고쳐주고 보살펴주는 의사라는 직업은 무수한 어린이들의 꿈이고 젊은이들의 로망이지 않은가. 의사가 없다면, 병원이 모두 문을 닫는다면 그 많은 병자들은 어찌하란 말인가? 간디도 아플 때 의사들의 치료를 받지 않았는가?

물론 간디가 이유 없이 의사를, 병원을 매도했던 것은 아니다. 그는 자신의 경험을 바탕으로 의사라는 직업에 대해, 병원의 현실에 대해 보다 근본적인 성찰이 필요함을 역설했던 것이라고 본다.

법률가들과 마찬가지로 의사라는 직업은 간디가 살던 인도나 우리나라에서도 모두 최고의 직업으로 평가된다. 대체로 의사가 된다는 것은 부와 명예를 동시에 얻을 수 있는 것으로 여겨지고 있다. 의과대학에 들어간다는 것 자체가 선망의 대상이 되고 있지 않은가. 아파서 병원을 다녀본 사람이라면 집안에 의사라도 한 명 있으면 얼마나 좋을까 하는 생각을 하는 것이 우리들의 심사가 아닌가? 병원에 다닐 때 간호사 한 명이라도 아는 것이 얼마나 유용한지 우리 모두가 경험했을 것이다.

그렇다면 왜 의사는 그렇게 높은 대우를 받는가? 병이 든 사람들이 많기 때문이 아닌가. 환자가 많으면 많을수록 의사는 귀한 직업이 되고 돈도 많이 벌게 되지 않는가. 병원이 잘된다는 것은 아픈 사람들이 점점 더 많아진다는 것 아닌가. 사람들이 건강해 아픈 사람들이 별로 없고 병원 갈 이유가 없어진다면 의사도 병원도 모두 그리 중요하지는 않을 것이다. 그렇게 되면 의사가 되려는 사람들도 그리 많지 않을 것이다.

간디의 주장은 매우 비현실적이라고 할 수 있다. 간디 자신이 그 사실을 모르지 않았을 것이다. 간디가 아무리 법률가와 의사를 악평했다고 하더라도 인도에서도 우리나라에서도, 그리고 세계 어느 나라에서도 법률가와 의사는 오늘날에도 최고의 직업이고 선호되는 직종이며 가장 공부를 잘하는 사람들이 선택하는 일이다.

그러나 분명한 사실은, 법률가와 의사가 점점 더 대우를 받고, 그래서 최고 선망의 대상이 될 수밖에 없는 사회가 바람직하지는 않다는 것이다. 사건과 사고가 많으며 분쟁이 빈번하고 병들어 고생하는 사람이 점점 더 많아지는 사회가 결코 바람직한 사회는 아니기 때문이다.

간디의 견해에서 우리는 우리가 왜 일을 하고 그 일을

어떤 자세로 해야 하는지에 대한 깊은 성찰을 읽을 수 있다고 본다. 우리는 먹고살기 위해서, 가족을 부양하기 위해서 일을 하고 직업을 가져야 한다. 그래서 일과 직업은 우리 삶의 필요조건이다. 간디도 그 점을 부인하지 않았다. 그도 변호사로 일하면서 가족을 먹였고 물레를 돌려 옷을 해 입었다. 그러나 간디는 자신과 가족을 위해서만 일하지 않았다. 오히려 그는 삶의 필요조건을 최소화했다. 먹을 것을 최대한 줄이고, 가능한 가장 작은 집을 찾아 살았으며, 최소한의 입을 것에 만족했다. 그의 직업은 봉사를 위한 방편에 지나지 않았다. 병에 걸렸을 때에도 그로 인한 고통을 당하면서 몸을 소홀히 한 자신의 잘못을 뉘우치고자 했다. 몸이 스스로 건강을 회복하도록 갖가지 민간요법을 실험하면서 그 효험을 체득하고 주변 사람에게 권했다.

일과 직업에 대한 간디의 경험과 실천은 지금 내가 하고자 하는 일, 내가 하고 있는 일, 나의 직업을 되돌아보게 하지 않는가! 그렇다면 간디의 삶을 통해 우리의 일과 직업의 충분조건을 찾을 수도 있지 않을까?

공동체의 조화와 발전 그리고 모두의 복지를 위한 것

—류경희

"사는 것은 일하는 것이다"

우리가 일(또는 노동)을 하는 이유는 무엇일까? 아마 시대를 초월해 가장 근본적인 대답이 될 수 있는 것은 개인이나 집단의 생존일 것이다. '살아야 한다는 것'이 당위라면 일은 삶에 있어 없어서는 안 되는 필수요소이자 살아 있는 존재들의 의무라고 할 수 있다. 이런 일은 때론 고된 고역이 되기도 한다.

간디는 "사는 것은 일하는 것이다"라고 말했다.(간디, 1997: 240) 간디의 일과 노동에 대한 지론은 인간은 스스로의 양식을 해결할 의무를 가지고 태어났다는 것이다. 즉 간디에게 일은 기본적으로 생존을 위한 수단을 의미한다. 간디가 변호사가 되기 위해 빚을 얻어가면서까지 영국으로 유학을 떠난 것도 아버지가 돌아가신 뒤에 집안의 생계를 책임지기 위해서였고 영국에서 돌아온 후 일자리를 얻지 못해 좌절하다 작은 소송을 돕기 위해 남아프리카로 가기로 결정한 것도 생계를 위한 것이었다. 즉 간디가 남아프리카에 가서 새로운 간디로 등장하기 전까지 간디에게 일은 생계를 잇는 수단이었다.

그러나 생존만이 일의 모든 목적이라 할 수는 없다. 추구하는 가치나 이념을 실현하기 위해 일을 할 수도 있고 먹고사는 문제가 어느 정도 해결된 시대나 사회라면 일은 보다 윤택하고 행복한 삶을 위한 도구이자 즐거움을 향유하기 위한 수단일 수도 있다. 또 개인의 관점에서 보느냐 아니면 사회의 관점에서 보느냐에 따라 일의 목적은 달라질 수 있다. 그렇다면 간디는 이러한 일의 의미와 목적을 어떤 관점에서 바라보고 직업의 윤리를 무엇으로 제시했을까?

남아프리카에서 내적 변화를 경험한 이후의 간디는 일을 단순한 생계의 수단이 아니라 집단적 차원의 정의와 복지를 실현하기 위한 의무라고 생각했다. 간디는 더 나아가 인간의 모든 행위는 신에 대한 봉사로서 행하는 것이어야 한다고 역설했다. 간디에게는 인간이 행하는 모든 행위가 신에 대한 일종의 예배행위(까르마 요가로서의 희생제의)를 의미했다. 이후 그의 모든 활동은 이러한 의미의 일이었다고 할 수 있다. 일에 대한 간디의 이러한 설명은 모두의 복지를 위한 것으로서의 일의 의미를 신과 연결해 설명함으로써 일에 보다 중요한 의미와 의무를 부여한 것이라 할 수 있다.

간디는 인간 삶의 제반 영역에 인도의 전통사상과 마찬가지로 사회와 국가 더 나아가 우주 공동체의 관점으로 접근했다. 간디는 인간을 개별자보다는 공동체적 존재로 이해했다. 따라서 인간이 하는 모든 노동과 일은 개인적 이해나 즐거움보다는 공동체 질서의 조화로운 유지와 발전 그리고 구성원 모두의 복지를 위한 것이어야 한다고 믿었다. 이 신념이 일과 관련된 간디사상의 대전제다. '모두의 복지'를 추구하는 간디의 사르보다야sarvodaya는 바로 이러한 그의 신념을 반영한 개념이자 사상이다.

간디는 노동 특히 육체적 노동을 존엄한 것으로 여겼다. 모두가 빵을 얻기 위해 노동한다면 모두를 위한 충분한 식량과 여가가 가능할 것이라고 보았다. 그리고 이러한 노동이 신에게 바치는 최고의 희생제의라고 생각했다.(*MM*, 79) 또 자본과 노동 간의 투쟁이 사라지고 부자는 자신의 재산을 개인소유가 아니라 공유재산을 관리한다고 여겨 공익에 사용할 것이라고 보았다.(간디, 1997: 239) 그는 자연의 섭리(신)는 꼭 필요한 만큼의 재화를 만들어내므로 자신이 필요한 이상의 것을 갖게 되면 이웃의 궁핍을 불러오며 모든 존재가 평등하므로 그것에 상응하는 의무로 노동하고 그에 상응하는 대가를 받을 필요가 있다고 생각했다.(간디, 1997: 239)

간디는 인도의 심각한 빈곤과 실업상태를 가슴아파했고 카스트에 근거해 자신의 직업에 국한된 일만을 고집하는 전통적 사고를 받아들일 수 없었다. 그는 정직한 육체노동을 통해 이런 문제들을 해결할 수 있다고 생각했다. 그는 정신노동이 육체노동보다는 우월할 수도 있으나 육체노동을 대체할 수 없다며 육체노동의 필요성을 강조했다.(간디, 1997: 246)

또 간디는 분업은 지지하나 직업의 귀천은 인정하지 않아서 육체 노동자나 지적 노동자 모두 임금을 평등하게 받아야 한다고 생각했다. 그는 노동을 신에 대한 봉사로 인식하고 봉사는 비폭력주의 곧 사랑에 토대를 두어야 한다고 여겨서 일이란 기꺼이 해야 하는 것으로 보았다. 간디는 억지로 하는 노동은 노예상태의 일이며 기꺼이 하는 노동이야말로 건강과 만족을 준다고 보았다. 그러면서 진실로 부유한 것은 건강한 것이지 몇 조각의 금이나 은이 아니라고 말한다.(간디, 1997: 242~43)

목적과 수단 모두의 정당성

간디는 일의 목적과 의미를 이렇게 이해했기 때문에 일의 수단 역시 일의 목적에 부합해야 한다고 생각했다. 그는 어떠한 경우에도 목적과 수단이 똑같이 정당해야 한다고 주장한다.

> 내 삶의 철학에서 수단과 목적은 같은 말이다. ; 사람들은 수단은 결국 수단이라고 말한다. 하지만 나는 수단이 결국 모든 것이라고 말한다. 폭력적 수단은 폭력적인 스와라즈 swaraj(자치)를 가져다줄 것이다. ; 목표의 실현은 수단의 실현이다.(*MM*, 75~76)

간디가 목적과 수단을 분리하지 않으려 한 이유는 일의 목적이 공동체 전체의 복지와 신에 대한 봉사인데 개인의 이기적인 마음에서 수단의 정당함은 고려하지 않고 목적만을 달성하려 하면 공동체 복지가 깨진다고 보았기 때문이다. 결국 간디의 이러한 믿음은 그의 아힌사 사상에서 비롯된다고 볼 수 있다. 요컨대 일의 목적과 수단이 정당한가 아닌가를 구분하는 기준이 개인적 이익이나 이해가 아니라 공동체 전체의 이익과 이해가 된다.

이러한 관점에서 간디에게 직업윤리는 개인적 이익추

구가 결코 아니었다. 일례로 그가 변호사 자격증을 얻은 후 처음으로 남아프리카에서 일자리를 잡고 변호사 일을 할 때에도 결코 승소만을 목적으로 삼지 않았다. 가능하면 소송을 법정으로 가져가기 전에 소송 당사자 양측의 이해를 조정해 양측이 화해하고 받아들여 소송이 취하되도록 애를 썼다. 남아프리카에서 맡았던 한 소송이 그 예다. 간디는 끈질긴 노력을 통해 의뢰인과 피고인 모두의 신임을 얻어 막대한 돈이 드는 소송을 피하고 법정 밖에서 양 당사자를 만족시키면서 문제를 해결했다. 뿐만 아니라 피고인이 파산하지 않도록 그에게 제정된 부과금을 몇 번에 나누어 지불할 수 있게 해주었다. 간디는 법률가가 해야 할 진정한 역할은 신랄함이나 적대감 그리고 보복정신 없이 정의를 확보하는 것이라고 생각했기 때문이다. 법정판결을 통해 이해가 상충하는 양 당사사들 중 어느 한쪽이 바라는 목적을 달성하고 다른 한쪽은 모두 잃게 되는 것을 바람직하지 않게 여겼기 때문일 것이다. 결국 간디는 상당히 높은 수준의 직업윤리를 가지고 있었다고 할 수 있다.

경제문제에 있어서도 비폭력 원리에 근거한 이러한 윤리성을 핵심적인 것으로 강조했다. 그는 이렇게 말한다.

> 비폭력의 원칙을 경제부분까지 확대해 적용시키는 것은 국제 상거래에서 도덕적 가치를 고려한다는 것을 의미한다.(*MM*, 77) ; 개인이나 국가의 도덕적 복지를 해치는 경제는 부도덕하고 그러므로 죄가 있다. 그래서 한 나라가 다른 나라를 먹이로 삼는 경제는 부도덕하다. 저임금으로 장시간 일해 만든 물건을 사서 사용하는 것은 죄다.(*MM*, 76)

간디는 이처럼 일 특히 육체노동의 의미를 매우 중시했고 노동의 윤리성 역시 중시했다. 노동에 대한 그의 관점은 때론 정신노동을 부정적으로 보는 것으로 곡해되기도 하는데 이런 곡해에 대해 간디는 이렇게 말한다.

> 내가 육체노동을 주장한 것은 정신활동을 배제한 것이 아니다. 내 뜻은 활동의 종류가 무엇이든 모두에게 같은 임금이 주어져야 한다는 것이다. 의사나 변호사 같은 직업이나 거리 청소원이나 사회에 같은 기여를 하므로 같은 임금을 받아야 한다는 원칙이다. 왜 그들의 삶의 수준이 차이가 나는가? 정의와 평등에 근거한 이 원리를 모두가 자기 삶에 적용한다면 인도뿐 아니라 전 세계가 물질적, 정신적으로 고양되고 행복한 사회가 될 것이다.(Gandhi, 1964: 245~46)

즉 간디는 한 공동체, 사회, 국가, 더 나아가 인류전체와 우주가 조화를 이루며 유지 존속되고 복지를 이루기 위해 필요한 모든 일들은 모두 동등한 가치를 지니며 따라서 일과 직업에 상하와 귀천은 있을 수 없다고 생각한 것이다. 또한 개인이나 집단의 일을 행하는 방법이나 일의 목적을 달성하는 수단 역시 더 커다란 집단의 목적을 위반하지 않을 때 정당하다 보았다. 목적과 수단은 분리불가하다고 보는 그의 지론이 일과 직업에서도 그대로 적용된 것이다.

인간의 노동은 귀하고 중요하다. 꽤 오래전에 히말라야 지역을 여행할 때 돌을 일일이 망치로 깨서 자갈을 만들어 도로를 보수하는 모습이나 파낸 흙을 사람들이 길게 줄을 서서 바구니에 담아 나르는 모습을 여러 차례 본 적이 있다. 그런 모습을 보면서 한편으로는 인간에게 필요한 크고 작은 여러 가지가 직접 인간의 손, 그러니까 노동을 통해 이루어지는 것이 경이롭게 느껴졌다. 그리고 기계와 기술의 발달이 어떤 측면에서는 인간소외를 낳는다는 생각이 들기도 했다. 인간이 기계를 다루는 주인이 아니라 오히려 기계에 종속되어 있다고 느끼는 때가 있기 때문이다.

재미나는 것은 근동의 메소포타미아 신화에 따르면 신이 인간을 창조한 이유가 신의 노동을 대신할 존재를 만들기 위함이었다는 점이다. 지금으로 말하자면 인간은 신의 로봇으로 만들어졌고 인간은 신의 노동을 대신하는 기계인 셈이다. 여기서도 노동이 신에 대한 봉사이기는 하나 노동이 긍정적으로 인식되기보다는 해방되어야 할 대상이 된다.

인간이 기계나 기술을 발전시킨 것은 노동에서 자유롭게 되어 삶을 향유하는 시간을 보다 많이 확보하려는 동기에서가 아닐까 싶다. 그런 측면에서 보면, 인간의 노동을 강조하고 모든 생필품을 스스로 만들어 사용하는 자급자족 생활을 권장하며 대량 생산기술과 기계에 대해 비판적이었던 간디의 관점은 오늘날 적합성을 갖기가 어려울 수 있다. 또 그의 공동체 중심의 관점 역시 개인의 측면이 지나치게 간과되는 경향이 없지 않다. 하지만 모두가 향유하는 공동체의 복지나 목적과 수단의 동등한 정당성에 대한 간디의 주장은 오늘날의 우리가 주목할 필요가 있는 중요한 가치라 생각된다.

간디에게 묻고 싶은 질문과 답 16

효과적인 의사전달은 어떻게 가능한가 ?

모든 인간에 대한
무한한 신뢰가 근본이다

진리와 정의에 대한 확신이
소통의 기술

모든 인간에 대한 무한한 신뢰가 근본이다

—류성민

말보다 글이 효과적인 의사전달 수단

누구나 다른 사람에게 하고 싶은 말을 제대로 전달할 수 없어 고민한 적이 있을 것이다. 어떤 때에는 말을 하긴 했는데 원래 하고자 한 말이 아닌 엉뚱한 말이 되어 오해를 사게 된 적도 있을 것이고, 자신의 의사를 전달할 적절한 표현을 찾지 못해 망설이고 애를 태운 적도 적지 않을 것이다. 이렇듯 내 생각을 다른 사람에게 전달하는 것은 결코 쉬운 일이 아니다. 누군가와 사랑에 빠졌을 때, 기쁨과 흥분과 기대와 불안 등등 온갖 감정이 뒤섞여 나타나고, "이런 기분 난생 처음이야"라고 말할 만큼 독특한 느낌을 갖게 된다. 지금까지 느낀 것과는 전혀 다른 느낌이기에 이제껏 알고 있는 그 어떤 말로도 도저히 표현할 수 없어 고민하기 십상이다.

요즘에는 거의 없어졌지만, 한 세대 전만 하더라도 사랑을 표현하는 가장 일반적인 방법은 연애편지였다. 아마 40대 이상의 사람들에게는, 사랑을 고백하는 연애편지를 쓰느라 밤새 찢어버린 편지지가 수북이 쌓였던 경험이 있을 것이다. 글 잘 쓴다고 하는 친구에게 밥 사주고 술 먹이며 써달라고 부탁하는 것도 그때는 흔한 일이었다. 그렇게 쓴 편지를 곱게 접어 예쁜 봉투에 넣었지만, 그(녀)에게 건네주는 것도 쉽지 않았다. 몰래 가방에 넣거나 아는 동생에게 용돈까지 주면서 부탁했던 일이 생각나는 분들도 있을 것이다. 그러고는 자신의 마음이 제대로 전달되었는지, 밤새 잠도 못 자고 밥맛조차 잃으면서 답장이 오길 노심초사하지 않았는가! 스마트폰 세대들이 들으면 호랑이 담배 피우던 시절 이야기겠지만, 그땐 그랬다.

그리고 자신이 경험한 것을 다른 사람에게 전달하기 힘든 대표적 사례가 종교경험일 것이다. 종교경험은 그 자체로 워낙 독특하고 심오할 뿐만 아니라 인생을 바꿀 만큼 강력한 영향을 미치는 것이라 그 어떤 말로도 설명하기 힘들다. 루돌프 오토Rudolf Otto라는 유명한 종교학자는 종교경험을 분석한 『성스러움의 의미』라는 저서로 20세기 전반기에 세계적 주목을 받았다. 그런데 여기서 그는 종교경험은 너무나 독특한 감정적 반응이기 때문에 말로는 도저히 설명할 수 없고 단지 변죽을 울리는 정도의 비슷한 감정만을 제시할 수밖에 없다고 했다. 그렇게 하면 종교경험을 한 사람들은 자신이 무슨 말을 하는지 알 수 있다는 생각이었다. 그래서 그러한 느낌을 인정하지 않거나 그 느낌이 없는 사람은 자신의 책을 읽지 말라고 경고까지 했다. 종교의 세계에서는 그러한 경험을 표현하기 위해 상징이라는 독특한 의사전달 수단을 만들어냈다. 상징을 통해서 말로는 전달할 수 없는 의사마저 전달하고자 했던 것이다. 그리고 말(언어)마저도 상징적으로 사용하기도 했는데, 신화가 바로 그것이다.

지금 여기서 종교학 강의를 하고자 하는 것은 결코 아니다. 다만 의사전달이 얼마나 어려운 것인지를 예로 들어 설명하는 것뿐이다. 언어라는 가장 보편적인 의사전달 수단이 있지만, 사실상 말이 통하지 않는 경우가 얼마나 많은가. 같은 말이라도 듣는 사람에 따라 다르게 이해되는 경우도 흔하다. 말 한마디가 천 냥 빚도 갚을 수 있지만, 전쟁을 일으킬 수도 있지 않는가!

간디는 누구보다 자신의 생각과 뜻을 다른 사람에게 전달하는 데 심혈을 기울인 사람이라 할 수 있다. 그의 사탸그라하 운동 자체가 의사전달 방법이고 대화의 기술이기 때문이다. 하지만 간디는 말을 잘 못했다. 그의 연설은 지금 들어봐도 그리 호소력이 없다. 그의 목소리도 좋지 못한 것 같다. 마치 글을 읽듯이 단조로운 음성에 발음도 정확하지 않고, 마이크 사용도 제대로 못하는 듯하다. 어려서부터 워낙 수줍음을 많이 탔고, 말재주가 없었다고 고백할 정도로 간디는 대중 연설에 소질이 없었다. 대신 그가 자신의 생각과 견해를 전달하는 데 가장 많이 사용한 방법은 글을 쓰는 것이었다. 그는 글이 갖는 위력을 잘 알고 있었고 이를 적절히 활용하기도 했다.

간디는 남아프리카공화국에서 「인디언 오피니언」을 창간했고, 「영 인디아」, 「나바지반」, 「하리잔」 등 여러 저널의 편집장을 맡기도 했다. 그래서 그를 저널리스트라고 지칭하는 것도 일리가 있다. 간디는 저널의 중요성과 대중적 영향력을 잘 알고 있었다. 동시에 저널이 미치는 부정적 결과, 특히 상업적 광고가 독자를 현혹시키는 문제도 잘 파악하고 있었다. 그래서 그는 그의 저널들에서는 상업적 광고를 싣지 않았다. 저널이 대중을 위한 봉사매체가 되어야 한다는 것이 그의 일관된 입장이었다. 그는 글로써 대중에게 호소했고, 그에게는 글이 대중에게 봉사하는 가장 효과적인 수단이었던 것이다. 간디에게는 말보다 글이 훨씬 더 중요하고 효과적인 의사전달 수단이었다.

"사실은 진리를 뜻한다"

간디는 정말로 많은 글을 썼다. 그의 글을 모은 전집은 수백 쪽의 책으로 100권이 넘을 정도다.[6] 단행본으로 발간한 책들 외에 여러 저널에 실은 글이나 지인에게 보낸 편지나 간략한 메시지 등등 간디는 글쓰기를 즐겨했다. 그리고 그의 글은 인도인들에게 많이 읽혔다. 그의 글 속에서 간디가 전달하고자 하는 의사는 매우 효과적으로 전달되었다. 그가 인도인들의 사랑을 받고 수많은 사람들을 그의 사탸그라하 운동에 참여시킬 수 있었던 것도 글을 통한 그의 의사전달에 의한 것이라 해도 결코 지나친 말이 아닐 것이다.

간디의 글은, 읽어본 사람들이 공통으로 말하고 있듯이, 매우 쉽다. 누구나 어렵지 않게 그의 글 내용을 이해할 수 있다. 외국인에게도 지명이나 인명 혹은 인도 고유의 용어(주로 힌두교 등 종교적 용어) 외에는 어려운 말이 없다. 또한 그의 글은 자신의 경험(실험)과 이해를 바탕으로 쓴 것이 대부분이다. 그만큼 그는 자신 있게 자신의 의사를 전달할 수 있었고, 자신의 실수와 잘못에 대해서도 솔직히 인정함으로써 보다 설득력 있는 견해를 제시할 수 있었다. 이러한 간디의 글쓰기 방식은 사실상 그의 삶의 방식과 같은 것이었으며, 그의 사탸그라하 운동에도 그대로 적용된 방법이기도 하다.

아마도 의사전달이 가장 힘든 때는 서로 갈등하고 다투는 상황에서일 것이다. 서로 대립하고 적대적인 경우에는 오해와 곡해가 난무할 수밖에 없고 자신의 주장만 내세우는 것이 상례다. 우리가 국회에서 여당과 야당이 싸우는 장면에서 늘 볼 수 있는 그러한 상황이다. 간디가 사탸그라하 운동을 할 때에도 대부분 그러한 상황이었는데, 간디는 그때에도 특유의 의사전달 방법을 효과적으로 활용했다. 그렇기 때문에 그가 이끈 사탸그라하 운동에서 가장 효과적인 의사전달 방법에 대한 시사점을 찾을 수 있을 것으로 본다.

간디는 사탸그라하 운동을 통해 정통 힌두교 신자들과 최고의 사제 계층인 브라만에게 불가촉천민의 의사를 전달했고, 공장주(사장)에게 노동자들의 의사를 전달했으며, 인도를 지배하고 있던 영국인들에게 인도인들의 독립 의사를 전달했다. 그러한 과정에서 많은 시행착오와 오산도 있었으나, 그러한 의사전달은 대부분 매우 효과적이었고 양자가 모두 만족할 만한 결과를 얻어냈다.

이러한 사탸그라하 운동들에서나 간디의 글과 행동에서 가장 두드러진 의사전달 방법은 사실에 입각하는 의사전달 자세였다고 본다. 간디가 변호사로서 제일 중요한 교훈과 확신을 얻게 되었다고 말한 남아프리카에서의 경험은 그로 하여금 사실facts이 지닌 힘을 알게 했고, 사실이 곧 진리satya, truth라고 고백케 했다.[7] 간디는 변호사로서 엄청난 금액의 송사를 맡게 되었다. 그가 원고의 변호사로서 승소할 수 있었던 것도 정확한 사실을 찾았기 때문이었다. 그래서 그는 "사실은 진리를 뜻한다. 우리가 진리 편에 설 때 법은 자연히 우리를 돕게 된다"고 술회하고 있다. 일단 사실이 명백히 드러나게 될 때 그 누구도 거부할 수 없고 법도 외면할 수 없다는 것이 간디의 생각이었다. 그리고 그것은 그의 사탸그라하 운동에도 그대로 적용되었다. 대체로 의사전달이 잘 안 되고 갈등하거나 다투게 되는 이유는 '사실'에 충실하지 않기 때문이다. 정확한 사실을 알고 그에 의거해 의사를 전달하는 것이 일차적으로 중요한 태도라고 할 수 있다.

사실은 진리로서 매우 강력한 힘이 있지만 의사전달은 일방적이어서는 안 된다. 상대방에 대한 배려가 없는 의사전달은 비록 사실이라 하더라도 받아들여지기 힘들다. 간디의 의사전달에서 사실 못지않게 중요한 것은 상대방에 대한 배려였다. 앞서 예로 든 소송사건에서 간디는 승소를 이끌어내어 그의 의뢰인은 거액을 받을 수 있게 되었다. 그러나 피고인 상대방은 그만한 금액을 배상할 수 있는 처지가 되지 못했다. 이때 간디는 원고와 피고를 모두 설득해 장기간 분납해서 배상토록 하는 방법을 받아들이도록 했다. 간디는 사탸그라하 운동에서도 상대방에 대한 배려를 매우 중시했다. 그렇기 때문에 사탸그라하 운동가들에게 진리와 모순되지 않는 한 요구를 최소한도로 줄이도록 거듭 강조했다.

한 사람이 할 수 있다면 누구나 할 수 있다

세 번째로 중요한 간디의 의사전달 방법은 그의 사탸그라하 운동에서 가장 중시했던 아힘사, 곧 비폭력이었다. 간디가 1930년에 사탸그라하 운동 자원자를 위한 규율을 만들면서 가장 강조했던 것도 비폭력이었다. 어떠한 경우에도 상대방의 공격을 공격으로 대응하지 않고 상대방의 분노에 대해 분노를 품지 않는 것이 그 핵심이었다. 그래서 분노로 인해 내려진 명령에는 복종해서는 안 되며, 상대방에게 모욕을 주거나 욕설하는 것도 금지했다. 오히려 생명의 위협을 무릅쓰고라도 상대방을 모욕과 공격으로부터 보호하라고 했다.

우리 주변에서는 의사전달 과정에서 화를 내거나 폭력을 행사함으로써 의사전달은 물론 소통조차 이루어지지 못하는 경우가 흔하다. 분노가 분노를 낳고 폭력이 폭력을 낳기 마련이기 때문이다. 일단 폭력이 발생하게 되면 모든 문제가 폭력으로 귀결되는 것도 상례다. 우리가 흔히 보듯이, 아무리 옳은 견해나 주장도 폭력으로 강요되면 폭력만 문제로 부각되고 견해와 주장은 아랑곳하지 않게 된다. 하지만 어떠한 경우라도 폭력을 배제하는 것이 간디의 의사전달 방법이었으니, 그 방법이 인도는 물론 세계를 감동시킨 것이리라.

끝으로, 모든 인간에 대한 깊은 신뢰가 있었기에 간디는 부단히 끈기를 갖고 상대방을 설득하는 노력을 할 수 있었으며, 그것이 그의 가장 근본적인 의사전달 방식이 될 수 있었다. 물론 간디에 대한 많은 비판 중에는 그가 인간을 지나치게 낙관적으로 보았다는 것도 포함된다. 그의 비폭력은 인간에 대한 낙관주의에 토대를 두고 있기 때문에 비현실적이라는 비판은 널리 알려져 있다. 간디의 피살을 염두에 두고 간디의 비폭력이 폭력에 의해 지고 말았다는 평가도 흔하다.

간디의 인간관은 그의 종교적 신념에 바탕을 두고 있다. 모든 인간에게는 신적인 본질이 있다는 것이 그의 신념이었다. 그는 힌두교에서뿐만 아니라 그가 탐구하고 경험한 모든 종교를 통해 그러한 신념을 갖게 되었다. 인간이 나약하고 불완전한 존재이지만, 아무리 악하고 폭력적이며 욕망에 사로잡힌 인간이라도 신이 부여한 신적인 본성이 있다는 것이 그의 확고부동한 신념이었다. 그래서 그는 "나는 한 사람이 할 수 있는 것이면 누구나 할 수 있다고 믿어온 사람"이라고 말할 수 있었다. 모든 인간에 대한 무한한 신뢰가 간디의 의사전달 방법의 근본인 것이다.

요컨대 간디에게 효과적인 의사전달은 이렇게 함으로써 가능했다. 곧 최대한 사실에 의거해 자신의 견해나 주장을 펼친다. 거짓말을 하거나 사실을 왜곡하지 않으며, 할 수 있는 한 자신의 모든 노력을 동원해서 정확한 사실을 파악한다. 동시에 상대방의 처지를 충분히 배려한다. 그러기 위해 요구사항이나 주장을 최소화한다. 어떤 경우에도 분노하거나 폭력을 행사하지 않고 어떤 폭력에도 비폭력으로 대한다. 그리고 인간의 선한 신적 본질을 믿고 인내하면서 끝까지 설득하고 기다린다. 이렇게 하면 서로 적대적인 사람들 사이에서도 의사가 전달되고 모두가 만족하는 원만한 해결책을 찾을 수 있다.

우리도 이러한 의사전달 방법을 한번 실험이라도 해보는 것이 어떻겠는가? 여당과 야당이, 노사가, 학생과 학교 경영진이, 진보와 보수가, 한국과 일본이….

진리와 정의에 대한 확신이 소통의 기술

—류경희

탁월한 의사전달자, 간디

간디의 리더십에 관해 책을 쓴 나자렛은 간디 리더십의 핵심을 11가지[8]로 요약한다. 그 중 하나가 의사소통 기술이다. 그는 간디를, 인간 내면에 이르러 심금을 울리는 그런 예술가적 천재성을 지닌 인물로 평가한다.(나자렛, 2013: 58) 저명한 칼럼니스트인 차크라바르티도 간디를 최고의 의사소통 능력자로 평가한다. 간디는 자신이 목표하는 바를 전달하기 위해 독자나 청중의 이해수준을 충분히 고려해야 한다는 것을 알고 있었고 투쟁의 형식과 목표는 물론이고 모든 캠페인에 사용하는 언어도 일반대중의 의식수준에 맞춰 선택했다는 것이다.(나자렛, 2013: 60) 이러한 평가는 간디가 인간의 내면에 가 닿는 호소력과 설득력은 물론 의사전달 대상에 맞는 의사소통 방식과 언어를 선택하는 치밀함을 지닌 인물임을 보여준다.

본래 간디는 수줍음이 많은 사람이었다. 수줍음 때문에 자신의 생각이나 의견을 표현하는 것을 힘들어했고 학교생활이나 대인관계에서도 어려움을 겪었다. 몇 사례를 들어보면, 영국 유학시절, 한 채식주의자 모임에서 발표를 하게 되어 있었는데 발표문을 준비해가고도 발표를 못해 다른 사람이 대독한 일이 있었고, 심지어는 변호사가 된 초기에 힘겹게 작은 소송사건을 맡고도 변론시간에 변론을 하지 못해 의뢰인에게 변호사 비용을 되돌려주어야 했던 일도 있었다.

이러던 간디는 남아프리카에서 유색인 차별을 체험한 후 남아프리카정부의 유색인 차별정책에 맞서 사띠아그라하 운동을 전개하면서 수줍음을 극복하고 탁월한 의사전달 능력을 보여주기 시작했다. 이후 간디는 자신의 생각, 신념, 추구하는 가치와 목표 그리고 그 목표를 달성하는 방법을 동료나 추종자 그리고 일반 대중들에게 알리거나 자신의 신념과 의도, 그리고 실천의지 등을 반대자나 적대자들에게 전달하는 방법을 창의적으로 찾아내는 데 탁월한 능력을 보여주었다. 이런 내적 변화가 갑작스러운 것으로 보일 수도 있겠으나 실은 간디 안에 내재해 있던 능력이 발현된 것이라고 볼 수 있다. 이후에도 간디는 경험을 통해 자신 안에 있는 놀라운 힘을 확인해가면서 인간 안의 신성을 확신하게 된 것으로 생각된다.

간디는 여러 다양한 비폭력 저항운동을 전개하면서 늘 자신이 전달하려는 내용을 가장 효과적으로 전달할 수 있는 방법을 찾아내려 했다. 그리고 자신이 찾아낸 다양한 방법 중에 그때그때 상황에 가장 적절한 방법을 택했다. 그는 자신과 견해가 다르거나 적대관계에 있는 사람이나 당국을 설득하기 위해 편지를 활용하고 또 자신의 생각, 신념, 계획 등을 대중들에게 보다 널리 알리기 위해 대중연설, 행진이나 순례, 기도모임을 활용하기도 했다. 또 여론을 불러일으키기 위해 신문이나 잡지 등에 기고하거나 직접 신문이나 잡지 등을 발행하는 등 언론 매체를 중요한 도구로 사용했다. 「영 인디아Young India」, 「인디언 오피니언Indian Opinion」, 「하리잔Harijan」과 같은 잡지발행이 그 예다. 그리고 단식은 간디가 자신의 의사전달이나 목표를 달성하기 위해 채택한 가장 강력한 방법이었다. 조직을 만드는 것도 생각을 널리 알리고 뜻을 실현하기 위한 수단이었다. 간디는 이러한 의사전달 방법들을 철저하게 비폭력과 관용정신에 입각해 확고한 신념과 용기 그리고 추진력을 가지고 사용했다.

한 예로 남아프리카의 나탈정부가 인도인들에게 부당

하고 차별적인 인도인 공민권박탈 법안을 통과시키려 하자 간디는 이에 대항해 사띠아그라하 운동을 시작했다. 간디는 먼저 당국에 부당함을 알리고 당국을 설득하기 위한 청원서를 500명의 서명을 받아 의회에 제출했다. 그럼에도 그 법안이 통과되자 간디는 포기하지 않고 남아프리카와 영국의 의회, 언론, 대중적 인지도가 높은 명사들에게 청원서나 편지 등을 보내 여론에 호소하는 캠페인을 벌였다. 그 결과 영국정부는 남아프리카의 나탈의회가 통과시킨 그 법안을 거부했다. 하지만 나탈정부가 계약 노동자들에게 인두세를 부과하기로 결정하는 등 다른 여러 제약들을 가해오자 간디는 '나탈 인도의회'를 조직하고(1894. 5) 잡지에 글을 기고하고 청원서를 내면서 여론을 또다시 불러일으키며 투쟁을 계속해나갔다.

또 간디는 남아프리카에서 인도인들의 동등한 시민권을 확보하기 위해 투쟁할 때도 자유와 평등을 얻기 위한 힘겨운 투쟁을 하려면 먼저 인도인 공동체의 단합과 조직강화 그리고 자기희생적 실천행동, 자신의 생각을 인도인 공동체에 알리는 의사소통 수단이 필요하다 생각해서 잡지(「인디언 오피니언」)를 발행하고(1904) 직접 쓴 글을 통해 인도인 공동체 전 구성원에게 투쟁의 목표와 단합된 행동전략을 알렸다. 그는 투쟁적인 언어보다는 온화하고 정중하되 단호하고 확신에 찬 표현으로 설득력 있게 글을 썼다.

간디가 인도에 돌아와 대영투쟁을 할 때는 더 다양한 방법이 동원되었다. 영국식민정부의 부당한 로울래트 법안에 대항할 때는 비협조운동을 벌였다. 학교, 법정, 의회 선거 등에 불참하고 외국상품 불매운동을 벌이는 방법 등으로 악의 세력에 협조하지 않겠다는 의사표현을 분명히 하고 식민정부를 무력화시키고자 했다. 대체작업을 할 국민교육기관과 국민법정 등도 세웠다. 간디는 사띠아그라하와 비협조의 메시지를 전파시키고 자신의 스와라즈(자치) 개념과 그것을 위해 필요한 개인적, 집단적 행동지침을 설명하기 위해 세 개의 주간지, 영어로 된 「영 인디아」와 힌디와 구자라띠로 된 「나바지반Navajivan」을 발행하기 시작했다. 이 잡지들을 통해 그의 메시지는 인도의 모든 벽지까지 전달되었다.

효과적인 소통을 위한 간디의 의사전달 기준

이렇듯 간디는 가장 효과적으로 의사전달을 할 수 있는 방법을 발견하는 탁월한 능력을 보여주었다. 그러나 이보다 더 중요한 점은 이러한 테크닉 이면에 자리하고 있는 간디의 자세와 기준이다. 효과적으로 의사를 전달하는 간디의 기준이나 자세들로 꼽아볼 수 있는 것은 진리와 정의로움에 대한 확신, 즉 대의에 대한 확신, 정당함에 근거하는 설득력과 공평함을 견지하는 태도, 진정으로 정의와 사랑에 입각한 이해요청, 양심에 호소하는 방법, 용기와 애정, 비판에도 열려 있는 자세로 소통하려는 태도, 나와 상대에 대해 동일한 잣대를 사용하는 것, 양심과 선한 인간성에 대한 호소, 침착함과 명료함 등이다. 이중 몇 가지 사례를 살펴보기로 하자.

먼저 진정으로 정의와 사랑에 입각한 이해요청이다. 간디가 영국을 방문했을 때 자신이 인도에서 외국상품 불매운동을 벌인 결과로 직물노동자들이 일자리를 잃고 고통을 받고 있던 랑카셔를 자청해 방문했다. 그는 그곳의 직물노동자들을 만나 그들의 질문을 받고 침착함과 진정어린 이해심을 가지고 대답했다. 간디는 그들에게 영국에는 300만의 실업인구가 있지만 인도에는 3억에 달하는 사람들이 실업상태에 있고 그들이 하루에 버는 평균수입은 영국인들이 받는 실업수당의 십분의 일조차 되지 않는다는 점을 알리고 신마저도 빵의 모습이 아니면 그들 앞에 감히 나타나지 않는다고 말했다. 이는 진정으로 정의와 사랑에 입각해 이해를 요청하는 것이어서 영국 직물노동자들은 간디의 진정성 있는 말에 동의할 수 있었다.

또 간디는 자신과 상대에 대해 동일한 잣대를 사용하며

비판에 열려 있는 자세로 소통하려는 태도를 강조했다. 그는 이렇게 말한다.

> 다른 사람들이 우리를 보듯이 우리 자신을 보는 것이 좋다. 우리는 결코 있는 그대로의 우리 자신, 특히 우리의 나쁜 측면을 제대로 알 수가 없다. 우리가 우리를 비판하는 이들에게 화를 내지 않고 그들이 무슨 말을 하든 좋은 심정으로 받아들여야만 우리 자신을 온전히 알 수 있다.(the Official Mahatma Gandhi eArchive)

간디는 또 이해관계가 극단적으로 대립되거나 야수적 인간성이 표출되는 상황에서는 용기와 애정을 가지고 자신이 인간의 본성이라고 믿는 선한 인간다움과 양심에 호소하는 태도를 택했다. 이 방법은 그가 힌두-무슬림 사이에 잔인한 상호 유혈폭동이 발생한 지역을 순례할 때 사용되었다. 간디는 힌두든 무슬림이든 잔인한 폭력으로 고통받고 있는 이들과 고통과 위험을 함께 나누려 했다. 그는 용기와 애정을 가지고 무슬림 다수지역으로 힌두에 대한 참혹한 살상이 발생한 노아칼리로 갔다. 그곳에서 상처받은 힌두들을 위로하며 용기를 불어넣고 적대감을 보이는 무슬림들에게 인내심과 용기를 가지고 그들 안의 인

간디움에 호소했다. 그 결과 일부 무슬림들의 마음을 돌리는 데 성공했다.

마지막으로 재치 있고 직관적이며 통찰력 있는 비유로 자신의 생각을 전달하는 간디의 감탄할 만한 화법을 보여주는 일화를 소개하고 싶다. 간디에 대한 한 강연에서 마두 교수가 전한 일화다. 마두 교수는 1947년에 있었던 극단적으로 대조되는 두 현상을 먼저 언급한다. 힌두-무슬림 간 유혈충돌사태로 암흑 상태에 빠져 있는 캘커타(현 꼴까따)에서 상처를 치유하고 폭동을 진정시키려 투쟁하고 있는 간디의 모습과 독립일을 바로 앞에 두고 불을 밝히고 있는 델리의 모습이다. 델리는 경축 분위기에 휩싸여 있었지만 독립을 앞두고 벌어진 인도와 파키스탄 분리 주장과 이어 발생한 힌두-무슬림 간 잔인한 유혈충돌사건들의 발생 그리고 분리독립의 결정 등, 인도의 운명이 간디가 전혀 원치 않는 방향으로 진행된 상황에서 간디는 극심한 고통을 경험하고 있었다. 마두 교수는 이런 상황에서 벌어진 한 사건을 다음과 같이 전한다.

독립일인 1947년 8월 15일 몇 주 전 네루와 빠뗄은 캘커타에 있던 간디에게 사절을 보내 독립행사에 참석해달라는 요청을 했다. 그들의 초청편지에는 이렇게 쓰여 있었다. '바뿌 당신은 국부이십니다. 독립일에 델리에 오셔서 저희를 축복해주셨으면 합니다.' 이에 간디는 "이 얼마나 어리석은 일인가! 벵갈이 불타고 있는 때에, 힌두와 무슬림이 서로를 죽이고 있고 암흑의 캘커타에서 그들의 고통의 외침을 내가 듣고 있는 때에 어찌 빛나는 불을 가지고 델리에 갈 수 있단 말입니까?", "나는 벵갈에 평화를 가져오기 위해 이곳에 있어야 하고 필요하다면 평화를 확실히 하기 위해 생명을 버려야만 합니다."

사절이 델리로 떠나는 날 아침, 간디는 그와 나무 아래에서 작별인사를 나누었다. 그때 낙엽 한 잎이 떨어졌다. 그러자 간디는 그것을 집어들어 사절에게 건네며 "델리로 가는 당신에게 네루와 빠뗄의 선물로 무엇을 줄까요? 나는 권력도 부도 없는 사람이니 나의 독립일 선물로 이 낙엽을 네루와 빠뗄에게 주세요." 이 말을 들은 사절은 눈물을 흘렸다. 그러자 간디는 유머러스하지만 그 안에 비장한 의미를 담아 이렇게 말했다. "신은 얼마나 위대하신지요! 신께선 간디가 마른 잎을 보내는 것을 원치 않으십니다. 신께선 그 잎을 적시셨습니다. 그 잎이 웃음으로 반짝이고 있으니 이 잎을 당신의 눈물로 흠뻑 적셔 선물로 가져가세요."(Gandhi's Human Touch, A Lecture by Prof. Madhu Dandwate)[9]

바람직한 경제란 무엇인가 ?

'모두의 복지'를 향한 진실과 정의의 경제원리

'모두의 복지'를 향한 진실과 정의의 경제원리

—류경희

간디 경제사상의 전제들

간디는 삶의 모든 영역에서 진리가 실현되기를 열망했다. 그래서 정치뿐 아니라 사회, 경제, 교육, 문화 등 삶의 모든 분야에 관심을 기울이며 비폭력의 원리를 적용하려 했다. 경제 분야에서는 특히 빈곤문제를 해결하는 데 주력했다. 간디는 빈곤문제(특히 대중의 빈곤)를 인도의 독립뿐 아니라 인도사회의 진보와 모두의 평등한 행복을 위해 반드시 해결해야 할 과제로 여겼다. 이 과제를 달성하기 위해 그가 제시한 경제사상과 실천방법은 오늘날의 경제이론이나 방법과는 큰 차이가 난다. 하지만 인도의 당시 경제상황을 고려하면 그것에 대한 이해가 가능해진다. 뿐만 아니라 그가 제시한 경제사상과 실천방법은 오늘날 경제활동이 지향하는 목표와 가치 그리고 그 가치를 달성하는 방법이 갖는 문제점을 성찰하게 한다는 점에서 중요한 의미를 갖는다. 그렇다면 간디가 생각했던 바람직한 경제란 어떤 것일까?

'간디식 경제학Gandhian Economics'이란 말은 간디의 지지자인 쿠마라파가 만든 용어로 간디의 사회-경제 원리들에 토대를 두는 경제사상이다. 간디식 경제학은 사회주의 원리나 목적과 유사한 점이 있다. 하지만 비폭력과 인본주의에 토대를 두고 있고 폭력적 계급투쟁을 거부하며 사회-경제적 조화를 추구한다는 점과 유물론을 거부하고 영적 발전을 추구한다는 점이 다르다. 즉 간디의 평등주의 개념은 물질적 발전보다는 인간의 존엄성을 보존하는 것에 초점이 맞춰져 있다. 이것이 간디의 경제사상이나 원리가 도덕적 가치에 토대를 두는 이유다.

간디는 경제분야에서의 모든 활동은 비폭력적이고 윤리적이며 진실해야 한다고 주장했다. 이를 위해 경제활동의 탈집중화decentralization, 신탁사상trusteeship, 노동중심 기술, 취약계층 우선시 등을 주장했다. 또 폭력적이 되지 않기 위해 필요한 만큼만 생산하고 착취에서 자유로운 경제를 추구했고 이를 위해 필요로 하는 것을 줄이고 스스로에게 의존할 수 있도록 계획된 삶을 촉구했다.[10)]

'간디 경제원리의 타당성을 위한 항변'이란 글을 쓴 빤디는 간디 경제사상의 전제를 6가지로 들고 있다. 1) 경제, 윤리, 정치, 종교는 분리할 수 없는 전체다. 2) 경제는 인간복지학이고 그 목표는 모두의 복지를 추구하는 사르보다야여야 한다. 진정한 경제학은 모두에게 똑같이 좋은 사회정의를 의미한다. 3) 인간요소를 간과하는 경제이론은 무의미하다. 4) 인간요소에 초점을 두는 인간복지 경제학은 집중화되지 않은 사회경제의 중요성을 함축한다. 즉 구성원들이 상호작용하며 자발적으로 협동하는 공동체 경제다. 5) 경제학은 스와데시(자치) 법칙을 존중해야 한다. 6) 합리성이 중요하며 신체, 마음, 영혼의 조화로운 행동을 추구한다는 것 등이다.(Pandey, 1990: 131~132)

한편 쁘라사드는 간디의 경제 기본목표를 사회정의와 인간발전으로 규정하고 이 목적을 달성하기 위해 간디가 채택한 방법을 6가지로 들고 이러한 방법들의 현재적 타당성을 평가한다.(Prasad(a), 1990: 84~94) 먼저 스와데시(자치)다. 이는 품질이 외국상품보다 떨어지는 경우에도 국내 생산품을 선호하는 것으로 효율에 근거한 현대의 성장개념과 합치하지 않는다. 둘째, 마을단위의 경제적 자기충족(자급자족) 개념에 대해서는 지역 간 경제의존이 증가하는 현 상황에서 자기소비를 위한 생산은 시장을 위한 생산으로 대체되고 있고 시장의 중요성이 증대되고 있어 사회정의나 인간발전 실현에도 기여하기 어렵다고 평가한다. 그는 이 개념을 지역생존 가능성의 측면에서 한 지역에 의한 다른 지역의 착취가능성 금지나 최소화 그리고 균형적 지역발전의 개념으로 해석한다면 적합성을 지닐 수 있다고 분석한다.

셋째로 기계사용 제한 개념을 든다. 간디가 기계사용 자체를 반대한 것은 아니지만 기계사용과 대량생산으로 인한 실업의 증가와 노동착취 그리고 소득과 부가 소수에 집중되어 소득이 불공평하게 분배되는 폐해에 근거해 반대했다. 기계화와 산업화가 지속적으로 진전되어온 상황을 고려할 때 이 개념 역시 타당성을 갖기 힘들 것 같다.

넷째, 경제력집중배제decentralization를 든다. 이 사상은 전 세계의 경제체제가 점점 더 집중화로 나아가고 있고 그로 인한 폐해(도시인구 포화상태, 환경오염, 사회긴장 등)가 커지면서 그 중요성이 자각되고 있으나 현실은 사기업 또는 혼합형 기업에서 결정자가 사회적 이해보다는 사적 이해에 근거해 결정하기 때문에 집중화가 보다 증가하고 있다는 것이다. 따라서 탈집중화 경제의 전망은 얼마만큼 사회적 고려에 근거해 결정을 하느냐에 달려 있다고 본다.

다섯째, 이와 관련된 간디의 개념으로 쁘라사드는 신탁사상trusteeship을 든다. 쁘라사드는 간디가 자기이해보다는 주로 사회적 이해에 관심을 기울였고 소비주의와 이것과 관련된 낭비가 인간의 과도한 자기이해에서 비롯된다는 점에서 모두의 복지를 추구한다면 간디의 관점은 타당하다고 평가한다. 복지경제를 국가가 주도할 수도 있으나 이 역시 여러 문제를 만들어낼 수 있으므로 간디는 개인의 경제사고에 사회적 관점이 확산되어야 하며 이를 위해 경제도 윤리적 토대를 지녀야 한다고 생각했다. 따라서 간디가 부자가 자신의 부를 사회의 이익을 위해 쓰도록 하는 신탁사상을 발전시켰다는 것이다. 쁘라사드는 그러나 간디는 자기이익을 추구하는 개인의 태도가 변화하지 않으면 어떻게 할 것인가에 대해서는 답을 주지 못했고 간디 자신도 경제에 대한 자신의 윤리적 접근의 실제 타당성을 확신하지 못했다고 평가한다.

여섯 번째로 드는 것은 빈부의 격차를 줄이는 사회정의와 자원보존을 위해 자발적으로 필요로 하는 것을 줄이는 것이다. 쁘라사드는 이 요소를 욕망과 소비를 부추기는 현대 소비주의 경향의 경제가 성찰해야 할 요소로 평가한다. 현대 소비주의 경제가 소비욕구를 자극해 소비를 증대시키고 불필요한 물품을 생산해 자연자원을 고갈시키며 부유층의 과시적 소비로 빈자층의 박탈감을 낳고 있다고 보기 때문이다.

간디 경제사상의 윤리적 토대

간디가 이러한 경제사상과 실천방법을 제시하게 된 배경은 1차적으로는 인도의 빈곤문제 해결이었다. 간디의 복지개념은 사르보다야 즉 '모두를 위한 복지'에 잘 담겨 있다. 간디가 주창하고 그의 경제사상을 따른 이들(비노바 바베가 대표적 활동가)이 펼친 사르보다야 운동은 토지재분배, 사회-경제개혁, 농촌산업 촉진을 통한 농촌인구의 자급자족을 추구한다. 이 운동은 산업화와 현대화를 버리고 농촌 삶의 방식과 가치의 보존을 통해 계급, 실업, 빈곤 문제를 해결하려 했다. 간디의 사르보다야는 러스킨의 책 『Unto This Last』에 영향을 크게 받았다. 그는 이 책을 읽고 크게 감명받아 후에 '사르보다야'란 제목을 붙여 러스킨의 저술의도와 내용을 번역해 담은 책을 출간했고 이 책이 후에 영어로 번역되었다(『Ruskin Unto This Last, A Paraphrase』, 1956). 이 책 서문에서 간디는 서구인들이 대체로 인간의 의무를 인류 대다수의 행복증진으로, 행복을 신체적 행복과 경제적 번성함을 의미하는 것으로 여긴다고 주장하고 이러한 행복추구는 도덕률을 때로 파괴하고 소수를 희생시킨다고 지적한다. 그는 이 책에서 도덕률에 순응할 때라야 행복할 수 있다는 러스킨의 생각에 동의하고 당시 인도인들이 서구를 모방하고 서구적 가치를 따르

는 문제를 지적한다.(Gandhi, 1956)

철저한 도덕주의자인 간디는 경제 역시 윤리성에 토대를 두어야 한다고 믿었기 때문에 일방이 다른 일방에 대한 착취나 희생이 존재하는 경제는 부도덕하다 여겼다. 그는 지나친 이윤과 필요 이상의 대량생산을 추구하는 경제형태는 빈부격차와 잉여생산으로 인한 자연파괴를 낳는 도덕성이 결여되고 파괴적인 경제형태라고 비판했다. 그래서 "한 나라가 다른 나라를 희생시키는 것을 허용하는 경제학은 비도덕적이다"라고 지적했다.(나자렛, 2013: 210)

간디는 인도 독립운동의 일환으로 인도의 극심한 빈곤 문제를 해결할 수 있는 경제적 자급자족의 길을 모색했다. 간디가 이상적으로 보는 경제는 사회구성원이 기본적으로 자급자족할 수 있는 마을단위의 자급자족 경제다. 이를 위해 유럽산 의류와 상품들이 대량실업과 빈곤의 원인이라 지적하며 스와데시swadeshi와 비협조운동 등을 전개시켰다. 그는 인도 내에 여러 아슈람을 세우고 자급자족형 공동체의 삶을 실험하기도 했다. 또 그의 사르보다야 정책은 각 마을의 발전된 농업과 소규모 면직산업을 통해 빈곤을 종식시키려는 것이었다. 간디는 급속한 산업화와 현대화에 반대했다. 간디는 이렇게 말한다.

마을이 소멸하면 인도도 소멸할 것이다. 인도는 더 이상 인도가 아닐 것이다. 마을이 더 이상 착취당하지 않을 때에만 마을의 부활이 가능하다. 대규모로 이루어지는 산업화는 필연적으로 경쟁과 마케팅이 개입되어 마을착취로 이끌 것이다. 그러므로 우리는 주로 사용할 물품만 제조하는 마을에 집중해야 한다. 이런 마을산업 성격이 유지된다면 현대기계의 사용을 반대하지 않는다. 단 그것이 착취의 수단으로 사용되어서는 안 된다.[11)]

인도 그리고 세계의 경제헌법은 모든 이들이 음식과 의복 문제로 고통받지 않게 하는 것이다. 즉 이 두 요소를 충족시킬 수 있는 일자리를 얻을 수 있게 해야 한다. 이 이상은 생필품의 생산수단이 대중의 손에 있어야만 실현가능하다. 신의 공기와 물이 그렇듯이 모두가 자유롭게 먹고 입을 수 있어야 한다. 이것이 착취의 수단이 되어서는 안 된다. 음식이나 의복을 특정 국가나 집단이 독점하는 것은 정당하지 않다. 이 단순한 원리를 간과하는 것이 오늘날 우리가 인도와 세계 다른 지역에서 목도하는 궁핍의 원인이다.(*SB*, 40, Kripalani, 1960에서 재인용)

즉 간디는 먹고 입는 문제를 우리가 물과 공기를 언제

든 자유롭게 마시고 쉴 수 있는 것같이 모든 이들이 자유롭게 누려야 할 기본요소로 보고 있다. 따라서 이 두 요소를 특정집단이 타자를 착취하는 수단으로 삼는 것은 부당하며 이는 생필품 생산수단을 특정집단이 독점하고 있는데 기인하므로 생산관련 권한을 대중들이 행사할 필요가 있다는 주장이다. 그리고 이것이 바로 경제영역에도 도덕적 가치가 적용되어야 할 이유이고 또 그래서 비폭력 원리가 경제영역에도 적용되어야 할 이유라고 지적한다.

단 한 사람으로부터 시작되는 헌신

나자렛 역시 간디가 경제분야에서도 도덕적 설득을 매우 효과적인 도구로 믿었다고 지적하고 그 좋은 사례로 간디의 제자인 비노바 바베의 토지기부 운동을 들고 있다.(나자렛, 2013: 211~212) 그는 또 간디식 경제학을 정립한 인물로 제자인 쿠마라파를 꼽는데 그는 간디와 마찬가지로 이윤추구나 대량생산을 하지 않는, 마을에 기초한 봉사형 경제만이 완전한 고용과 사회복지, 자연보존과 진정한 민주주의, 평화를 보장한다고 보았다. 그리고 이윤과 대량생산을 추구하는 서구문명을 아름답게 치장되어 있기는 하지만 수액이 없어 곧 말라버릴 뿌리 잘린 크리스마스 트리에 비유했다.(나자렛, 2013: 212)

또한 그는 오늘날 많은 경영자들이 간디의 경제방법론에 동조하거나 그것을 경영에 반영하고 있다고 지적하고 대표적인 인물로 타타를 들고 있다. 타타는 자신이 간디의 경제이론을 신조로 삼고 있음을 밝히고 있다. 또 오늘날 인도에서 노동자가 회사자본을 소유하기도 하고 기업의 사회적 책임이 기업 지배구조의 통합적 요소로 간주되면서 자본과 노동의 명확한 구조가 사라짐에 따라 간디의 경제방법론을 받아들이는 기업들이 늘고 있다고 지적한다. 그리고 대표적 회사로 IT업체인 인포시스와 위프로를 들고 있고 기업의 사회적 책임과 기여를 잘 보여주는 대표적 사례로 타타 제철공장과 인도의 대표적인 철강도시로 타타 제철의 대규모 공장이 들어서 있는 잠셰드푸르시를 꼽는다.(나자렛, 2013: 215)

하지만 현재 인도의 전반적인 경제상황은 마을중심의 생산과 교역을 강조하는 간디의 경제이론이나 이상과는 전혀 반대방향으로 나아가고 있다. 1991년부터 인도는 세계화를 추진하고 이를 위해 외국 기업들을 유치해 경제성장을 이루려는 정책을 펼쳐왔다. 나자렛은 그 결과 인도 내 생산의 광범위한 민영화와 인도기업들의 거대기업화 작업이 급속히 진행됨으로써 다른 세계화된 국가들과 마찬가지로 빈익빈 부익부 현상이 가속화되었다고 지적한

다.(나자렛, 2013: 262)

간디의 경제사상은 사회주의와의 유사성으로 자유시장 경제학의 비판을 받기도 한다. 하지만 일반적으로는 주류 경제이념의 대안으로, 빈곤, 사회충돌, 후진계급의 문제를 없앨 수 있는 인간발전을 강조하는 경제로 간주된다.[12)] 간디가 그리는 이상사회는 이런 사회다. 각 사회구성원이 자기노동의 대가로 필요한 만큼 먹고살며 잉여축적을 하지 않는 사회, 또 각자가 이기심 없이 자신의 의무를 수행하고 자신의 지식과 기술을 대중봉사에 쓰는 사회다.

간디 말년에 그의 고독한 순례를 수행하던 마누가 도덕적으로 추락한 동포들에게 이토록 높은 도덕기준을 제시하는 것에 놀라 그 근거를 물었다. 그러자 간디는 단 한 사람만 시작하면 그 효과가 다른 사람들에게 미치게 될 것이니 결코 절망하지 말고 계속해 노력할 것을 강조했다.(Gandhi, 1964: 176~77) 간디는 그 한 사람의 모범이 되는 인물이 되고자 했고 이러한 믿음이 그로 하여금 생애를 통해 가장 고통스러웠던 시기인 말년에도 인도와 인도국민들을 위해 자신을 헌신하는 삶을 살 수 있게 해주었다.

아름다움이란 무엇인가 ?

진리 또는 신에 이르는 길로서의 예술

진리 또는 신에 이르는 길로서의 예술

—류경희

진리가 곧 아름다움

사람들은 아름답게 느껴지는 것들에 감탄하고 그 아름다움을 표현하고 싶어 한다. 그리고 스스로 아름다워지려 열망하기도 한다. 이처럼 아름다움 역시 사람들이 살아가며 추구하는 가치 가운데 하나다. 우리는 아름다움을 표현하는 행위를 예술이라 부르고 그 행위자를 예술가라 부른다.

여러 주제를 가지고 간디에 다가가면서 되풀이해 느끼는 것은 간디에게는 삶의 모든 영역과 행위가 궁극에 가서는 진리추구에 가 닿는다는 것이다. 예술에 있어서도 마찬가지다. 간디는 모든 예술행위와 작품들은 그 자체로 아름다운 것이 아니라 그것이 진리를 담고 있거나 진리를 추구하는 행위와 관련될 때 아름다울 수 있다고 주장한다. 그렇기 때문에 간디는 첫 번째로 추구해야 할 것으로 진리를 꼽고 다음으로 아름다움과 선함을 꼽는다.(*YI*, 20 Nov. 1924) 간디는 진리 안에 아름다움이 있으며 진리가 곧 아름다움이라 말한다.[13)]

> 나는 진리에서 또는 진리를 통해 아름다움을 보고 발견한다. 모든 진리, 그러니까 진정한 사상뿐 아니라 진실어린 얼굴, 그림, 노래가 모두 매우 아름답다. 사람들은 대개 진리 안에 있는 아름다움을 보지 못한다. 보통사람들은 진리에서 멀리 벗어나 있어 아름다움 안에 있는 진리를 보지 못한다. 진리에서 아름다움을 보기 시작할 때 거기서 예술이 생겨날 것이다.(*YI*, 13 Nov. 1924: 377 ; *MM*, 116)

> 진정한 예술가에게는 외양과는 상관없이 영혼 안에서 진리로 빛나는 얼굴만이 아름답다. 진리를 떠나서 어떤 아름다움도 존재하지 않는다. 반면에 진리는 외양으로는 아름답지 않은 모습으로 자신을 드러낼 수도 있다.(*YI*, 13 Nov. 1924 ; *MM*, 116)

이처럼 미와 예술을 진리를 담고 있는 것, 진리를 표현하는 것으로 보았기에 간디는 예수와 무함마드를 최고의 예술가라 부른다. 그들이 진리를 보고 그것을 표현해냈기 때문이라는 것이다. 그리고 자신 역시 진리와 미를 갈망하며 그것을 위해 살고 또 죽을 것이라 말한다.(*YI*, 20 Nov. 1924: 386) 따라서 간디의 예술개념은 아름다움 자체를 추구하는 현대적 의미의 예술개념과는 다르다. 오히려 간디는 그러한 예술형태에 의미와 가치를 부여하지 않는다. 그는 예술은 내·외적 측면을 지니며 예술행위와 작품이 그 이면에 진리나 신을 담고 있을 때, 그리고 진리실현이나 자아실현에 도움을 줄 때 예술로서 가치가 있다고 주장한다.

> 사물에는 내·외적 두 측면이 있다. 외적 측면은 그것이 내적 측면을 돕지 않는다면 아무런 의미가 없다. 그래서 모든 진정한 예술은 영혼의 표현이다. 겉으로 드러난 모습은 그것이 인간의 내적 영혼을 표현할 때에만 가치를 지닌다.(*YI*, 13 Nov. 1924: 377)

> 모든 진정한 예술은 영혼이 그 내적 자아를 실현하도록 도와야 한다. 나의 경우는 외적인 모습과는 전혀 무관하게 영혼을 실현할 수 있다는 것을 발견했다. 그래서 나는 여러분이 나에게서 예술작품이라 부를 만한 것을 찾아볼 수 없다 하더라도 나의 삶에는 진정으로 역할을 하는 예술이 있다고 주장할 수 있다.(*YI*, 13 Nov. 1924: 377)

간디는 자연의 아름다움도 신 또는 진리와 연관지어 이해했다. 그는 석양이나 한밤에 별들 사이에서 빛나는 초승달 같은 자연의 아름다움은 그 뒤에 존재하는 창조자를 생각하게 하기 때문에 진실한 것이라고 말한다. 그는 석양이나 달의 아름다움에 감탄할 때 자신의 영혼이 창조주를 더욱더 숭배하게 되며 만일 그것들이 자신이 창조주를 생각하도록 돕지 않는다면 단순한 장애가 될 것이라고 고백한다. 영혼의 비상에 장애가 되는 무엇이든 구원의 길을 방해하는 미혹이며 덫이라는 것이다.(*H*, 13 Nov. 1924: 379 ; *MM*, 117) 그는 또 이렇게도 말하고 있다.

> 나의 방에는 벽이나 천장이 없을 수도 있다. 그래서 머리 위로 무한히 펼쳐진 별이 반짝이는 하늘을 바라볼 수도 있다. 온갖 별들이 빛나는 하늘을 올려다볼 때면 나는 '예술가가 과연 내 앞에 펼쳐진 이 파노라마 같은 광경을 줄 수 있을까?'라는 의문이 든다. 그렇다고 일반적으로 받아들여지는 예술작품의 가치를 인정하지 않는다는 뜻은 아니다. 다만 개인적으로 그러한 예술작품들을 자연에 있는 영원한 아름다움의 상징들과 견주는 것이 얼마나 부적절한가를 느낄 뿐이다. 인간의 예술작품은 영혼이 자아실현을 향해 나아가도록 도울 때만이 가치를 지닌다.(*YI*, 13 Nov. 1924

; *MM*, 115~116)

진리를 표현할 수 있는 사람이 예술가

간디는 예술가도 같은 관점에서 이해했다. 그는 진리를 볼 수 있고 그 진리를 표현해낼 수 있는 사람을 예술가로 평가한다. 다음과 같은 그의 언급은 이를 잘 보여준다.

소크라테스는 당대 그리스에서 가장 진실한 인물이었으나 가장 추한 외모를 가졌던 것으로 알려져 있다. 내 마음에서 소크라테스는 아름다운 사람이었다. 그의 모든 생애를 진리를 추구하며 살았기 때문이다. (기원전 5세기의 그리스 예술가였던) 피디아스Phidias가 예술가로서 드러난 형상에 있는 아름다움을 보는 데 익숙했음에도 소크라테스에게 있는 진리의 아름다움을 볼 수 있었다는 것을 기억해보라.(*YI*, 13 Nov. 1924: 377)

나는 스스로 예술가라 칭하고 또 예술가로 인지되면서도 작품에서는 높은 곳을 향해 부단히 올라가려 열망하는 영혼의 흔적이 전혀 보이지 않는 많은 이들을 알고 있다.(*YI*, 13 Nov. 1924) ; 진정한 예술은 형상뿐 아니라 그 뒤에 있는 것에도 주의를 기울인다. 생명을 빼앗는 예술이 있고 생명을 주는 예술이 있다. (…) 진정한 예술은 예술가의 행복과 만족 그리고 순수함의 증거여야만 한다.(*YI*, 11 Aug. 1921: 253 ; *MM*, 118) ; 나는 음악과 다른 모든 예술들을 사랑한다. 하지만 사람들이 일반적으로 그러한 예술에 부여하는 그런 가치를 두지는 않는다. 예를 들어 그 예술을 이해하려면 기술적 지식이 필요한 그런 예술활동의 가치를 인정할 수가 없다.(*YI*, 14 March 1929)

간디는 이렇게 예술의 외적 측면이 아니라 내적인 측면을 중시하고 예술 그 자체가 아니라 진리 또는 신에 이르는 길로서의 예술에 가치를 부여한다. 사실 이러한 예술관이 간디만의 독특한 것은 아니다. 인도의 전통적인 예술관과 맥을 같이하고 있다. 인도에서 예술은 전통적으로 종교적 성격을 강하게 띠어왔다. 예술의 여러 분야들이 일종의 종교적 의례로서 즉 종교행위의 일환으로 발전되어온 측면이 강하다. 즉 최고의 종교적 경지 또는 신에 이르기 위한 통로로서의 의미가 있다.[14] 이 특징은 진리 또는 신 그리고 자아의 실현을 삶의 목표로 삼았던 간디에게서도 그대로 드러나고 있다.

정결한 삶이 곧 최고의 진정한 예술

간디는 예술을 위와 같은 관점에서 바라보았기 때문에 내적 정결함(또는 순수함)을 유지하는 삶을 아름다운 예술로 보았다. 그는 정결한 삶이 곧 최고의 진정한 예술이라고 말한다(*MM*, 118). 그리고 자신의 삶이 다 되어가면서 경험을 통해 순결한 삶이 가장 진실한 예술이자 최고의 예술이라 말할 수 있다고 확신을 가지고 강조한다. 잘 갖춰진 목소리로 좋은 음악을 만들어내는 예술은 많은 이들이 해낼 수 있지만 정결한 삶의 조화에서 좋은 음악을 만들어내는 일은 아주 드물게만 가능하다는 것이다.(*H*, 19 Feb. 1938: 10) 더 나아가 그는 삶은 모든 예술보다 위대하며 그의 삶이 완전함에 가장 근접한 사람이 가장 위대한 예술가라고 선언한다.(*MM*, 118) 그리고 진정한 미는 결국 정결함에 있다고 말한다.

간디의 이러한 관점은 예술이 소수 예술가들의 전유물이 아니라 모두에게 열려 있어야 하며 대중에게 실질적으로 도움이 되는 예술을 지향해야 한다는 견해로 이어진다. 간디는 수백만의 사람들에게 말을 걸 수 있는 그런 예술과 문학을 원한다고 말한다.(*H*, 14 Nov. 1936: 135) 또 "우리는 아름다움에서 진리를 볼 수 있는 그런 방식으로 아름다움을 인식하는 훈련을 수백만의 사람들에게 시킬 수가 없다. 그러므로 그들에게 먼저 진리를 보여준다면 그들도 이어 진리를 보게 될 것이다. 내 마음에는 기아에 허덕이고 있는 수백만의 사람들에게 유용한 것이라면 무엇이든 아름답다. 오늘 삶에 꼭 필요한 것들을 먼저 주기로 하자. 그러면 삶의 모든 우아함과 장식들이 뒤따를 것이다"라고 말한다.(*YI*, 20 Nov. 1924: 386) 즉 사람들에게 도움이 되고 실제적 효용성을 지니는 것들 역시 아름다움이라 보는 것이다.

> 왜 당신은 식물 빛깔의 아름다움을 볼 수 없는가? 하늘에도 아름다움이 있건만 당신은 단지 시각작용으로 나타나는 환영인 무지개 빛깔을 보고 싶어 한다. 우리는 아름다운 것은 유용할 필요가 없고 유용한 것은 아름다울 수 없다고 믿도록 가르침을 받아왔다. (그러나) 나는 유용한 것이 또한 아름다울 수 있다는 것을 보여주고 싶다.(*H*, 7 April, 1946: 67)

따라서 간디에게 아름다움 자체의 추구는 무의미한 것이었다. 그가 중시했던 것은 예술의 외적 형식이 아니라 예술이 담고 있는 진리와 그것의 진리실현 기능이었다고 할 수 있다.

간디에게 묻고 싶은 질문과 답 19

진정한 비폭력이란 무엇인가 ?

사랑에 바탕을 두는 삶의 보편원리

사랑에 바탕을 두는 삶의 보편원리

—류경희

비폭력은 최고 질서의 능동적 힘

간디 하면 떠오르는 가장 대표적인 말은 아마도 비폭력 즉 아힌사일 것이다. 어떠한 상황에서도 폭력을 금하고 오직 비폭력의 방법으로 목표를 달성하려 하는 비폭력주의는 간디사상의 근간이자 삶의 원리였다. 간디는 비폭력을 사랑에 바탕을 두는 삶의 보편원리로 보았다. 그렇기 때문에 정치, 사회, 경제 등 삶의 모든 분야에 비폭력을 적용할 수 있다고 믿었고 자신이 추구하는 진리에 도달할 수 있는 유일한 길이 이 비폭력의 길이라고 확신했다. 간디의 진리와 비폭력 개념은 분리하기 어려운 개념이다. 진리가 목적이라면 비폭력은 그 목적을 달성하는 수단이라고 할 수 있다.

간디의 비폭력 개념은 수동적이거나 나약한 힘 또는 무

저항으로 오해되기도 했는데 이에 대해 간디는 비폭력이 오히려 능동적이고 적극적인 힘이자 강력한 저항의 무기임을 역설했다. 간디는 비폭력에 대해 이렇게 말한다.

> 비폭력은 적극적인 힘으로 나약함이나 소심함의 여지가 없다.(*YI*, 16 June 1927 ; *MM*, 67) ; 비폭력은 최고 질서의 능동적 힘이다. 영혼의 힘, 또는 우리 안에 있는 신의 파워다.(*H*, 12 Nov. 1938 ; *MM*, 65)

간디는 폭력을 야생동물의 법칙으로, 비폭력을 인류의 법칙으로 인간 안에 있는 영혼의 힘이자 신의 능력으로 규정한다. 그리고 자연법칙에 부합하는 유일한 행동을 비폭력적 행동으로 보고 있다.(간디, 1997: 142~146) 간디는 비폭력이 결코 도피나 나약함이 아니며 폭력보다도 훨씬 많은 용기를 필요로 하는 것임을 역설한다. 비겁함을 없애고 자기행동을 스스로 조절하며 언제라도 희생할 준비를 해야 하고 겸허해야 한다는 것이다. 그는 도피와 폭력 가운데 하나를 선택해야 한다면 비겁한 도피보다는 오히려 폭력을 선택하겠다고까지 말한다.(간디, 1997: 150~151) 그는 비폭력이 갖는 강력한 힘을 '악에 대한 능동적인 저항방법', '인류가 행사할 수 있는 가장 위대한 능력', '인간이 고안한 어떤 무기보다 강한 것', '폭력의 위협에 대항할 수 있는 유일한 해결방법' 등 여러 가지 표현을 통해 전달하려 애를 썼다.(간디, 1997: 152~157) 그리고 폭력의 상징은 무기이나 비폭력의 방패는 신이라 말했다.(간디, 1997: 160)

간디는 비폭력을 세상을 지탱하는 보편법칙으로 이해했기 때문에 개인적 차원뿐 아니라 국가와 같은 집단적 차원에서도 실천될 수 있다고 믿었다. 이것이 그가 정치의 영역에도 비폭력의 원리를 적용하려 시도했던 이유다. 간디가 이상적으로 그리는 국가는 국가조직이나 정치권력이 존재하지 않는 국가형태다. 하지만 이러한 형태의 국가가 현실화되기는 어렵다고 보고 통제를 최소화하는 정부를 좋은 정부로 보았다.(간디, 1997: 165) 간디는 인간에게 영혼이 있는 것과는 달리 (인위적 조직인) 국가에는 영혼이 없으므로 폭력에서 자유로울 수 없고 국가권력은 중앙집권화되는데 중앙집권화된 체계는 비폭력 구조의 사회와는 공존할 수 없으므로 지방분권화가 필요하다고 주장한다.(간디, 1997: 169~172) 이것이 간디가 마을단위의 소집단들이 비폭력원리에 기반을 두고 자발적으로 협조하며 생활환경을 가꾸어나가는 사회를 이상사회로 그린 이유다.(간디, 1997: 167)

간디는 이처럼 삶의 모든 영역에서 비폭력을 실천하는 것을 강조하고 무엇보다 자신의 삶에 이 비폭력의 원칙을 철저하게 적용시키려 했다. 하지만 불가피하게 폭력을 선택해야 하는 경우에 예외적으로 폭력을 허용하는 언급을 하기도 했다. 예를 들어 "전 인류를 무기력하게 하기보다는 차라리 폭력의 사용을 권하겠다." 또는 "비겁과 폭력 사이에 선택해야 한다면 폭력을 택하라 할 것이다"와 같은 언급이다.(간디, 1997: 170) 간디도 삶에는 폭력이 존재할 수밖에 없다는 걸 인정하고 폭력의 최소화를 추구하려는 것이라 볼 수 있다. 이는 비폭력을 황금률로 신봉하는 자이나교가 수행자들에게는 철두철미한 비폭력의 실천을 요구하지만 일반신도들에게는 폭력을 최소화하는 삶의 방식을 택하도록 요구하는 것과 같은 맥락이라 할 수 있다.

비폭력의 실천으로서의 사띠아그라하

간디는 자신의 비폭력주의를 적용한 구체적인 실천방법을 비폭력 행동의 한 형태라 할 수 있는 사띠아그라하로 불렀다. 이 말의 뜻은 '진리의 힘'이지만 간디가 사용하는 의미로는 '진리의 고수를 통해 생겨나는 힘'이 될 것이다. 우리말로는 흔히 진리를 확고히 잡는다는 의미로 '진리파지'로 표현해왔다.

마크 쉐퍼드는 '간디와 그의 신화'란 글[15]에서 간디가 실천적으로 주도했던 비폭력적 대중운동으로서의 사띠아그라하 운동을 서로 중복되는 두 유형으로 구분해 설명한다. 첫째 형태는 영국식민정부에 대항한 시민불복종이다. 간디의 방법은 반대자들의 마음을 변화시켜 그들을 이기는 것이었는데 그의 시민불복종운동이 모두 이런 방식으로 승리를 거둔 것은 아니라고 지적한다. 간디와 그의 추종자들은 온건한 형태로 법을 어기고 체포되어 투옥되는 과정을 기꺼이 받아들였다. 이러한 형태의 저항이 간디와 협상을 하도록 정부 지도자들에게 압력을 가했는데 여기서 마음의 변화를 일으킨 이들은 반대자보다는 대중들이었다는 점과 반대자들을 압박하는 힘이 간디 진영에서 직접 나오기보다는 대중에게서 간접적인 강요 형태로 나왔다는 점에 주목할 필요가 있다고 말한다. 하지만 직접적인 방법보다는 부당한 법만을 지키지 않는다거나 신체적으로 막는 것, 거친 말, 재산파손과 같은 간접적인 방법으로 영향을 미치는 것이란 점에서 기본원리는 같다고 보고 있다.

둘째 형태는 비협조다. 스트라이크, 경제적 보이콧, 세금납부 거부와 같은 행동을 통해 부당함과 부정의를 행하는 반대자에 대한 협조를 거부하는 것이다. 여기서도 간디의 추종자들은 맞거나 투옥되거나 재산몰수를 당했고 이러한 자발적 고통이 마음의 변화를 불러오길 기대했다고 지적한다. 그러나 그런 비협조 역시 반대자의 마음을 바꾸지는 못했고 호소보다는 대중들의 힘이 영향을 미쳤다고 지적한다. 힘은 독재자에게 있는 것이 아니라 국민에게 있다는 것, 즉 국민의 협조 없이는 어떤 정부도 기능을 할 수 없다는 것, 이것이 간디의 파워 개념이었다고 보고 있다. 결국 간디는 대의를 위해 목숨을 기꺼이 바치는 것을 자신에게도 비폭력 활동가들에게도 적용시켰다. 다만 차이는 타인에게 상해를 가하는 것이 아니라 자발적 고통이라 할 수 있다.

간디에 따르면 사띠아그라하 운동은 끊임없는 진리추구이며 진리에 이르려는 결의다. 이 운동에는 어떤 형태의 폭력도 용납되지 않는다.(간디, 1997: 199) 간디는 사띠아그라하가 '강하고 능동적인 힘'이자 '삶의 보편원리'로서의 비폭력의 구체적 실천방법이므로 누구나 실천할 수 있고 삶의 모든 영역에서 사용할 수 있는 것이라고 확신했다. 그는 이렇게 말한다.

> 그것(사띠아그라하)은 개인과 공동체가 모두 사용할 수 있는 힘이고 정치뿐 아니라 가정사에도 사용할 수 있다. 이

런 보편적 적용성이 사띠아그라하의 영구성과 무적성을 말해준다. 그것은 남녀노소 모두가 사용할 수 있다. 폭력에 폭력으로 대응할 수 없는 나약한 사람만이 사용할 수 있는 힘이라고 말하는 것은 전혀 진실이 아니다.(*YI*, 3 Nov. 1927 ; *MM*, 71)

간디는 진리를 따르는 사람인 사띠아그라히satyagrahi를 다음과 같은 자질의 사람으로 기술한다. "모든 것의 근본인 신과 인간성의 선함을 믿고 육체에 대한 집착에서 벗어나 죽음을 두려워하지 않으며 대의를 위해 희생할 준비가 되어 있고 생각, 말, 행동으로 비폭력 원칙을 지켜내는 사람이다."(간디, 1997: 202~205)

비폭력이 삶의 보편적 원리가 될 수 있을까?

폭력을 최소화할 당위로서의 비폭력 실현

폭력을 최소화할 당위로서의 비폭력 실현

—류경희

비폭력의 목표는 '모두의 복지를 위한 진리 실현'

간디는 비폭력은 모든 것을 변화시킬 수 있는 힘을 지니고 있고 그 힘에는 한계가 없다고 믿었다. 비폭력에 대한 간디의 이러한 신념은 그의 성장과정과 신앙을 통해 형성되었다. 그의 가족은 힌두교 중에서도 비슈누파에 속해 있었고 그가 자라 성장한 지역에는 자이나교도 널리 퍼져 있었다. 이 두 신앙에서 아힌사 곧 비폭력은 핵심적인 가르침이었다. 그가 철저히 채식만을 고집했던 것도 일체의 생명체를 살상하는 것을 금하는 이 가르침에서 싹트게 된 것이다. 따라서 남아프리카에서의 유색인종 차별정책과 영국의 식민지배에 대한 비폭력 저항운동은 간디가 이미 개인적인 삶의 차원에서 실천하고 있던 생활윤리를 대중적이고 사회적인 차원으로 확대시킨 것이라 볼 수 있

다.(류경희, 2013)

간디는 완전하게 마음이 정결한 사람은 어떤 치명적인 무기로도 몰락시킬 수 없다고 믿었다. 이 믿음은 『바가바드기따』 사상의 영향을 받은 것으로 보인다. 간디는 위대한 인물의 생애와 가르침 그리고 세계의 주요 종교들을 깊이 연구하기 시작하면서 인간의 삶과 죽음, 영혼과 재생 그리고 다른 여러 것들에 대해 많은 의문을 가지게 되었고 이때 힌두교의 주요 경전으로 이후 그의 행동지침서가 된 『바가바드기따』를 탐구하게 되었다. 그에게 『바가바드기따』는 모든 경우와 모든 어려움에 대한 해답을 담고 있는 문헌이었다. 『바가바드기따』를 통해 간디는 악에 대한 선의 승리는 폭력을 통해서가 아니라 욕망 없는 행위 즉 결과에 집착하지 않는 행위(까르마 요가)를 통해 이루어질 수 있다는 확신을 갖게 되었다.[16] 간디는 또한 『바가바드기따』에서 사회를 유지하고 자연을 보존하는 큰 대의를 위해 사회 속의 모든 인간이 자기 역할을 충실히 하며 살아가는 스와다르마swadharma(자기의무)를 수행해야 한다는 가르침을 얻었다. 간디는 이를 야겨(희생)의 정신으로 불렀다.

따라서 간디가 생애를 통해 추구했던 목표는 '모두의 복지를 위한 진리(정의)의 실현'이었다. 간디에 따르면 신은 진리이고 진리는 신이며 하나이다. 진리는 또한 우주의 법칙이자 도덕률이다. 그러므로 모두의 복지가 개별존재의 복지를 가능하게 한다. 또한 인간은 모두가 동등한 존엄성과 권한(그리고 의무)을 갖는다.[17] 그러므로 우주, 한 국가, 한 사회의 일부에 부와 복지 그리고 권한이 집중되는 것은 정의로움에 위반되며 그러한 것들이 균등하게 부여되는 것이 이상사회이자 국가라는 것이다.

이 목표를 달성하는 방법으로 간디가 택한 것이 바로 비폭력에 토대를 두는 사띠아그라하다. 모두의 복지를 실현하기 위해서는 부당한 착취와 억압에 맞서 싸우는 것이 필요하고 이는 정의(진리)를 위한 정당한 투쟁이다. 그러나 이 투쟁은 폭력적인 방법을 사용해서는 안 된다. 목표와 달성방법이 다른 것이 아니므로 정당한 목표는 정당한 방법(수단)으로 달성되어야만 하며 정당치 못한 방법으로 달성된 목표는 결국 정당한 목표일 수 없다는 것이다. 간디는 어떤 상황과 경우에도, 예를 들어 적이나 반대자에게도, 자신이 불리한 상황에서도 진리의 자리에 서서 판단하고 행동해야 한다고 주장했다. 즉 진리에 확고히 선다는 것은 비폭력적이 된다는 것을 의미하고 비폭력은 상대에 대한 사랑이 바탕이 될 때 가능해진다고 보았다. 그러므로 간디에게 진리, 신, 비폭력, 사랑은 서로 바뀌어 쓸

수 있는 용어들이다.

사띠아그라하의 구체적 실천

그렇다면 간디는 이러한 자신의 사상과 믿음을 삶의 구체적인 상황에서 어떻게 실천했을까? 간디는 남아프리카와 인도에서 펼친 사띠아그라하 운동에서 비폭력을 가장 핵심적이고 중심이 되는 투쟁수단으로 사용했다. 남아프리카에서의 사띠아그라하 운동은 남아프리카정부의 인종차별주의로 인도 이주노동자들이 겪는 부당한 억압과 차별에 대항해 그들의 존엄과 인권을 지키기 위한 실천적 투쟁이었다. 요컨대 부당한 차별과 억압이 계기가 되었고 그에 대항한 투쟁이었다고 할 수 있다.

인도에서의 사띠아그라하 운동은 처음에는 영국 식민통치 아래에서 고통받는 농민과 노동자들을 위한 지역적 투쟁으로 시작되었다. 그러다 점차 인도의 해방을 위한 전국적 규모의 대영 비협조, 비폭력 투쟁으로 전개되었다. 또 인도의 불가촉천민들의 지위개선을 위해 상층카스트를 대상으로 투쟁을 벌였다. 이 역시 부당한 억압과 차별에 대한 투쟁이었다. 따라서 두 곳에서의 사띠아그라하 운동은 모두 약자를 위해 강자에 대항한 투쟁이었다고 할 수 있다. 그리고 말년인 독립을 전후한 시기의 간디의 투쟁대상은 특정 집단이 아니라 '폭력성' 그 자체였다. 이 투쟁이 간디의 생애 가운데 가장 어렵고 가장 외로우며 가장 고통스러웠던 투쟁이었다고 생각된다.

독립을 앞두고 인도 내 무슬림 지도자들의 분리독립 주장과 요구는 철저하게 비타협적으로 전개되었다. 이 목표를 실현하기 위해 무슬림 측은 결국 폭력적 방법을 선택했다. 무슬림들이 힌두교도들을 학살했던 캘커타 폭동사태는 힌두들이 무슬림을 같은 방법으로 학살하는 또 다른 폭력을 불러왔고 이러한 악순환은 얼마간 지속되었다. 간디는 이러한 잔인하고 야수적인 폭동상황을 진정시키고 끝까지 통합된 인도를 세우기 위해 고행과도 같은 온갖 노력을 기울였다. 그러나 국가의 문제해결 방향은 분리독립 쪽으로 나아갔고 결국 인도와 파키스탄으로 나뉘어 독립이 되었다. 인도와 파키스탄 양국에서 힌두와 무슬림의 집단적 대이동이 불가피해졌고 그 과정에서 또 잔인한 살상행위들이 행해져서 수많은 사람들이 목숨을 잃었다. 간디는 이러한 상황을 예상했고 그래서 온갖 노력을 기울여 이 비극적 사태를 막아보려 했던 것이다. 그러나 이 무렵 홀로 투쟁을 해야 했던 간디에게 이 큰 물결의 방향을 바꾸는 것은 역부족이었다. 이제 간디가 할 수 있는 일은 고통받고 있는 이들을 위로하는 일뿐이었다.

하지만 이처럼 극도로 고통스러운 상황 속에서도 간디는 폭력에 저항해 비폭력을 주장하며 힌두와 무슬림 양 집단 사이의 갈등과 폭력을 진정시키는 데 헌신했다. 그리고 중요한 성과들을 이끌어내기도 했다. 한 서신에서 간디는 힌두-무슬림 유혈폭동지역에서 순례하고 있는 당시 자신의 상태를 묘사하면서 심신의 막중한 부담을 느끼고 있으나 비폭력에 대한 소신과 용기가 더 강해지고 있다고 고백한다. 그리고 그 이유를 폭력적 분쟁지역에서 갈등해결을 위한 자기희생적 순례를 하지 않는다면 죽을 것이기 때문이라 말하고 있다.(Gandhi, 1964: 208) 그러나 이 투쟁은 그의 죽음으로 마무리되지 못하고 중단되었다.

비폭력의 당위를 깨우치게 하는 간디의 삶

간디가 실현하려던 목표는 분명히 이상주의적인 것이었다. 그러나 간디가 그 목표를 실현하는 실천방법은 상당히 현실적이고 합리적인 과정을 거쳐 선택되었다. 즉 간디에게 이상과 현실은 괴리되어 있는 것이 아니었다. 이는 그가 목표와 수단이 별개가 아니라 같은 것이라고 주장하고 실천한 점에서도 나타난다. 간디가 특별한 사람이었기에(신의 화신으로 믿어질 정도로) 이것이 가능했다고 주장할 수도 있다. 그러나 간디 자신은 스스로를 특별한 인물로 여기지 않았다. 그보다는 인간의 무한한 잠재적 가능성을 확고하게 믿은 것 같다. 이는 소년과 초기 청년시절 지극히 소심하고 부끄럼 타는, 실수와 오류도 범하는 평범한 인물에서 민족과 인류의 지도자로 성장하게 된 간디 자신의 체험에서 나오는 확신으로 보인다.

하지만 철저하게 비폭력에 토대를 두는 삶이라는 이상적 목표를 현실의 삶에서 구현하는 것이 간디에게는 가능했을지 모르나 세속의 평범한 이들에게는 가능한 것이 아니었다. 독립을 전후한 인도의 정치 및 사회 상황과 간디의 암살이 이를 입증해준다. 그의 이상은 너무도 높았던 것 같다. 간디의 지도력이 사라지자 이상과 현실의 결합은 이내 깨지고 그 사이에 좁힐 수 없는 간격이 생겨났다. 대중은 간디의 지도력에 대한 믿음과 그에 대한 깊은 애정에서 비폭력을 따랐지만 그 믿음과 애정은 결국 지극히 현실적인 자기이해와 이기적인 욕망 앞에서 힘을 잃었다. 진리와 비폭력에 대한 간디의 확고한 믿음과 철저한 실천을 현실 삶을 벗어나기 어려운 평범한 이들에게 요구하는 것은 너무도 이상적인 것이었는지도 모른다.

더 나아가 간디의 비폭력 개념은 때론 현실 삶에서 실천하기에는 지나치게 극단적인 형태로 제시되기도 했다. 한 여인이 간디에게 악당에게 공격을 받았을 때 도망을 가야 하나 무기로 자기방어를 해야 하나를 물었다. 이에 간디는 "무기를 든다는 것은 죽이려는 것이니 결코 안 되고 정신적으로 비폭력적인 용기를 길러야 한다. 진정한 비폭력을 지닌 사람이 진짜 위기에 직면할 기회는 거의 없다. 그러므로 죽음을 즐거운 얼굴로 존엄하게 만나야 한다. 진정으로 우리를 돕는 것은 우리의 무기가 아니라 신이라는 것이 진리다. 오늘날의 세계는 비폭력을 실현하기 위해 노력할 용기가 없어 원자폭탄 같은 것으로 무장을 한다"(Gandhi, 1964: 144)고 답했다.

진정한 비폭력이 갖는 놀라운 힘을 간디는 입증해 보였다. 하지만 이와 같은 철저한 비폭력의 실천이 과연 평범한 삶을 살아가는 일반 사람들에게 현실적으로 가능할까? 과연 현실 삶의 원리가 될 수 있을까? 우리의 삶 자체에는 불가피하게 폭력이 내재되어 있다. 동물계와 인간계에는 생존을 위해 피하고 싶어도 어쩔 수 없이 해야 하는 폭력이 존재한다. 역시 간디의 이상은 너무도 높았다는 생각이 든다. 그럼에도 우리는 비폭력을 철저하게 실천한 간디라는 특별한 인물의 삶에서 폭력을 최소화해야 할 당위성을 깨닫게 된다.

분리독립 후 간디는 인도에 속한 국민이었고 힌두교도였지만 어느 한편의 입장에 서지 않고 양측에 공평한 입장에서 당면한 문제들을 해결하려 애를 썼다. 그러나 간디의 이러한 노력도 인간의 잔인한 폭력성을 진정시킬 수는 없었다. 오히려 간디 자신이 폭력의 희생자가 되고 말았다. 그의 비극적인 죽음과 이후 인도 정치상황의 전개는 그가 추구했던 비폭력주의가 현실에서는 구현되기 어려운 종교적 이상주의임을 다시 한 번 확인시켜준다. 간디의 이상주의 노선은 적어도 인도의 상황에서는 결국 현실적 한계에 봉착하게 된 것이다. 간디가 그리던 통합된 인도, 간디가 그토록 이루고자 애썼던 진리와 비폭력에 근거하는 사회의 건설은 인도에서 이루어지지 못했다.

그렇다면 간디의 사띠아그라하 실험은 실패한 것일까? 이 물음에 쉽게 답을 할 수는 없다. 여기서 중요한 것은 간디의 실험이 성공할 수 있었던 요인들과 실패할 수밖에 없었던 요인들을 검토하고 성찰하는 일이다. 두 측면의 요인에 대한 성찰을 통해 우리 시대에 간디가 차지하는 의미가 밝혀질 것이라고 본다.

21

비폭력투쟁으로서의 단식의 의미는 무엇인가?

모든 형태의 폭력에 대한 강력한 저항

모든 형태의 폭력에 대한 강력한 저항

—류경희

잠자는 양심을 일깨우는 단식

비폭력과 함께 간디 하면 떠올리게 되는 것이 단식투쟁이다. 간디는 정의와 진리를 위한 비폭력 투쟁에서 큰 외적 난관에 봉착하거나 폭력사태가 발생할 때마다 단식을 통해 어려운 상황을 타개해나갔다. 하지만 간디에게 단식이 단순히 타개책의 의미만 있었던 것은 아니다. 간디는 단식을 내면세계의 길을 보여주는 눈이라 여겨 자기 삶의 일부로 삼았다.(간디, 1997: 53) 따라서 간디에게 단식은 중요하고 의미 있는 행위였다.

간디는 "나의 종교는 극복할 수 없는 고난이나 불행이 있을 때 단식하며 기도하라 가르친다"(*YI*, 25 Sept. 1924 ; *MM*, 54)고 말했다. 또 극심한 어려움에 직면할 때 왜 단식을 하며 단식이 인도인들의 삶에 어떤 효과가 있는지를 묻자 "단식은 아힌사 신봉자의 병기고에 있는 마지막 무기다. 단식은 기도정신을 소생시킨다. 즉 단식은 영적 행위이므로 신에게 말하는 것이다. 이런 행위가 사람들의 삶에 미치는 효과는 단식할 때 잠자고 있는 양심이 자각된다는 것이다"라고 대답했다.(간디, 1997: 218)

즉 간디는 단식을 정신적 활동, 그러니까 신에게 자신의 마음을 바치는 행위로 이해했고 이러한 단식은 잠자는 양심을 일깨운다고 믿었다.(간디, 1997: 218) 간디는 단식이 자신에게 고통을 주는 행위라는 점을 인정한다. 하지만 간디는 단식이라는 고통을 견디는 것은 그것이 고귀한 힘에 의해 지시되었기 때문이며 육신의 만족을 부인하는 중요한 의미는 육신을 다스려야 신의 모습을 직접 대면할 수 있기 때문이라고 말한다.(간디, 1997: 53~54)

> 단식과 기도는 우리가 발전하는 데 없어서는 안 되는 단련, 자기희생정신, 겸손함, 결연한 의지를 주는 가장 강력한 것이다. ; 완전한 단식은 자기부인이다. 이것이 가장 진정한 기도이다. 음식과 물을 먹지 않는 것은 단순한 시작이며 최소한의 복종이다.(*MM*, 54~55)

간디가 단식의 부정적인 측면을 인식하지 못한 것은 아

니다. 그는 단식은 사랑하는 사람들을 옳은 길로 이끌기 위해 하는 것이며 이기적 목적으로 하는 단식은 남에게 억압일 뿐 아니라 부당한 결과를 낳기도 하므로 단식은 익숙한 이가 아니라면 무서운 폭력이 될 수 있다고 지적한다.(간디, 1997: 55~56) 그렇기 때문에 간디는 진리추구자는 다른 모든 개선방법이 실패할 경우 단식을 해야 한다고 강조하고 결과를 바라고 하는 단식은 올바른 단식이 아니나 의무로서의 단식은 결코 포기하지 말아야 한다고 강조했다.(간디, 1997: 217~218)

따라서 단식은 간디가 달성하려는 목적을 이루기 위한 중요한 도구, 즉 사띠아그라하의 강력한 무기로 사용되었다. 간디는 "단식은 사띠아그라하의 강력한 무기이며 신에 대한 살아 있는 신앙 없이는 소용이 없는 것이다. 기계적인 노력이나 단순한 모방이어서는 아니 되며 영혼의 깊은 곳에서 나와야 한다"고 말했다.(*MM*, 54) 요컨대 단식은 진리추구를 위한 간디의 주요 저항 및 투쟁방법이었고 상당한 효과를 가져왔다. 그가 생애에 걸쳐 행한 주요 단식과 그 효과에 대해 알아보기로 하자.

간디의 주요 공적 단식들

간디가 공공목적을 위해 했던 첫 번째 중요한 단식은 남아프리카에서 사띠아그라하 운동을 전개할 때(1913)에 있었다. 이 사띠아그라하 운동은 아시아인 이민금지와 3파운드세, 기독교 교회 밖에서 결혼식을 올린 모든 결혼은 법적효력이 없다는 판결에 대항한 투쟁이었다. 간디는 이 운동에 당시 뉴캐슬 탄광에서 일하는, 당국조처에 분노한 인도인 노동자들을 동참시켰는데 백인 탄광관리들이 일을 거부하는 인도인 광부들을 쇠사슬로 때리는 등 잔혹행위를 가했다. 이런 소식이 알려지자 남아프리카 전역에서 인도인들이 동맹휴업과 파업을 일으켰고 정부가 발사명령을 내렸음에도 남아프리카 전역에서 비폭력 저항이 이어졌다. 간디는 당국조처에 저항하는 단식에 들어갔다. 그 결과 영국정부가 남아프리카정부에 인도인들의 불만과 요구를 조사할 위원회를 지명하도록 하는 결과를 이끌어냈다. 이 단식은 부당함과 부정의에 저항하는 단식이었다.

두 번째 주요 단식은 인도 아메다바드의 제분공장 노동자들을 위한 사띠아그라하 운동을 전개할 때(1918. 2) 한 단식이다. 노동자들이 임금삭감 문제로 파업을 벌이려 하고 그로 인한 폭력사태가 예상되자 공장 소유주들과 영국정부 대표가 간디에게 개입을 요청했다. 노동자들의 불만과 요구사항은 공장이 높은 수익을 올리고 있고 생활비가 올라가고 있는 상황인데도 노동자들의 임금을 80퍼센트

가까이 삭감한 것은 부당한 처사이므로 임금을 복원해달라는 것이었다. 간디가 중재를 시도했지만 해결 가능성이 없자 간디는 폭력을 사용하지 않는다는 것을 조건으로 파업을 조언했다. 그러나 힘겨운 파업상태가 20일 정도 지속되자 노동자들이 폭력적이 될 조짐을 보이기 시작했다. 간디는 그들이 한 맹세를 지킬 것을 요구하며 단식에 들어갔다. 그 단식은 고용주와 노동자 양측에 압력으로 작용했다. 그 결과 간디가 제시했던 요구들이 받아들여졌다. 이때의 단식은 저항하는 측이 폭력적이 되는 것을 막기 위한 단식이었다.

세 번째 단식은 영국식민정부의 로울래트 법안에 저항하기 위해 비폭력적인 방법으로 하르딸hartal이란 철시 또는 파업을 할 때 한 단식이다. 간디는 1918년 4월 6일을 하르딸 날로 정하고 인도국민들에게 이날을 지키도록 호소했다. 이 하르딸은 인도 대중들의 열광적 반응을 이끌어냈다. 그러나 그 과정에서 간디의 바람과는 달리 무고한 영국인들이 죽는 등 여러 폭력사건들이 발생했다. 식민정부가 간디와 여러 지역 지도자들을 체포하자 자제심을 잃은 군중들이 정부 사무소를 공격하고 전화선을 끊고 시청을 불태우는가 하면 유럽인들을 공격해 상해를 입혔다. 이에 간디는 폭력사태를 가라앉히기 위해 사띠아그라하 운동을 중단하고 1919년 4월 13일에 3일간의 단식을 시작했다. 이 단식 역시 자기 측에서 발생한 폭력에 저항하는 비폭력 행위였다.[18)]

이어지는 두 번의 주요 단식은 생명을 잃을 상황에까지 이른 단식이었다. 그 중 하나는 간디가 예르바다 감옥에 있을 때인 1932년에 있었다. 당시 영국식민정부는 '불가촉천민' 계급에게 분리유권자제를 주려는 계획을 가지고 있었다. 간디는 이것이 영국식민정부가 인도사회를 분열시키고 불가촉천민제를 영속화해 지배를 지속하려는 것이라 판단해 강력히 반대했다. 그러면서 동시에 불가촉천민제의 문제를 해결해야 할 필요성을 인식했다. 그런데 이 문제는 카스트 힌두들의 인식과 태도가 변하지 않는 한 불가능한 일이었다. 간디는 9월 13일, 영국정부는 물론 카스트 힌두들의 양심을 일깨우기 위해 단식을 할 것이라 발표하고 9월 20일에 단식에 들어갔다.[19)]

간디의 건강은 단식을 한다면 생명이 위험한 상태였다. 상하층 카스트 지도자들이 모여 간디가 수용할 수 있는 해결책을 찾기 위해 논의에 들어갔다. 그 사이 간디는 몸 상태가 악화되어 당장 단식을 중단한다 해도 전신마비가 될 위험에 놓여 있었다. 전 국민이 그를 잃게 되는 건 아닐까 하는 깊은 슬픔에 빠졌다. 수십만의 사람들이 불가촉천민제를 받아들이지 않겠다는 서약을 했고 합의도 이루어졌다. 간디는 9월 24일, 양측 지도자들 사이에 맺어진 협정 초안이 불가촉민들의 지도자인 암베드까르 박사와 그의 추종자들은 물론 '카스트 힌두' 지도자들에게도 받아들여지고 영국정부가 이 "예르바다 협정"을 받아들인다고 공표하자 9월 26일에 단식을 끝냈다.[20]

또 2차 대전 중에 영국이 인도를 떠나도록 요구하는 운동을 벌일 때 이루어진 단식은 죽음 직전까지 간 단식이었다. 2차 대전 전세가 연합군에게 불리해지자 인도를 전쟁에 참여시킬 필요성이 제기되었고 영국의 전시내각은 헌법개정을 위한 제안의 초안을 마련했다. 그러나 그 제안이 인도를 해체의 길로 이끌 것이라고 판단한 인도의 지도자들은 분노했다. 간디는 영국정부에 인도는 인도인들에게 맡기고 인도를 떠나라고 요구했다. 전인도 국민회의 위원회가 1942년 8월 8일에 영국에게 인도를 떠나도록 요구하는 결의안Quit India resolution을 채택했고 간디는 총독과의 회담이 실패할 경우 시민불복종과 비협조 프로그램을 계획하고 있었다. 그러나 다음 날 영국정부가 간디와 주요 지도자들을 체포하자 분노한 군중들이 거리로 몰려나와 폭력적 사태가 벌어졌다. 이어 전례가 없는 야만적인 진압이 이루어졌고 영국식민정부는 간디가 비폭력에 대한 신념을 버렸다고 비판하며 폭력적 시위와 '태업'을 벌인 것에 대해 간디를 비난하고 시위와 태업을 재가했거나 최소한 묵인한 혐의로 간디를 고발했다. 심지어 일부에서는 간디의 비폭력은 책략에 불과하며 간디가 비폭력을 말할 때 그는 명백한 위선에 빠져 있는 것이라는 주장까지 있었다.[21)]

감옥에 있던 간디는 자신에 대한 부당한 비방을 변호할 방법이 없었다. 가능한 여러 시도를 해보았지만 정부는 반응을 보이지 않았다. 간디는 1943년 2월, 변호할 기회를 달라고 정부에 공식 요청했으나 오랫동안 대답이 없자 2월 10일, 21일간의 단식에 들어갔다. 당시 간디는 건강이 매우 쇠약한 상태여서 단식은 그의 사망으로 이어질 가능성이 컸다. 매 순간 죽음의 위기를 넘겨야 했다. 영국 정부는 간디의 장례식을 대비해 그가 수감된 아가칸 궁전 경내에 화장 준비를 해놓기까지 했다. 그러나 간디는 기적처럼 살아났고 국민적 기쁨은 전국적인 저항운동으로 이어졌다. 한편 건강상태가 좋지 않던 아내 가스뚜르바가 간디와 함께 투옥된 상황에서 1944년 2월 22일에 세상을 떴다. 간디의 건강도 악화되었다. 이 사실이 알려지면서 인도 안팎에서 간디를 석방하라는 끈질긴 요구가 점점 거세졌다. 정부는 간디를 석방했다(1944. 5). 결국 정부조치에 저항하는 간디의 단식은 전국적 저항을 불러왔고 간디를 석방하지 않을 수 없게 만들었다.

단식의 목표는 진리와 비폭력의 실현

마지막 주요 단식은 독립 달성을 목전에 둔 상황에서 힌두-무슬림 유혈폭동을 진정시키기 위한 단식이었다. 무슬림집단의 지도자인 진나는 파키스탄으로의 분리독립을 실현하기 위해 무슬림들에게 1946년 8월 16일을 '직접행동의 날'로 지킬 것을 호소했다. 그리고 그날 캘커타(현 꼴까따)에서 폭동사태가 일어났다. 수백 명의 힌두교도와 아이들이 희생되고 힌두 여성들이 강간을 당했다. 분노한 힌두교도들이 같은 방법으로 보복행위를 해 양측에서 수많은 희생자가 나오고 많은 집과 건물들이 잿더미가 되었다. 이런 보복은 무슬림들이 절대 다수를 차지하는 지역에서 무슬림들이 힌두교도들에게 더 큰 보복을 가하는 결과를 낳았다. 그 중 하나가 동벵갈에 있는 노아칼리였다.

간디가 폭력상황을 진정시키기 위해 노아칼리로 가는 길에 꼴까따에 도착해 있을 때 비하르 폭동소식이 전해졌다. 힌두가 다수를 차지하는 비하르에서 노아칼리의 대량학살과 강간에 대한 야만적인 보복행위가 발생한 것이다. 분노한 힌두교도들이 무슬림을 살해하고 강간하고 그들의 집을 불태우고 약탈했다. 자신이 첫 사띠아그라하 운동을 시작했던 비하르 주에서 발생한 야만적 폭력사태는 간디를 절망에 빠지게 했다. 간디는 두 공동체가 그런 야만적 행동을 즉시 중단하지 않으면 죽을 때까지 단식을 계속하겠다고 선언하고 단식에 들어갔다. 그러자 상황이 수그러들었다. 이어 간디는 이러한 폭력사태를 진정시키기 위해 1946년 11월에 노아칼리를 시작으로 네 달에 걸친 동벵갈의 49개 마을순례를 시작했다.

간디의 단식은 그때마다 중요한 결과를 가져왔다. 간디 자신도 자신의 단식이 미치는 영향과 그것의 결과를 잘 인식하고 있었던 것 같다. 그렇기에 다른 어떤 방법도 효과를 발휘하지 못하는 상황에 이르게 될 경우 그 상황을 타개하기 위해 단식을 하곤 했다. 간디의 단식이 효력을 발휘할 수 있었던 것은 그의 투쟁이 개인적 이해나 이익을 위한 것이 아니라 모두를 위한 정의(진리라 불러도 좋겠다)를 실현하기 위한 것이었기 때문이다. 특히 투쟁대상을 물리적으로 공격하는 것이 아니라 자기고행과 자기희생 그리고 자기고통의 방법이었기 때문이다. 또 단식은 경우에 따라서는 죽음까지도 무릅쓰는 자기고행 행위인데 이러한 간디의 자기희생적 방법이 인도국민들 더 나아가 세계인들의 가슴 깊이에서 불러일으킨 간디에 대한 깊은 애정과 사랑 때문이었다.

이러한 사랑과 신뢰는 간디가 행하는 모든 공적 행위의 동기가 인간의 존엄과 공적 정의를 지키기 위한 자기희생에서 비롯된 것이라는 인식에서 나왔다. 이렇듯 간디 단식의 주요 동기는 진리나 정의에 반하는 부정의에 대한 저항이었고 반대편과 내 편의 구분 없이 모든 형태의 폭력에 대한 강력한 저항이었다. 그리고 그 목표는 진리와 비폭력의 실현이었다.

자기고행적 행위인 단식이 비폭력 행위이긴 하나 여기서 '비폭력'은 엄밀히 말하면 타자에 대한 비폭력이며 자기 자신에 대해서는 폭력이 되는 측면이 없지 않다. 간디는 매우 금욕적인 삶을 지향하는 사람이었다. 그렇기 때문에 본능적인 면에서는 성욕을 다스리려 부단히 애썼고 추구하는 가치 면에서는 개인보다는 절대적으로 공동체를 중시하는 도덕적 공동체주의를 추구했다. 물론 여기에는 공동체를 중시하고 금욕적 문화를 발전시킨 힌두 전통의 영향이 적지 않아 보인다. 그러나 이러한 가치관 아래에서 개인과 관련된 여러 측면들이 희생되거나 간과되는 경향이 있다는 점 역시 고려되어야 할 것 같다.

4부

종교와 철학

종교는 영적인 문제는 물론 실천적인 문제들을 해결하기 위해 재능 있는 인간에 의해 만들어진 인간의 제도로서, 각기 고유한 역사와 전통, 장점과 단점이 있지만, 근본에 있어서는 모두 같다고 간디는 믿었다. 그래서 간디에게는 '하나님'도 '알라'도 모두 진리며 신이고, 간디는 그 신을 믿었다. 문제는 종교의 근본적 일치점을 알지 못하고 각 종교들이 시대와 장소에 따라 다르게 나타난 차이점만 보거나 단점만 비난함으로써 종교들 사이의 분쟁이 생겨난 것이라고 간디는 보았다.

간디에게 묻고 싶은 질문과 답 22

신이란
무엇인가
?

'진리와 함께한 실험'은
신과 함께한 실험

가장 충만한 삶을 가능케 하는
진리로서의 신

'진리와 함께한 실험'은 신과 함께한 실험

—류성민

삶 속에서 제기되는 실존적 물음

일반적으로 사람들은 언제 어느 때 신에 대해 생각하게 되는가? 신이 있는가, 신은 어떤 존재인가를 묻게 되는 때는 언제인가? 어느 날 갑자기 신의 존재 여부가 궁금해질 수도 있겠지만 대부분의 사람들이 신에 대해, 신의 존재 여부에 대해 묻게 되는 것은 그러한 물음을 할 수밖에 없는 상황이 있기 때문이다. 예컨대 지진이 일어나거나 해일이 일어 많은 사람들이 죽게 된 일을 생각해보자. 그렇게 죽은 사람들 중에는 태어난 지 얼마 안 되는 아기도 있을 수 있고, 어린아이나 임산부도 있을 수 있다. 힘없는 노인도 있을 수 있고 건장한 청년도 있을 수 있다.

그런데 만일 그 죽은 사람이 나의 부모나 자식이라면 어떻겠는가? 누가 하늘을 우러러 신을 원망하지 않을 수 있겠는가? 신을 진심으로 믿어왔고 성실한 생활을 해온 착한 사람이 그러한 죽음을 당했다고 한다면, 과연 계속 해서 신을 믿을 수 있겠는가? 신을 자비의 신이고 사랑의 신이라고 말할 수 있겠는가?

너무나 억울한 일을 당했는데도 아무도 도움을 주지 못할 때 신을 찾는 것은 사람들의 불가피한 선택일 수 있다. 신만이라도 자신의 억울함을 알아준다면 위안을 얻을 수 있지 않겠는가? 억울함을 호소할 수 있는 신이라도 있으면 좋지 않겠는가? 스스로의 힘만으로는 도저히 헤어나올 수 없는 어려움에 봉착했을 때 전혀 예기치 못한 도움을 받거나, 혹은 자신의 능력이나 의지와는 관련 없이 어떤 기대하지 못한 다행한 결과가 나타난다면, 누군가의 보이지 않는 손길이 있음을 느끼게 되고 신적인 존재가 있음을 고백하게 되기도 한다.

말하자면 사람들이 신이 무엇인지, 신이 존재하는지를 묻는 것은 사변적인 물음이라기보다는 삶 속에서 자연스럽게 제기되는 실존적 물음이라고 할 수 있다. 신은 있다고 말하는 사람도, 신은 없다고 말하는 사람도 모두 삶 속에서 답을 찾은 것이리라. 그렇기에 신은 어떠하다고 말할 수도 있고 또는 신은 없다고 말하게 되기도 하는 것이다.

간디는 신이 존재함을 믿고 신이 어떠한 존재인지를 누

누이 말하곤 했는데, 그 모든 것이 그가 삶 속에서 경험을 통해 확신을 얻어 말한 것이었다. 간디가 신에 대해 어렴풋이 이해하게 된 것은 그의 어머니의 종교적 삶 속에서였다고 한다. 그의 어머니는 힌두교의 비슈누 신을 섬기는 바이슈나바파의 독실한 신자였고, 단식은 그 안에서 중요한 종교적 수행 방법이었다. 그의 어머니는 주기적으로 단식을 맹세하고 철저히 지켰다. 어떤 단식 기간에는 해가 보이지 않을 때는 음식을 먹지 않겠다는 맹세를 했고 이를 예외 없이 지켰는데 심지어 병이 들었을 때에도 그 맹세를 저버리지 않았다.

병석의 어머니가 단식하는 것을 안타까워했던 간디는 밖에 나가 해가 보이면 얼른 어머니에게 말해 음식을 들도록 했다. 그런데 마침 장마철이라 좀처럼 해가 나타나질 않았다. 그러다가 잠깐 해가 보이자 얼른 어머님께 말씀을 드렸다. 어머니가 그것을 확인하기 위해 밖으로 나오자 해는 다시 구름 속으로 들어갔다. 아쉽고 안타깝게 여기는 간디에게 그의 어머니는 아무렇지도 않은 듯이 이렇게 말하곤 했다고 한다. "괜찮아, 신께서 오늘은 내가 밥 먹는 것을 원치 않으신다."

간디는 늘 자신의 체험을 바탕으로 신에 대해 말했다. 그의 일생에서 네 차례나 사창가에 가게 되었다고 고백했는데 모두 그러한 곳인 줄 모르고 갔거나 친구들의 꼬임에 속아서 간 것이었다. 다행히 매번 아무 일 없이 부정을 저지르지 않고 나올 수 있었다. 그 경험을 그는 이렇게 말한다.

> 우리는 종종 아무리 빠지지 않으려고 애를 써도 유혹에 빠지는 일이 있는데, 동시에 하나님의 섭리가 작용하여 건져주시는 일이 있는 것을 안다.[1)]

가장 필요할 때 도움을 주는 신

간디는 그가 의도하지 않은 일을 해야 했을 때 그 일이 정의롭고 의미 있는 일이라면 신께서 그렇게 하도록 한 것이라고 늘 고백했다. 간디는 남아프리카의 고문변호사로 1년 남짓을 보낸 다음 인도로 돌아오려고 했다. 그가 맡은 소송도 끝나서 더 이상 그곳에 머물 이유도 없었다. 그런데 그를 환송하는 자리에서 우연히 인도인들의 선거권을 박탈하는 입법 소식을 접하게 되었다. 간디는 그 일을 해결하기 위해 한 달을 더 머물기로 계획했으나 불가피하게 3년을 더 있어야 했다. 그리고 잠시 인도에 갔다가 식구까지 데리고 남아프리카로 돌아왔고, 결국 20년을 그곳에서 지내게 되었다. 그는 이렇게 고백했다. "신께서 남아프리카에서 내 생애의 기초를 놓아주셨고 민족자존의 씨를 심어주셨다."

간디는 인도로 돌아와 '사탸그라하 아슈람'을 설립했다. 그러나 얼마 안 되어 불가촉천민을 받아들인다는 이유로 지원이 끊어졌고, 그로 인해 심한 재정난을 겪게 되었을 뿐만 아니라 사회적으로 배척을 받기도 했다. 아무리 생각해도 도저히 이겨낼 수 있는 방법이 없었다. 그런데 전혀 모르는 사람이 거금을 희사해 모든 어려움을 극복할 수 있었다. 그때도 그는 이렇게 말했다. "언제나 신은 그 마지막 순간에 가서 도움을 보내주시곤 했다. (…) 신은 가장 필요할 때 도움을 주셨다."

간디의 일생에서 이러한 예는 무수히 많았다. 또한 그가 진심으로 이룩하고자 하는 일이 이루어지지 않았을 때에도, "신은 이전에도 종종 그랬듯이 내 계획이 완전히 실현되는 것을 허락지 않았다"고 말하곤 했다.

신에 관한 간디의 이야기를 하다 보면 간디가 마치 운명론자이고 신에 대한 맹목적인 신앙을 가졌다고 오해할 수도 있을 것이다. 그러나 그는 그가 할 수 있는 최선을 다하고 그다음은 신에게 맡기는 삶을 살았다. 그러한 삶 속에서 그가 신에 대해 내린 결론은 다음과 같다.

내 경험은 내게 진리 외에 다른 신은 없다는 확신을 주었다. (…) 내 모든 실험의 결과로 이것만은 확실히 말할 수 있다. 즉 진리의 완전한 모습은 아힘사의 완전한 실현이 있은 후에야 가능하다.[2)]

결국 간디의 "진리와 함께한 실험"은 신과 함께한 실험이었고, 아힘사를 실천하는 것이 그 실험의 구체적 내용이었다고 할 수 있다. 간디는 이러한 신에 대한 자신의 이해를 정리해 그가 발행하던 신문에 발표하기도 했다. 여러 글이나 말에서 단편적으로 언급한 것을 나름대로 요약한 것이라 할 수 있다. 그 제목이 "신은 존재한다"이다.

모든 것에 다 스며 있는 설명할 수 없는 신비스러운 힘이 있다. 나는 그것을 보지는 못하지만 느낀다. 그 힘 자체를 느끼게 하지만 모든 증거를 남기지 않게 만드는 것이 바로 그 힘이다. 왜냐하면 그것은 우리의 감각을 통해 감지하는 모든 것과는 다르기 때문이다. 그것은 감각을 초월하는 것이다.[3)]

이러한 간디의 발언에서는 그가 신을 범신론적으로 이해하는 것으로 해석할 수 있다. 그러나 힌두교의 전통에서 신은 유신론과 무신론, 인격신론과 범신론 등 종교철학에서 논하는 그 어떤 신론으로도 규정하기 힘들다. 대체로 인도인들은 한 신을 인격적으로 이해하기도 하고 비인격적으로 이해하기도 하는 것이 상례다. 간디도 그 힘을 영Spirit, 생명, 진리, 빛, 사랑 등등 다양하게 표현하고 있다. 그리고 그는 그러한 신이 외적인 증거를 통해 증명되는 것이 아니라, 내적으로 신의 존재를 느낀 사람들의 변화된 행동과 성격을 통해 증명되는 것으로 보았다. 그래서 간디는 자신의 삶이 바로 그 신을 찾기 위한 것이었고, 신이 있음을 느끼면서 평생을 살아왔다고 말하고 있다.

일생을 통해 신을 보고자 노력할 뿐

그렇다면 인도의 수많은 신들에 대해 간디는 어떻게 생각했을까? 인도인들은 인도에 3억 3천의 신들이 있다고 한다. 집집마다 신상神像이 모셔져 있고, 마을에도 사원에도 무수한 신상들이 있다. 대부분의 인도인들이 그 신상 앞에서 예배하고 기도하면서 살고 있다. 여러 신상 앞에서 동시에 예배를 드리기도 하고, 서로 다른 신상에 모두 제물을 바치기도 한다. 그래서 사람들은 힌두교가 다신론 종교라고 단정하기 십상이다. 그러나 힌두교는 그 어떤 신론으로도 설명 불가능하다. 아니 모든 신론을 힌두교에서 찾을 수 있다. 심지어 신을 믿지 않으면서도 힌두교 신자임을 자처하기도 한다.

간디도 힌두교의 그러한 신 개념을 잘 알고 있었고, 심지어 불교, 자이나교를 힌두교와 분리해 생각하지도 않았다. 그래서 그가 자신을 힌두교 신자라고 말할 때는 힌두교의 어떤 특정 신을 믿는다는 의미가 아니었다. 그 스스로 비폭력을 통해 진리를 추구한다는 의미에서 그는 자신을 힌두교 신자라고 말했다. 곧 비폭력은 모든 종교에 공통적이지만, 그가 자라고 태어난 힌두교에서 비폭력의 최상의 표현과 적용을 발견했기에 힌두교 신자라는 말이다. 수많은 신상들은 단지 신, 곧 진리에 예배하는 것을 도와주는 보조물일 뿐이며, 그 신상을 신이라고 여기는 힌두교 신자는 없다는 것이다. 그런 뜻에서 간디는 우상숭배를 죄라고 생각하지 않았다.

간디는 어떤 신을 믿어야 하는가 하는 문제에는 전혀 관심이 없었다. 인간이 절대적 진리를 알 수 없듯이 신을 완전하게 이해할 수 없고, 단지 희미하게 신을 알 수 있을 뿐이며, 일생을 통해 보다 뚜렷이 신을 보고자 노력했을 뿐이라는 것이 간디의 고백이다. "내가 성취하려고 원하는 것은 (…) 하나님과 얼굴과 얼굴을 마주하고 보는 것이다."

간디가 신은 존재한다고 말할 때 그 신은 어떤 특정의

이름으로 불리는 신이 아니다. 오히려 그 신은 라마이고, 나라야나이고, 이슈바라이고 알라이며 하느님이다. 그가 비유했듯이, 금이 어떻게 눌려지는가에 따라 다양한 이름으로 불리고 갖가지 모양이 나타나지만 금은 금일 뿐이다. 종교철학자 존 힉John Hick의 표현을 빌리자면, 신은 많은 이름을 가졌는데 간디는 그 이름의 신을 믿은 것이 아니라 본래의 신을 믿은 것이었고, 그에게는 그 신이 평생 동안 추구한 진리였던 것이다.

가장 충만한 삶을 가능케 하는 진리로서의 신

—류경희

신은 의심의 여지가 없는 확실한 진리

신에 대한 간디의 이해는 그의 사상과 활동의 토대가 되었다. 신에 대한 간디의 믿음은 매우 확고했다. 그는 공기와 물 없이는 살아도 신 없이는 살 수 없으며 눈과 코가 없어도 살 수 있으나 신이 없다면 살 수 없다고 고백하기도 했고(간디, 1997: 73) 또 "나는 진리인 신만을 숭배한다. 나는 신을 추구하고 있다. 이 추구에서 내게 가장 귀중한 것들을 바칠 준비가 되어 있다. 내 생명을 바쳐야만 한다 하더라도 신을 추구할 것이다"(Official Mahatma Gandhi eArchive)라고 말하기도 했다. 간디에게 신은 이처럼 확실한 존재이자 추구대상이었기 때문에 '신의 존재를 믿어야 하는가?' 하는 회의적이거나 불가지론적인 물음은 애초에 존재하지 않았다. 그렇다면 간디에게 신은 무엇이었을까?

간디는 신을 모든 존재의 근원이자 만물을 창조, 유지, 해체하고 다시 창조하는 형체는 없으나 변화하지 않는 신비로운 힘 또는 정신으로 이해했다.(간디, 1997: 72~73) 무엇보다도 그에게 신은 의심의 여지가 없는 확실한 진리였다. 이 진리로서의 신이 간디가 전 생애를 통해 행한 모든 행동의 토대이자 동기였고 그의 생애는 진리라는 신에게 자신을 봉헌하는 여정이었다. 그는 자신이 지닌 모든 힘이 신으로부터 나오며 자신을 신의 도구라 여겼다.(간디, 1997: 75) 간디는 이렇게 쓰고 있다. "나의 관심사는 매 순간 진리 곧 나의 신의 부름에 복종할 준비를 갖추는 것이다."(*H*, 9 April 1993: 2 ; *MM*, 2)

간디의 신 개념은 기본적으로 인도의 힌두 문화를 배경으로 형성되었다. 그리고 여기에 그의 독특한 신 이해가 덧붙여졌다. 힌두 문화에서 신은 우주의 모체가 되는 근원실재다. 우주만물 속에 내재하면서 동시에 우주를 초월해 있는 존재이며 우주를 창조, 유지, 해체하는 힘(파워)이기도 하다. 간디도 이러한 힌두 신 개념을 받아들이고 있다. 그는 신에 대해 이렇게 기술한다.

> 감각으로 인지할 수는 없으나 모든 것에 편재하는 보이지 않는 파워가 있다. 이 파워는 변화하는 모든 것 이면에 있

는 변화하지 않는 살아 있는 파워로 모든 것을 창조하고 해체하고 다시 창조한다, 이 파워(또는 Spirit)가 신이다.(*YI*, 11 Oct. 1928 ; *MM*, 3)

신은 우리 모두가 느끼나 우리가 알지 못하는 규정할 수 없는 무엇이다. 내게 신은 진리이자 사랑이다. 또한 신은 윤리이자 도덕이고 두려움 없음이고 빛과 생명의 근원이다. 그러나 신은 이 모두를 넘어선다. 신은 양심이고 심지어는 무신론자의 무신론이다. 신은 언어와 이성을 초월한다. 신은 그와의 접촉을 필요로 하는 이들에게는 인격적 신이다. 그는 가장 정결한 본질이다. 신앙을 가진 이들에게 신은 단순히 존재다.(*YI*, 5 March 1925: 81; *MM*, 6)

이러한 신 이해는 우주의 근원으로 내재적이면서 초월적이며 비인격적이면서 인격적이기도 한 힌두 근원실재 개념을 반영하고 있다. 힌두 사상에 따르면 우주의 최고 존재이자 근원실재인 브라흐만Brahman은 비인격적이면서 동시에 인격적인 양 측면을 지닌다. 즉 비인격적인 니르구나nirguna 브라흐만으로서는 속성이 없어 드러나지 않으며 따라서 형태와 이름이 없다. 또 변화하지 않는 영원한 본질을 지녀서 생성소멸에서 자유롭고 초월적이다. 반면에 인격적인 사구나saguna 브라흐만으로서는 속성을 지니며 형태와 이름을 갖는 구체적인 존재로 자신을 드러낸다. 이 사구나 브라흐만이 자신을 형상과 속성을 지닌 인격신으로 드러낸 존재가 이슈와라Īśvara 곧 최고신이다. 이 이슈와라는 우주를 창조, 유지, 해체하기 위해 각 기능을 담당하는 창조주 브라흐마Brahmā, 유지의 신 비슈누Viṣṇu, 해체의 신 쉬바Śiva로 자신을 드러낸다. 이 사상이 힌두 트리니티인 뜨리무르띠Trimurti 즉 삼신일체론이다. 그리고 주요 남신들의 배우자 여신들은 이슈와라의 역동적 에너지 또는 파워가 다양한 형태로 드러난 것이다.

그리고 힌두교의 주요 신들은 필요할 때마다 다양한 형태로 자신을 드러내는데 이것이 아바따라avatāra 즉 화신사상이다. 이 화신사상은 특히 유지의 신인 비슈누와 밀접히 연관된다. 비슈누는 우주의 질서와 규범인 다르마가 위협받을 때마다 다르마를 수호하기 위해 다양한 형태를 취하고 지상에 나타난다. 인도인들의 사랑을 많이 받는 신들인 람Ram과 끄리슈나Kṛṣṇa가 비슈누의 대표적인 아바따라다. 이 중 간디가 선호한 신은 람이었고 일부 사람들은 간디를 신의 화신으로 여기기도 했다.

요컨대 힌두 사상에서 근원실재인 브라흐만은 비인격적인 실재이자 인격적 존재이기도 하고 드러나지 않기도

하고 드러나기도 하며 여성이기도 하고 남성이기도 하다. 즉 모든 상반되는 요소들을 포함하고 있는 통합적 실재라 할 수 있다.

또한 힌두 사상에 따르면 우주는 신이 자신을 드러낸 것으로 우주 자체가 신의 드러남이다. 따라서 브라흐만 혹은 신은 우주의 모든 것들 속에 내재하며 모든 것의 본질은 신의 본질과 동일하다고 본다. 이와 같이 존재하는 모든 사물에서 신성神性을 인지하는 힌두교도들의 사유는 우주를 이해하는 그들의 통합적인 시각, 다시 말해 현상계의 다양성 배후에 근원적이고 본질적인 통일성이 존재한다고 보는 일원론적 관점에서 비롯되었다. 힌두교 신 체계는 하나의 신만을 강조하고 다른 신들은 우상으로 배제하는 유일신교와는 달리 하나의 근원실재를 상정하면서도 다양한 신들을 관용적으로 수용하는 보편적 관점을 지니고 있다.(류경희, 2013)

간디도 이러한 힌두 전통의 다원주의적이고 보편적인 신 개념을 받아들이고 있다. 다만 여기에 그의 독특한 신 이해를 덧붙이고 있다. 특히 신이란 말 대신 진리란 말을 선호했고 비폭력 의미로서의 사랑이란 용어도 자주 사용했다.

신은 진리이자 우주의 법칙이며 최고선이다

간디는 '신은 진리다'라고 표현하기도 했지만 결론적으로는 '진리가 신이다'라고 표현했다. 그는 신을 진리라 말하는 이유를 신만이 절대진리를 알며 절대진리는 오직 신만의 전유물이기 때문이라고 밝힌다.(간디, 1997: 65) 이 밖에도 그가 신을 진리라 말하는 중요한 이유들을 찾아볼 수 있다. 그는 신을 왜 진리라 말하는지를 묻는 물음에 다음과 같이 답하고 있다.

> 여러분은 내가 왜 신이 진리라고 생각하느냐 묻습니다. (…신의 이름이 너무 많아 신이 이름이 없다고도 말하고 형상이 너무 많아 형상이 없다고도 하며 너무도 많은 언어로 우리에게 말하므로 신은 말하지 않는다고 한다는 내용을 언급…) 나는 신이 사랑이라 말하곤 했는데 내 안의 깊은 곳에서는 신은 무엇보다도 진리라고 말하곤 했습니다. 신에 대해 인간의 언어로 완전하게 기술하는 것이 가능하다면 '내게 신은 진리다'라는 결론에 이르렀습니다. 하지만 2년 전에 여기서 더 나아가 진리가 신이라고 말했습니다. 여러분은 이 두 진술 사이의 차이를 볼 겁니다. 이것은 내가 거의 50년 전부터 시작한 지속적이고 쉼 없는 진리추구 이후에 도달한 결론이었습니다. (…) 무신론자마저도 진리의 필요성이나 진리

의 파워를 부정하지 않습니다. 하지만 진리를 발견하려는 그들의 열정에서 신의 존재를 주저함 없이 부인했습니다. 이런 이유에서 내가 신은 진리라고 말하는 대신에 진리가 신이라 말해야 한다고 생각하게 되었습니다. (…) 힌두 철학은 신만이 존재하고 다른 것은 존재하지 않는다고 말하고 이슬람에서도 신 외에는 다른 것은 존재하지 않는다고 말합니다. 사실 진리에 대한 범어는 '존재한다'를 의미하는 사뜨sat입니다. 이런 이유들 그리고 몇 가지 다른 이유들로 진리가 신이라는 정의가 가장 큰 만족을 준다는 결론에 도달했습니다. 그리고 여러분이 신으로서의 진리를 찾고자 원할 때 유일하게 꼭 필요한 방법이 사랑 즉 비폭력입니다. 그리고 나는 수단과 목적이 교환 가능한 용어라고 믿기 때문에 주저하지 말고 신이 사랑이라고 말해야 합니다.(*YI*, 5 March, 1925)

간디가 신이란 말 대신에 진리란 말을 사용하는 이유를 설명하는 위의 글에서 몇 가지 전제와 의도를 읽을 수 있다. 먼저 간디가 신을 진리라 말하는 데는 신은 존재 자체라는 것 즉 신은 존재한다는 사실을 누구도 부인할 수 없다는 점을 대전제로 삼고 있다. 그렇기 때문에 신의 존재를 부정하는 무신론자마저도 수용할 수 있는 신에 대한 명칭이 필요하다고 생각한 것으로 보인다. 그는 무신론자들이 진리를 추구하는 과정에서 신의 존재를 부정하게도 되지만 진리를 부정하지는 않는다고 보고 있다. 즉 세상에 진리가 존재한다는 사실은 누구도 부정하지 않는다고 보는 것이다.

또 자신의 신 개념이 특정 종교의 관점으로 한정되는 것을 피하고 보다 통합적인 관점에서 이해되기를 바라는 의도가 담긴 것으로 보인다. 간디는 힌두교도이면서도 종교문제에서 보다 개방적이고 보편적인 관점을 지니고 있었다. 힌두교도의 수가 절대다수이기는 해도 여러 소수종교집단이 공존하고 있는 인도의 상황에서 영국의 식민지배 이후 나타나게 된 종교집단 간 갈등, 특히 힌두-무슬림 사이의 갈등의 소지를 줄이고 종교집단 간 통합을 지향한 이유일 것이다.

특히 간디가 신을 진리로 지칭한 데는 그가 신을 우주의 법칙 또는 섭리로 보고 있는 이유도 있다.(*H*, 16 Feb. 1934 ; *MM*, 5) 간디는 신을 '법칙' 또는 '법칙을 주는 이'로 부르기도 하고 신은 이념이며 그 자신이 법칙이므로 신과 신의 법칙이 다르지 않다고도 말한다. 따라서 신은 법칙을 만들며 법칙 자체이기도 하고 법칙의 집행자이기도 하다.(간디, 1997: 111) 또 인간의 모든 행동을 규제하는

존재다.(간디, 1997: 104~105)

> 나는 신을 인격a person으로 여기지 않는다. 내겐 진리가 신이다. 그리고 신의 법칙(율법)과 신은 다른 것이 아니다. (…) 신이 우주의 법칙 자신이기 때문이다. 그러므로 신이 율법을 깬다고 생각하는 것은 불가능한 일이다. (…) 신과 신의 법칙은 모든 곳에 있으면서 모든 것을 지배한다. 그러므로 나는 신이 우리의 모든 요구에 상세히 대답한다고 생각하지 않으나 신이 우리의 행동을 지배하는 것은 분명하다. ; 나 자신의 경험을 통하여 전 우주가 그것에 의존하여 움직이는 살아 있는 법칙에 대한 확고한 믿음 없이는 가장 충만한 삶은 불가능하다는 것을 알게 되었다.(*H*, 25 April 1936: 84)

이러한 신이해 역시 세계에 대한 힌두적 이해와 관련된다. 힌두 사상은 우주는 신이 스스로를 드러낸 것이며 우주질서는 일정한 체계와 법칙에 의해 작동된다고 설명한다. 이 우주의 질서체계 또는 법칙이자 도덕규범이 바로 인도전통이 오랜 시간 동안 중시해온 다르마다. 간디가 신을 법칙과 섭리로 말한 것은 이 다르마를 의미한다고 볼 수 있다. 그리고 간디가 신은 진리라고 말한 것도 이 우주의 법칙이자 신의 섭리로서의 진리를 의미한 것으로 보인다. 그렇다면 간디는 신과 세상의 악과의 관계를 어떻게 보았을까.

> 이 파워(신)는 온전히 이로운 힘이다. 죽음 가운데 생명이, 비진리 가운데 진리가, 어둠 속에 빛이 지속해 존재한다. 그래서 신은 생명이자 진리이며 빛이고 또 사랑이며 최고선이시다. 나는 악의 존재를 합리적으로는 설명할 수 없다. 그래서 악을 있는 그대로 겸손히 인식하고 신께서 이 세상에 악을 허용하셨으므로 나는 신을 긴 고통과 인내라 부른다. 신이 악의 저자이시긴 하나(세상이 신의 드러남이므로) 신께는 어떤 악도 존재하지 않으며 그것의 영향을 받지도 않으신다. 나는 또한 내가 악과 씨름하고 생명을 바쳐서라도 악에 대항하지 않는다면 신을 결코 알지 못할 것이란 것도 알고 있다.(*YI*, 11 Oct. 1928 ; *MM*, 4)

악의 존재에 대한 이러한 이해는 사실 온전히 힌두적이라기보다는 서구 유일신 종교의 영향을 받은 것으로 보인다. 전통적 힌두 관점에서 선과 악은 절대적으로 구분되는 것은 아니며 신은 선과 악을 포괄하면서도 그것을 초월해 있는 존재이기 때문이다. 철저하게 도덕적 이상주의

자였던 간디에게는 최고 가치이자 존재로서의 신은 온전히 이로운 존재이자 최고선이어야 했을 것이다.

"진리는 나의 신, 비폭력은 신에 이르는 방법"

간디는 진리의 실현을 삶의 목표로 삼았다. 그와 관련된 자료를 읽어보면 진리의 내용은 정의로움dharma과 사랑ahimsā(비폭력) 즉 보편적 선으로 파악된다. 간디는 인간 삶의 궁극적인 목적은 바로 이러한 최고선으로서의 신 또는 진리를 실현하는 것이라고 보았다. 따라서 간디가 생애를 통해 추구한 것은 그가 신이라고도 부른 '진리'를 실현하는 것, 달리 표현하면 우주를 지배하는 법칙과 하나가 되는 것이었다.

그는 인간의 사회적, 정치적, 종교적 모든 활동은 바로 이 궁극적 목표의 지침 아래 이루어져야 한다고 확신했다. 그리고 신의 창조 속에서 신을 보고 신과 하나가 되는 것이 신을 발견하는 유일한 길이므로 모든 인류에 대한 봉사가 신실현 노력의 필요한 부분이며 개인은 전체의 부분이므로 자신과 나머지 인류를 분리시켜서는 신을 발견할 수 없다고 가르쳤다.(*H*, 29 Aug. 1936) 따라서 간디가 이 진리를 통해 달성하고자 하는 목표가 바로 모두의 복지인 사르보다야였다. 그리고 이 목표를 달성하는 방법이 비폭력 즉 사랑, 보다 구체적으로는 진리에 확고히 서는 것 또는 진리를 확고히 잡는 것인 사띠아그라하였다. 이러한 개념과 사상들이 간디사상의 핵심이자 메시지를 구성하고 있다.

간디는 이렇게 말한다. "나의 종교는 진리와 비폭력에 토대를 둔다. 진리는 나의 신이고 비폭력은 신에 이르는 방법이다."(the Official Mahatma Gandhi eArchive) 간디는 또 이렇게 쓰고 있다.

> 이러한 신실현의 증거는 외적인 증거가 아니라 자신 안에 진정한 신의 현존을 느낀 사람의 변화된 행동과 성격으로 입증된다. 이는 끊이지 않고 이어져온 많은 성자와 예언자의 경험들에서 발견된다. 이 증거를 부인하는 것은 스스로를 부인하는 것이다.(*YI*, 11 Oct. 1928 ; *MM*, 12)

> 우리가 세속의 존재에 갇혀 있는 한 완전한 진리를 실현하는 일은 불가능하다. 경험적 몸이란 도구를 통해서는 영원한 진리를 대면할 수 없다. 이것이 우리가 신앙에 의존해야 하는 이유다.(*YM*, Chap.11 ; *MM*, 12)

> 몸에 머무는 한 누구도 완전함을 얻을 수 없다. 이상적 상

> 태는 에고를 완전히 극복하지 않는 한 불가능하고 에고는 몸의 껍질에 묶여 있는 한은 완전히 제거될 수 없기 때문이다.(*YI*, 20 Sept. 1928: 3I9)

간디에게 우주의 법칙이자 최고선으로서의 진리나 신은 자기중심성 또는 에고이즘을 버려야만 볼 수 있는 것으로 우주의 모든 존재(생명체와 무생명체)를 사랑할 때만이 가능한 것이었다. 이것이 비폭력정신의 바탕에 깔린 사상이다. 간디는 목적과 그것을 얻는 수단 모두가 정당하고 진실해야 한다고 생각했다. 그래서 언제 어떤 상황에서도 전적으로 진실하며 사랑이 깊게 되길 원했다. 이렇듯 간디를 '간디'이게 만든 것은 이 진리에 대한 추구와 이 진리에 비추어 살려고 하는 열망이었다. 간디의 이러한 실천적 신실현 추구는 그의 생애 전체를 통해 나타나며 특히 생애 중 가장 절망적이고 고통스러운 시기였던 말년과 죽음의 순간까지 전혀 흔들림 없이 실천되었다.

간디는 인도의 독립 직전과 직후에 힌두와 무슬림 사이의 충돌로 인해 대량학살이 발생했을 때 광적인 살육이 벌어진 지역을 맨발로 걸으며 순례했다. 그의 이 행위는 힌두교도들이 사원에 들어갈 때 신을 벗는 행위와 같은 의미였다. 그는 대량학살이 발생한 지역을 '가난하고 힘없는 모습을 한 신(즉 고통받는 민중)이 있는 곳' 즉 사원이라 생각했다. 그러므로 이것은 그에게 성지순례와 같은 것이었다.(Gandhi, 1964: 72)

자신의 신념에 따라 결심한 원칙은 어떤 경우에도 철저히 지키는 엄격한 원칙주의자였던 간디는 70대의 건강이 약한 상태였고 험한 길을 맨발로 걷느라 발에 난 상처로 고통스러워하면서도 맨발로 걷는 원칙을 철저히 지켰다. 그의 순례를 수행한 마누는 이런 간디를 지켜보면서 인도의 대서사시 『라마야나Rāmāyaṇa』의 주인공으로 인도인들이 신의 화신으로 여기는 람이 14년간 유배생활의 고통을 자발적으로 감내해내고 오늘날 신으로 숭배되는 것처럼 신이 선함의 이상을 실천해 보이려 때때로 인간의 모습으로 화신하는데 간디 역시 그런 화신이라 생각하기도 했다.(Gandhi, 1964: 83)

죄와 용서의 관계는 무엇인가 ?

용서는 참회가 있어야
가능한 것

용서는 사랑인
비폭력정신에서 나오는 것

용서는 참회가 있어야 가능한 것

—류성민

'신의 뜻에 어긋나는 행위'로서의 죄

죄란 무엇인가? 죄란 말에는 종교적 뉘앙스가 있다. 일반적으로, 종교적으로 하라는 것을 하지 않거나 하지 말라는 것을 하는 것을 죄라고 말한다. 물론 종교마다 하라는 것과 하지 말라는 것이 다를 수 있다. 시대에 따라서도 그러한 것들이 달라지기도 한다. 기독교와 이슬람교 등 유일신을 믿는 종교들에서는 신이 명령한 것을 따르지 않는 것을 죄라고 한다. 그리고 그 명령을 기록한 경전을 갖고 있기에 비교적 죄에 대한 분명한 이해를 가질 수 있다. 물론 경전 해석을 둘러싸고 종파나 교단에 따라 다양한 견해가 있을 수 있지만, "신의 뜻에 어긋나는 행위"로서의 죄에 대한 기본적 인식에서는 큰 차이가 없다.

그런데 인도에서 출현한 힌두교와 불교의 경우는 다소

다르다. 인간의 행위에 대해 죄보다는 업業, karma이 더 중요한 개념이라 할 수 있다. 이 두 종교에서는 인간이 행한 행위의 총체가 업이고, 개개인의 업에 따른 결과를 환생과 고통으로 이해한다. 결국 고통의 현실세계에 다시 태어나게 만드는 업이 죄라 할 수 있고, 그러한 업을 만드는 행위가 계율이나 규범으로 금지된다.

종교에서 말하는 죄는 법으로 처벌받게 되는 죄보다 더 포괄적인 경우가 많다. 법적으로는 문제가 안 될 수 있는 도덕적 잘못이나 실수도 종교적으로는 죄로 규정될 수 있다. 심지어 종교적으로는 음식마저 죄로 여겨지는 것들이 있다. 그래서 종교마다 죄에 대한 이해가 다를 수 있고 죄목도 다를 수밖에 없다. 그런데 무엇을 죄로 규정하든 간에 죄를 지은 사람에게는 그에 상응하는 벌이 있다. 벌에 대해서도 죄와 마찬가지로 종교에 따라 다를 수 있고 시대와 장소에 따라서도 다르다. 동일한 죄에 대한 벌에서도 경중의 차이가 있으며, 다른 죄에 대해서도 벌은 같을 수 있다. 그렇지만 일단 죄를 짓게 되면 벌을 받아야 하는 것은 당연한 일이고 상식이다. 벌이 없는 죄는 없다. 죄라는 말 자체가 벌 받아야 할 행위라고 할 수 있다.

그렇다면 용서는 무엇인가? 죄를 지었는데 벌을 주지 않는 것이 용서인가? 용서는 누가 하는 것인가? 어떤 죄는 용서를 받을 수 있고 어떤 죄는 용서를 받을 수 없는가? 누구는 죄를 지어도 용서받을 수 있고 누구는 용서받을 수 없는가? 어떻게 하면 용서를 받을 수 있는가? 사실상 이러한 것들은 대답하기가 매우 힘들고 복잡한 문제다. 학자들 사이에서도 무수한 논쟁이 있는 물음들이고 대답 또한 가지각색이다. 죄와 벌에 대한 이해에서와 마찬가지로 용서 또한 종교에 따라 그 이해가 크게 다르고, 법적인 논의로까지 확대되면 이는 몇 권의 책으로도 다 다루기 힘든 주제가 된다. 다만 어느 시대나 어떤 사회에서도 죄로 규정되는 행위가 있고 그에 상응하는 벌이 있기 마련이며, 그 사이에 용서라는 또 다른 행위가 개입된다는 사실만큼은 공통적이라 할 수 있다.

행동의 포기가 아닌 행동 안에서의 포기

여기서는 죄와 용서의 관계를 중심으로 앞서 제기된 여러 문제들에 대해 간디에게서 답을 찾고자 한다. 그렇기 때문에 인도문화와 힌두교, 그리고 간디의 이해를 중심으로 죄와 용서의 관계를 다루고자 한다.

죄라는 말에 가장 가까운 산스크리트어는 파파pāpa다. 그것은 대체로 나쁜 업(카르마)을 낳게 하는 행위들을 지칭하는데, 그러한 행위들로 인해 나쁜 결과, 곧 목샤에 이르지 못하고 현실세계에 다시 태어나는 결과가 초래된다고 여긴다. 그것이 곧 벌이라 할 수 있다. 업은 "뿌린 대로 거둔다"는 인과율의 법칙으로서 나쁜 업은 나쁜 결과를 초래할 수밖에 없다. 마치 자연세계가 그 법칙에 따라 운행하듯이 인간도 업의 법칙에서 벗어날 수 없다고 여기는 것이다. 인도의 종교문화에서는 이러한 죄에 대한 인식이 가장 일반적이고 간디도 마찬가지였다. 그는 내가 먹는 것이 나의 건강을 결정하고 잘못된 행위에 대해서는 반드시 그에 따른 벌이 있기 마련이라고 여겼다.

그런데 나쁜 의도나 생각으로 나쁜 행동을 할 경우 그에 상응하는 벌을 받는 것은 당연하겠지만, 때로는 의지와는 관련 없이 잘못을 저지르기도 하고 실수로 죄를 범하게 되는 경우도 있지 않은가. 그러한 잘못과 실수까지도 모두 나쁜 업을 쌓는 죄로 간주한다면 죄를 짓지 않을 사람이 없을 것이다. 바로 이러한 문제에서 인도의 종교들, 특히 힌두교가 제시하는 중요한 윤리적 특징이 있다. 힌두교 윤리에서 가장 강조하는 것은 행동의 동기다. 그 동기에 따라 좋은 업과 나쁜 업의 구분이 이루어진다고 본다. 이러한 윤리를 드러내는 개념이 '포기 renunciation'다. 행동의 동기가 선하다면 그 결과에 대해 연연할 필요가 없다는 것이다. 힌두교 윤리에서는 이를 "행동의 포기가 아니라 행동 안에서의 포기"라고 표현한다.

다소 어려운 말이지만 이렇게 이해할 수 있을 것이다. 간디의 사례를 예로 들어보자. 간디가 남아프리카에서 채식주의에 깊이 심취해 있을 때, 채식식당을 운영하는 한 부인이 간디에게 재정적인 도움을 요청했다. 변호사로 신뢰를 얻고 있었던 간디에게 한 사건의뢰인이 간디를 믿고 큰돈을 맡겨놓고 있었는데, 간디는 그에게 허락을 받고 그 부인에게 그 돈을 빌려주었다. 그러나 그 부인의 식당은 망했고 간디는 빌려준 돈을 돌려받지 못했다. 결국 자신의 돈으로 사건의뢰인의 돈을 갚았다. 이 일로 간디는 자신이 『바가바드기타』의 교훈, 곧 결과에 연연하지 않고 행동해야 한다는 교훈을 어겼다는 사실을 깨닫게 되었다고 술회하고 있다.[4] 말하자면 간디가 채식식당을 하는 부인에게 돈을 빌려준 것은 채식주의자들을 위한 식당을 운영하는 것에 찬동하는 동기에서 비롯된 것이기 때문에 그 결과에 연연해서는 안 된다는 것이다.

대체로 우리는 동기보다는 결과를 중시하는 경향이 있다. 결과만 좋으면 다 좋은 것이라고 여기기 십상이다. 아무리 좋은 의도를 갖고 행동했더라도 결과가 나쁘면 혹평하는 것이 상례다. 그러나 죄의 문제를 고려할 때는 무엇보다 동기를 중시해야 한다고 본다. 왜냐하면 죄는, 특히 힌두교에서 말하는 죄는, 개개인의 의지적 행동이며, 그 의지가 바로 행동의 동기가 되기 때문이다. 반면 행동의 결과는 그 행동이 미치는 사람이나 사물에 따라 달라질 수 있다. 아무리 선한 동기에서 다른 사람을 도와주어도 도움을 받는 사람이 그 도움을 악용할 수 있고 그로 인해 그 선행이 나쁜 결과를 초래할 수 있기 때문이다. 그래서 간디는 선한 동기를 갖고 다른 사람을 위해 봉사하고자 하는 사람들은 진실해야 할 뿐만 아니라 조심해야 한다고 자주 말했다. 선한 의지가 선한 열매를 맺는 것이 더 바람직하기 때문이다.

그런데 행동의 동기에 대한 강조는 죄와 벌의 필연적 관계의 법칙을 강조하는 것 이상의 의미가 있다. 곧 불완전성, 나약함, 부족함 등으로 표현되는 인간의 한계에 대한 성찰이 내포되어 있다고 본다. 인도의 전통에서는 대체로 인간은 선하다고 여긴다. 인간으로 태어난 것 자체가 전생에서 선한 업을 많이 쌓은 결과라고 보기 때문이다. 그렇지만 인간은 환생에서 벗어나 목샤에 이르기 위해 더 많은 노력을 해야 할 불완전한 존재이며, 그렇기 때문에 죄를 짓고 나쁜 업을 쌓을 수 있다고 본다. 정욕에 사로잡혀 음행을 하게 되기도 하고, 쉽게 유혹에 빠질 수 있으며, 자신의 의지로는 죄에서 완전히 벗어날 수 없는 존재가 인간이라는 것이다.

참회는 잘못을 인정하고 뉘우치는 것

간디도 자신의 나약함을 인정했다. 아무리 조심해도 빠질 수밖에 없었던 실수와 잘못도 솔직히 고백하곤 했다. 간디의 자서전과 그 밖의 많은 글들을 읽으면서 가장 큰 감동을 받은 것이 바로 그의 솔직함이었다. 부끄러운 일이나 못난 태도, 부주의로 생긴 실수 등 모든 것을 솔직하게 고백하는 간디의 모습이 거울처럼 우리를 비춰주었다.

간디는, 그래서 신을 믿었다. 신의 도움 없이는 결코 죄에서 벗어날 수도 없고 곤경에서 벗어날 수 없음을 잘 알고 있었다. 그는 최선을 다해 자신의 결점을 극복하려 했고, 온갖 노력을 다해 죄를 짓지 않으려고 노력했지만, 신의 도움 없이는 완전해질 수 없음을 고백하지 않을 수 없었다. 그리고 아힘사의 실천을 위해 전심전력을 다했지만 그것을 완전히 실천하기 위해 신의 은총을 기원하면서 그의 자서전을 끝맺고 있다.

> 요컨대 아힘사를 실천하고자 하는 나의 노력이 아무리 진지했다 하더라도 그러한 노력은 여전히 불완전하고 부적절하다. (…) 내가 당분간 작별해야 하는 독자에게 요청하

는 것은, 진리인 신the God of Truth이 마음과 말과 행위에서 아힘사를 실천할 수 있는 은총을 베풀어주시도록 나와 더불어 신께 기도하자는 것이다.[5)]

인간이 자신의 부족과 결핍, 한계를 수용할 때, 그리고 그로 인한 잘못과 실수, 범죄를 인정할 때 또 해야 하는 것은 참회다. 죄를 인정하고 그에 대한 벌을 받는 것이다. 벌을 받지 않으려는 것은 진정한 참회가 아니다. 인도의 전통에 의하면, 특히 힌두교 전통에서는 죄에 대한 벌 없이는 죄로 인한 업의 법칙이 무의미해진다. 라다크리슈난은 그 점에 대해 다음과 같이 단호하게 말했다.

신은 태양이 제 길 가는 것을 막거나 탄환의 비행을 멈추게 하는 마술사가 아니다. 그분의 진리와 영원성, 자비와 정의는 도덕법칙의 사정없는 작용을 통하여 구현된다. 용서는 신의 정의를 묽게 하는 것이 아니라 그 표현일 따름이다. 우리는 도덕법칙의 냉혹함을 확고하고 엄격하게 강조하면서도 죄의 용서에 대해서 믿을 수 있다.[6)]

간디에게 참회의 방법은 단식이었다. 인도에서 단식은 종교적 수행의 방법이기도 했지만 가장 중요한 속죄의 방식이기도 했다. 그래서 스스로 단식하는 것은 스스로 벌을 받는 것이기도 하다. 간디는 남아프리카에서나 인도에서나 단식을 통해 자신의 잘못에 대해 스스로 참회했다. 잘못된 습관과 음식으로 인해 병이 들었을 때조차 단식을 참회와 치유의 방법으로 여겼다. 또한 그는 죄에 대한 참회를 촉구하기 위해서도 단식을 했다. 아마도 단식을 해본 사람이라면 그것이 얼마나 고통스러운지를 알 것이다. 그리고 단식을 하면서 우리의 몸과 마음이 얼마나 깨끗해지는지도 여실히 경험할 것이다.

우리는 흔히 범죄에 대한 용서를 처벌하지 않는 것으로 생각한다. 죄를 지어도 잘못했다고 인정만 하면 용서를 받을 수 있다고 여긴다. 그러나 잘못을 인정한다는 것은 잘못으로 인한 벌을 받겠다는 것이어야 한다. 잘못을 인정하면서도 벌을 받지 않겠다는 것은 잘못을 인정하지 않는 것이나 다름없다. 참회는 잘못을 인정할 뿐만 아니라 뉘우치는 것이다. 죄로 인한 벌을 받고 다시는 죄를 짓지 않겠다고 결심하는 것이 참회다.

그렇기 때문에 용서는 참회가 있어야 가능한 것이다. 죄지은 사람이 스스로를 용서할 수는 없다. 용서는 죄로 인해 피해를 입은 사람이나 신만이 할 수 있는 것이다.

용서는 사랑인 비폭력정신에서 나오는 것

—류경희

친구가 아닌 자까지도 사랑하는 것이 '덕'

간디에게 죄는 진리와 정의 그리고 사랑인 비폭력에 반대되는 것을 의미한다. 또한 죄는 악이란 말로 바꾸어 말할 수 있다. 간디는 7가지의 주요 사회적 죄를 지적한 바가 있다. 즉 원칙 없는 정치, 노동 없이 얻는 부, 양심 없는 즐거움, 인격 없는 지식, 도덕성 없는 상업, 휴머니티 없는 과학, 희생(제의) 없는 예배(신앙) 등이다.(*YI*, 22 Oct. 1925) 그러나 간디는 죄와 죄를 짓는 사람을 구분해 죄에 대해서는 엄격히 대응하되 죄를 짓는 사람에 대해서는 관용을 베풀려 했다. 간디는 이렇게 말한다.

> 사람과 그의 행동은 별개의 것이다. 좋은 행동은 허용하고 나쁜 행동은 허용하지 말아야 하지만 행동을 하는 이는 좋

든 나쁘든 언제나 존중받을 자격이 있다. 죄는 미워하되 죄인은 미워하지 말라는 격언은 이해하긴 쉬우나 실천하기는 어렵다. 이것이 증오의 독이 세상에 퍼진 이유다.(the Official Mahatma Gandhi eArchive)

(영국식민정부에 대한) 비협조는 사람이 아닌 (부당한) 법안(조처)에 대항하는 것이고 통치자가 아닌 그가 통치하는 제도에 대항하는 것이다. 비협조는 증오에서 나오는 것이 아니며 사랑이 아니라면 정의에서 나온다.(the Official Mahatma Gandhi eArchive)

간디의 관점은 죄는 진리의 실현을 위해 제거해야 할 대상이지만 죄인은 사랑으로 대해야 할 존재 즉 폭력의 대상일 수 없다는 관점이다. 죄와 죄인에 대한 간디의 이러한 관점은 인간을 본질적으로 선한 존재로 보는 그의 인간관에서 비롯된다. 사람에게 향하는 증오 역시 폭력이며 증오의 대상은 죄가 되는 행위이지 그 죄를 지은 사람은 아니라는 것이다. 그렇기 때문에 용서가 가능해지며 용서는 사랑 즉 비폭력정신에서 나오는 것이라 보았다.

용서한다는 것은 잊는다는 것이 아니다. 덕은 사랑해야 할 사람이 친구가 아니라는 것을 생생하게 알면서도 사랑하는 데 있다.(the Official Mahatma Gandhi eArchive)

간디는 이러한 자신의 신념을 삶에서 실천했다. 간디가 남아프리카에서 인도인 이주민들을 위한 첫 번째 사띠아그라하 운동을 할 때(1897)다. 남아프리카에서의 체류가 길어질 것으로 예상되자 간디는 가족을 데리러 인도로 갔다. 그리고 인도에서 인도인 이주자들의 문제를 널리 알리는 데 주력했다. 그가 가족과 함께 배편으로 남아프리카로 되돌아갔을 때 남아프리카의 나탈정부는 간디가 자신들에게 적대적인 활동을 했다고 생각해 배의 정박과 승객들의 상륙을 허용하지 않았다. 그러다 23일 만에 허용했지만 분노하고 있던 사람들이 간디에게 위해를 가하려고 기다리고 있었다. 가족들을 먼저 피신시킨 뒤 간디는 결국 군중에게 돌 세례와 심한 구타를 당해 피를 많이 흘리며 쓰러졌다.

이 소식이 런던과 세계의 여러 도시들에 알려지자 격한 비난이 일었다. 식민지 국무상은 남아프리카정부에 범죄자들을 색출해 처벌할 것을 요청하고 남아프리카 총경은 간디에게 범죄자들을 확인해달라는 요청을 했다. 그러나 간디는 그들이 선입견의 희생자들이며 더욱이 그들을 선동한 사람들을 놔둔 채 선동된 이들만을 기소한다면 폭행 가담자들을 확인해 처벌하는 것은 의미가 없다고 생각해 그들을 처벌하지 말도록 요청했다. 보복은 그의 다르마(도덕률)에 반하는 것이었기 때문이다.

또 남아프리카의 트랜스바알 주정부가 인도인 등록법 제정을 시도하자 이에 저항해 투쟁할 때에도 간디는 용서와 관용의 모습을 보여주었다. 당시 수상이던 스머츠 장군이 인도인들이 자발적으로 등록하면 그 법안을 철회하겠다는 타협안을 제시하자 그의 제안을 믿은 간디는 자발적인 등록의 첫 시범을 보이려고 등록소로 향하고 있었다. 그때 그의 결정을 배신으로 오해한 인도인 이주민인 미르 알람이 극도로 분노해 간디를 죽이려 했다. 간디는 의식을 잃고 쓰러졌다. 그러나 의식이 돌아온 간디는 미르 알람과 그를 도운 사람을 고소하지 말고 용서해줄 것을 당국에 요청했다. 그는 이렇게 말했다.

"질병으로 죽기보다 형제의 손에 죽겠다. 그것은 내게 고통의 문제일 수 없다. 그러한 경우에조차도 내가 나를 암살한 이에 대한 분노나 증오에서 자유롭다면 그것이 나의 영원한 행복으로 되돌아올 것임을 알고 있다."

사랑인 비폭력이 삶의 법칙이자 윤리

정의로움에 임하는 간디의 자세는 이렇듯 개인의 이해를 뛰어넘는 것이었다. 인도에서도 간디는 자신의 반대자나 적에게 관용과 용서의 정신을 보여주었다. 영국식민정부가 인도인들의 인권과 자유를 제한하는 로울래트 법안을 통과시키려 할 때 간디는 이에 대항해 비협조운동을 벌였다. 이 과정에서 구속되어 재판을 받게 되었을 때 간디가 법정에서 판사에게 한 진술도 죄에 대한 그의 견해를 잘 보여준다.

> 나는 개인으로서의 영국인들에게는 나쁜 감정을 가지고 있지 않습니다. 다만 인도에 해를 끼치고 있는 영국식민정부의 행동을 악한 것으로 비판합니다. 악한 정부에 애정을 갖는 것은 죄라 생각합니다. 당신에게는 두 가지 선택이 주어졌습니다. 당신이 (현재의) 법이 악이고 내가 무죄라 믿으면 당신의 직책을 사임하고 악과 결별하거나 정부의 정책과 법이 선하고 내게 죄가 있다 믿으면 가장 무거운 벌을 내려주길 바랍니다.

영국식민정부만이 간디의 반대자는 아니었다. 인도 안에도 간디를 비난하는 일부 사람들이 있었고 특히 독립을 전후한 시기에 무슬림 집단의 분리독립 주장으로 힌두-무슬림 간 유혈폭동이 일어나고 있을 때 극우 힌두들도 양 집단을 동등한 입장에서 대하려 하는 간디를 장애로 여겼다. 이들은 간디가 정부에 막대한 영향력을 미치고 있고 대중에게는 훨씬 더 강한 영향력을 미치고 있다는 걸 알고 있었다. 대중은 간디를 인도 영혼의 화신으로, 거의 신과 같은 존재로 여기고 있었기 때문이다. 간디를 비난하는 힌두 극우주의자들은 이러한 간디의 영향력을 우려해 간디를 제거할 필요를 느끼기 시작했다.

정부 측이나 언론이 모두 이들 세력이 간디의 암살을 시도할 가능성이 큰 것으로 보고 있었고 정부는 경찰보호를 제의했다. 하지만 간디는 자신의 생명은 신의 손에 달렸다고 말하면서 그 제안을 정중히 사양했다. 간디는 자신이 국민들에게 봉사하지 못하고 단지 동족상잔의 다툼과 잔악행위를 그저 바라봐야만 한다면 신께서 자신을 멀리 데려가주시길 원할 것이라고 말하곤 했다. 당시 간디는 힌두-무슬림 간 유혈폭동사태를 진정시키기 위해 폭동발생지역을 순례하며 대중 기도모임을 저녁마다 갖고 있었다. 1948년 1월 20일에 그가 기도를 하고 있는 동안 대중들 속에서 폭발과 소요가 일었다. 간디는 근육경련조차 없이 미동도 하지 않고 기도를 계속하며 앉아 있었다.

그리고 "누군가가 나를 조준하고 발사할 때 내가 나의 가슴으로 신의 이름을 반복해 부르며 미소로 그 탄환을 마주할 수 있다면 그때야말로 진정으로 축하를 받을 만할 것입니다"라고 말했다. 간디가 죽음을 맞이하기 전날인 1월 29일, 간디는 자신이 진정한 마하뜨마라면 가슴으로는 사랑을 지니고 입술로는 신의 이름을 부르며 암살자의 총탄을 마주할 것이라고 말하기도 했다.

1월 30일 오후 5시에 평소처럼 군중들이 기도장소에서 간디를 기다리고 있었다. 기도시간에 늦은 간디가 기도장소에 다가갈 무렵, 힌두 극우파에 속한 고드세가 간디에게 다가와 절을 하고 몸을 일으키면서 숨기고 있던 총을 꺼내 간디에게 세 발의 총알을 쏘았다. 간디는 "헤이 람(오 람신이시어!)"이라 외치며 쓰러졌다. 아마도 간디는 남아프리카에서 동포인 미르 알람이 자신을 죽이려 했을 때 그에게 한 말을 자신을 암살한 고드세에게도 똑같이 했을 것으로 생각된다. 그는 생애를 통해 자신의 적에게도 분노나 증오의 감정을 갖지 않으려 했고 사랑으로 적을 대하려 했다. 사랑인 비폭력이 삶의 법칙이자 윤리라 믿었기 때문이다.

인도를 처음 방문했을 때, 평소 간디에 관심이 있던 터라 델리에 있는 간디박물관을 찾은 적이 있다. 그런데 공교롭게도 방문한 날이 휴관일이었다. 그냥 박물관을 나서기가 너무 아쉬워 박물관 정원을 거닐다가 인도 전통의상인 도띠를 입고 긴 지팡이를 짚고 걷는 모습의 간디 상을 발견했다. 이 모습은 우리에게도 잘 알려져 있는 것이라 특별할 것은 없었지만 내 시선을 끈 것은 그 상 아래 쓰인 짤막한 구절이었다. 이 한 구절이 그날 박물관을 둘러보지 못한 모든 아쉬움을 사라지게 했다.

"네가 적과 대면하게 될 때 그를 사랑으로 정복하라!"

종교란 어떠해야 하는가 ?

모든 종교가 이웃종교,
모든 종교인이 이웃 종교인

도그마를 거부하는
진정한 자유와 해방의 종교

모든 종교가 이웃종교,
모든 종교인이 이웃 종교인

—류성민

종교 간 평화 없이는 그 어떤 평화도 없다

종교가 갈등과 다툼의 원인이 되고, 그래서 종교에 대해 대화하길 꺼리게 되는 가장 근본적인 이유는 서로 믿는 종교가 다르다는 데 있을 것이다. 종교는 인생의 가장 중요한 목표를 제시하고 삶에서 무엇이 가장 중요한지를 결정하게 하는 절대적 신념일 뿐만 아니라 세계를 이해하는 관점이라고 말해질 정도로 신자들에게 중요한 것이다. 그래서 종교가 다르면 그 모든 것이 달라질 수밖에 없다고 생각하기 마련이다. 자기가 믿는 종교가 자기 자신에게는 더없이 중요하고 절대적이라고 믿기 때문에 그 외의 종교들은 아무런 가치가 없는 것이라고 여기게 되고, 그렇다 보니 종교가 다르면 상종하기 힘들게 되는 것이리라.

그렇다면 종교가 많은 것이 문제인가? 대부분의 국가

들이나 사회에서는 종교다원상황이 보편적이다. 종교의 자유가 인간의 천부적 인권이라고 선언한 국제연합UN의 '세계인권선언'(1948년)은 종교가 아무리 많더라도 누구나 자유롭게 종교를 선택할 수 있고 바꿀 수도 있을 뿐만 아니라 종교적 신념을 표현할 수 있다고 천명한 것이다. 종교가 많다는 사실을 결코 문제 삼아서는 안 된다는 것이 그 선언에 포함되어 있다. 어느 곳에서도 어느 때에도 종교는 많았고 많을 수밖에 없다. 또한 종교마다 수많은 분파와 종파, 종단, 교단 등이 있기 마련이고, 그 모든 것이 선택의 대상이 되어 있다. 한 국가나 사회는 물론 한 마을이나 한 가족 내에서도 구성원 사이에서 종교가 다를 수 있는 것이 오늘의 현실이다.

이러한 현실에서 종교를 믿는 사람들이 취하는 태도는 각양각색이다. 가장 일반적인 입장은 자신이 믿는 종교 이외에는 아예 관심을 갖지 않는 것이다. 종교가 다른 사람들과는 종교에 대해 말조차 하지 않는 태도가 바로 그것이다. 다른 종교 근처에는 가지도 않으려는 사람들이 적지 않으며, 이것이 우리 사회에 가장 널리 퍼져 있는 현상이다. 그래서 종교에 관한 모든 것이 같은 종교를 믿는 사람들끼리만 주고받는 매우 사적인 일이 되고 만다.

그렇지만 이러한 태도는 점차 약화되고 있다. 이미 같

은 종교를 믿는 사람들끼리만 살 수 없는 세상이 되었으며, 종교들도 서로 경쟁하고 생존을 위해 노력해야 하기 때문이다. 이러한 상황에서 이제 다른 종교에 대해 적대적이고 공격적으로 대하는 태도가 두드러지게 나타나고 있다. 자기와 다른 종교를 믿는 사람들에 대해 무관심하기보다는 적극적으로 공격하고 무력화시켜야 한다고 여기게 된 것이다. 다른 종교에 대해 공격적이고 배타적이 되면 될수록 자기 종교에 대한 충성이 강해진다고 생각하기 때문이다. 역사적으로 일어난 무수한 종교전쟁과 분쟁이 그 전형적인 경우겠지만, 종교의 자유가 보장되어 있는 오늘날에도 자신과 다른 종교를 믿는 사람들을 적대시하는 일은 비일비재하다. 지금도 세계 도처에서는 종교분쟁이 끊이질 않고 있으며, 우리나라에서도 2008년부터 사회문제가 된 종교편향과 종교차별 문제도 그러한 적대적 태도에서 비롯된 것이다.

이러한 적대적 태도에서 특히 문제가 되는 것은 다른 종교에 대한 근거 없는 비방이나 왜곡, 폄하다. 다른 종교에 대해서 잘 알지도 못하고 알려고 하지도 않으면서 말도 안 되는 엉터리 주장을 하기도 하고, 있지도 않은 일을 꾸며내며, 정치권력마저 교묘히 악용하는 경우가 적지 않다. 그렇게 되면 거의 예외 없이 종교 간 분쟁이나 종교전쟁을 불러일으키고, 국가와 민족을 분열시키며, 한 사회와 가족마저 파괴하게 된다. 그래서 종교 간 평화 없이는 세계평화도 불가능하고, 종교들의 평화로운 공존 없이는 어떤 사회나 가족도 조화롭게 살 수 없게 된 것이다.

종교의 본질은 도덕이다

현대의 위인들 중에 아마도 간디만큼 종교화합과 평화를 강조했고 노력한 사람도 별로 없을 것이다. 간디에게 종교보다 더 중요한 것은 없었다. 그가 쓴 글들은 거의 다 종교적인 내용이 중심을 이루고 있고, 그의 주장과 활동은 그의 종교에 근거한 것이었다. 널리 알려져 있듯이, 그는 여러 종교가 평화롭게 공존하는 하나의 인도, 무엇보다 힌두교와 이슬람교가 화합하는 하나의 국가로 인도가 독립할 수 있도록 하기 위해 죽음을 무릅쓰고 투신했다. 그렇다면 간디의 종교는 어떤 종교인가? 그에게 종교는 왜 그토록 중요했는가?

간디는 자신이 사나타니Sanatani('정통' 혹은 '독실한'의 뜻) 힌두교 신자임을 여러 차례 밝혔고, 그 이유를 다음과 같이 설명했다.

첫째, 나는 베다와 우파니샤드와 푸라나[7]와 모든 힌두교 경전들을 믿는다. 그렇기 때문에 신의 화신(아바타라 avataras)과 환생을 믿는다.

둘째, 나는 바르나슈라마 다르마varnashrama dharma(정의에 기초한 사회질서를 뜻하며 카스트제도도 그 중 하나다)를 믿지만, 엄격한 베다적 의미에서 믿는 것이지 오늘날의 대중적이고 유치한 의미에서 믿는 것은 아니다.

셋째, 나는 일반 대중들이 생각하는 것보다 훨씬 더 큰 의미에서 신의 보호를 믿는다.

넷째, 나는 결코 우상숭배idol-worship를 불신하지 않는다.[8)]

이러한 글을 읽으면 간디가 매우 보수적이고 답답한 힌두교 신자처럼 여겨질지도 모른다. 그러나 그의 주장을 좀 더 자세히 보면 오히려 그 반대라는 것을 알 수 있다. 힌두교를 위험에 빠뜨리고 있다는 이유를 내세우며 스스로 독실하다고 여기는 극우파 힌두교 신자에 의해 간디가 암살되었다는 사실만으로도 간디가 믿은 힌두교가 예사로운 힌두교가 아님을 극명하게 보여준다.

간디의 집안이 힌두교의 바이슈나바Vaishnava라는 종파에 속해 있었고, 간디가 힌두교의 한 종파로 여겨지는 자이나교의 영향을 많이 받았다는 것은 널리 알려져 있다. 말하자면 간디는 '모태 힌두교 신자'인 셈이다. 그렇지만 힌두교 신자가 된다는 것은 어떤 종파에 소속된다는 것을 의미하지 않는다. 또한 특정 종교단체 회원이 된다거나 입회 의식을 거치는 것도 아니다. 혹은 어떤 신조를 믿는다고 신앙고백을 하는 것 등등 이슬람교와 그리스도교 등 다른 종교들에서 신자가 되기 위해 필요한 요건들이 힌두교에는 없다.

그렇기 때문에 간디가 자신을 정통 힌두교 신자라고 말하는 것은 단지 자신이 힌두교라는 종교 문화에서 태어났고, 그 문화의 관습을 따라 살아왔다는 것에 지나지 않는다. 그래서 간디는 수많은 힌두교 경전들 중에서 자신이 읽어보았던 일부 중요한 경전과 그 경전들의 핵심적 내용 일부를 믿는다고 말했을 뿐이다. 간디 자신도 읽기는커녕 이름조차 모르는 힌두교 경전도 무수할 것이며, 종교적 신념 또한 다종다양하기에 간디는 극히 일부의 힌두교만 알고 믿었던 것이다.

간디는 모든 종교가 그러하듯 힌두교도 변하는 유기체와 같다고 보았다. 그렇기 때문에 모든 종교와 마찬가지로 힌두교도 계속 변하고 있으며 완전하지 않고 모순되는 전통도 적지 않음을 인정해야 한다는 것이 그의 견해였다. 그 중에서도 상하의 신분적 계층제도로 고착된 카스트제도와 그 변질에 의한 불가촉천민제도, 동물을 제물로 바치는 희생제의, 여성에 대한 수많은 차별적 관행들, 조혼早婚 등은 비록 대중들에 의해 힌두교 전통으로 여겨지고 있다 하더라도 간디는 철폐되어야 할 악습이라 여겼고 그것들에 대항에 투쟁했다.

간디가 힌두교의 정통 신자임을 자처하면서도 힌두교의 '오점'을 비판하고 그 개혁을 위해 투쟁한 것은 그의 종교에 대한 이해에서 비롯되었다고 할 수 있다.[9] 그는 종교의 본질은 도덕morality이라고 믿었다. 그런데 간디가 말한 도덕은 그냥 "착하게 살자"는 구호가 아니다. 그는 도덕이란 모든 사물의 토대이며, 진리가 도덕의 실체라고 여겼다. 간디가 한 말을 그대로 인용하고 보니 너무 어려운 말처럼 되고 말았지만 요지는 간단하다. 곧 간디가 진리라고 말한 신을 추구하도록 하는 것이 도덕이며, 그가 말한 아힘사가 바로 그 도덕의 정점인 것이다.

종교가 달라도 조화로운 삶을 추구해야

간디에게는 악을 선으로 갚는 것, 사심 없이 다른 사람을 돕는 것, 육체적 욕망을 이겨내는 것, 어떠한 폭력에도 굴복하지 않고 비폭력(아힘사)으로 폭력을 이기는 것, 아무리 많은 재산이 있다 하더라도 자기의 소유로 여기지 않고 단지 관리하고 있다고 믿으면서(무소유) 기꺼이 이웃을 위해 사용하는 것 등등 그가 실험하면서 그 가치를 알게 된 모든 도덕적 행위들이 그의 종교의 핵심이었고, 진리(신)에 대한 믿음을 통해서만 그러한 행위를 할 수 있었다. 간디는 신에 대한 신앙 없이는 그러한 도덕적 행위를 실천할 수 없다고 믿었다.[10]

적어도 자신이 알고 있는 한, 모든 종교들이 그러한 행동을 가르치고 있다는 것이 간디의 확신이었다. 종교는 영적인 문제는 물론 실천적인 문제들을 해결하기 위해 재능 있는 인간에 의해 만들어진 인간의 제도로서, 종교마다 고유한 역사와 전통이 있고 장점과 단점이 있기 마련이지만, 근본에 있어서는 모두 같다고 간디는 믿었다. 그래서 간디에게는 그리스도교의 '하나님'도 이슬람교의 '알라'도 모두 진리며 신이고, 간디는 그 신을 믿었다. 그가 자신을 기독교인이요 이슬람교 신자라고 말한 것도 이러한 의미였다.

문제는 종교의 근본적인 일치점을 알지 못하고 각 종교들이 시대와 장소에 따라 다르게 나타난 차이점만 보거나 단점만을 비난함으로써 종교들 사이의 분쟁이 생겨나게 되었다고 간디는 보았다. 그래서 간디는 종교교육의 중요성을 강조했다. 초등학교에서부터 세계의 주요종교들에 대한 교육을 해야 한다고 역설했다. 교육을 통해 다른 종교들을 이해하고 공감할 수 있는 능력을 키워야 한다고 보았다. 종교에 대한 무지가 오해와 곡해를 낳고 결국 분쟁의 원인이 된다는 점을 그는 분명히 알고 있었다.

그래서 간디는 여러 종교들이 평화롭게 공존하고 인류의 번영과 조화를 위해 공동으로 노력해야 한다는 점을 중시했고 그 스스로 그러한 시도를 했다. 간디가 남아프리카에서 설립한 아슈람에서는 그리스도교 신자들과 자이나교 신자들, 파르시교 신자들이 함께 살았고, 각자가 자기 종교 의식을 거행하면서 생활할 수 있도록 배려했다. 개종을 강요하거나 다른 종교를 무시하지 않도록 간디는 세심한 주의를 기울였다. 간디의 지도하에서 인도의 독립을 이끌어낸 국민회의에는 힌두교 신자뿐 아니라 거의 모든 종교의 신자들이 망라되어 참여했다. 간디는 종교가 다른 사람들이 평화롭게 함께 살 수 있음을 실험과 실천을 통해 확신했다. 피부색과 인종과 민족과 사는 곳이 모두 달라도 같은 인간이듯이 종교가 달라도 똑같은 인간이기에 서로 존중하며 조화를 이룰 수 있어야 한다는 것을 간디는 삶으로 증언했다.

이 글의 제목에 '이웃종교'라는 말을 썼다. 아직은 널리 사용되지 않는 말이다. 아마도 '타他종교'라는 말이 더 익숙한 표현일 것이다. 그래서 본문에서는 '다른 종교'라는 말을 주로 사용했다. 그렇지만 이제는 '타종교'나 '다른 종교'라는 말을 가급적 사용하지 말아야겠다. 간혹 '다름'을 '틀림'으로 여기기도 하고, 자타의 구별이 차별로 이어지기 십상이기 때문이다. 앞서 '이웃이란 누구인가?'라는 물음에 답하면서 간디의 사례를 참고해 "이웃은 아무런 친분관계가 없더라도 관심을 가져야 할 사람들"로 정의했었다. 그 친분관계에 종교도 포함되어야 할 것이다. 나와 종교적으로 아무런 관련이 없는 사람도 이웃으로 여긴다면 그의 종교는 '이웃종교'가 되고, 그는 '이웃 종교인'이 될 것이다. 간디에게는 그 어떤 종교도 이웃종교였고, 그 어떤 종교를 믿는 사람들도 이웃 종교인이었다.

도그마를 거부하는 진정한 자유와 해방의 종교

—류경희

모든 이에게 자신의 종교는 진실한 것

간디는 힌두교도의 집안에서 태어나 성장했다. 힌두교는 다양한 신앙이 오랜 기간을 거치며 융합된 종교여서 다른 종교나 신앙에 대해 상당히 관용적이다. 게다가 그의 부모는 힌두교도이면서도 여러 다른 신앙인들을 초대해 종교에 대해 토론하곤 했다. 간디는 이런 배경에서 성장하면서 다양한 종교에 대해 관용적인 관점을 갖게 된 것으로 보인다.

간디의 종교관이 기본적으로 힌두 사상에 토대를 두고 있기는 하지만 여러 사상과 인물의 영향도 받았다. 영국 유학생활은 간디의 사상과 신념에 영향을 미쳤고 종교에 대한 시야도 넓혀주었다. 하비브는 간디가 영국의 자유로운 사회적 교섭, 여성들의 남녀평등에 대한 열망, 또 진보적인 인사와 신실한 기독교도들을 접하면서 휴머니즘에 대한 열망을 쌓기 시작했고 이후 이 휴머니즘을 진정한 종교의 메시지로 다루게 되었다고 지적한다.(Habib, 2004: 28) 영국 유학생활은 간디에게 동서양의 주요 가치들을 균형 있게 종합하는 계기가 되었고 종교를 휴머니즘의 관점에서 바라보게 해주었다.

또 간디가 삶의 지침서로 삼은 힌두 경전 『바가바드기따』를 처음 읽게 된 곳도 인도가 아닌 영국이었다. 간디는 채식주의자 모임에서 알게 된 인사들과 에드윈 아널드의 『바가바드기따』 영어번역본인 『천상의 노래The Song Celestial』를 함께 공부했는데 이 공부를 통해 『바가바드기따』를 진리를 알려주는 최고의 책으로 여기게 되었다. 이 외에도 붓다의 생애와 메시지를 다룬 『아시아의 빛The Light of Asia』에서 붓다의 무욕망과 자비를, 그리고 기독교의 『신약』에서 예수의 산상수훈을 접했다. 또 칼라일의 『영웅과 영웅 숭배』를 읽고 이슬람 예언자의 위대함과 용기, 검약한 삶을 배웠다. 이러한 종교서적들을 통해 간디는 여러 종교들이 많은 공통점을 갖는다고 느꼈고 모든 종교를 존중하고 각 종교의 가장 좋은 것들을 이해하려는 태도를 갖게 되었다.(Varma, 2002)

나는 세계의 모든 위대한 종교들의 기본 진리를 믿는다. ; 종교는 삶 이상이다. 모든 이에게 자신의 종교는 그것이 비록 철학적 비교의 잣대에서 낮게 위치한다 하더라도 가장 진실한 것임을 기억하라.(the Official Mahatma Gandhi eArchive)

윤리적 가치와 합리성 그리고 휴머니티를 중시했던 간디는 종교를 윤리와 이성의 관점에서 바라보고 평가했다. 간디는 이렇게 말한다.

편협하고 이성의 실험을 충족시킬 수 없는 어떤 종교도 앞으로 세워질 사회에서 살아남을 수 없을 것이다. 그 사회에서는 부나 지위나 출생이 아니라 성품이 덕을 실험하는 기준이 될 것이다. ; 도덕적 토대를 잃는 순간에 우리는 종교적이길 멈춘다. 도덕을 넘어서는 종교 같은 것은 없다. ; 실제적인 문제들을 설명하지 않고 그래서 그 문제들을 해결하는 데 도움을 주지 못하는 종교는 종교가 아니다. ; 이성에 호소하지 않고 도덕성과 충돌되는 어떤 종교교의도 나는 거부한다.(the Official Mahatma Gandhi eArchive)

따라서 간디는 힌두교의 세계관과 윤리관을 기본적으

로 받아들여 자기 삶의 지침으로 삼았지만 몇 가지 비윤리적이고 비이성적인 힌두 관행과 관련해서는 상당히 비판적이었다. 불가촉천민제도와 관행에 대한 개혁시도는 대표적인 예다. 물론 이 개혁시도가 독립운동의 일환으로 이루어진 측면도 없진 않으나 기본적으로는 그의 윤리적인 가치관에 근거한 것이라 볼 수 있다.

간디는 1933년 11월부터 10개월간 인도 여러 지역을 다니며 불가촉천민제의 뿌리를 뽑고 악덕한 관행을 바꾸도록 사람들을 설득했다. 그 결과 정결함을 유지하려는 경향이 강한 카스트 힌두 사회가 오염계급인 불가촉천민과의 접촉을 철저히 금해 그동안 불가촉천민들에게 닫혀 있던 힌두 사원, 우물, 도로, 그리고 기타 공공장소가 개방되었다. 그는 정통주의자들의 저항에 직면하기도 했지만 강한 의지로 힌두교와 불가촉천민제가 무관함을 입증해 보이려 했다. 그는 정통 종교인들에게 힌두교의 일원론사상 즉 모든 것이 하나라고 가르치는 아드바이따Advaita(불이일원론) 사상을 믿는 종교가 어떻게 누군가를 불가촉천민으로 다룰 수 있느냐고 묻고 어떤 경전도 이성과 도덕성과 양심의 자리를 대신할 수 없다고 주장했다.(Varma, 2002) 사실 간디의 힌두교는 전통적 힌두교라기보다는 합리적, 도덕적, 현실적 관점으로 재해석된 힌두교라고 볼 수 있다.

종교는 미래의 삶, 진리와 아힌사에 대한 신앙

간디가 종교는 합리성과 현실성을 지녀야 한다고 강력하게 역설하기는 했지만 종교를 이성의 영역 안에 한정시킨 것은 결코 아니다. 그는 종교가 이성의 영역을 넘어서는 것임을 분명히 인지하고 있었다.

> 삶이란 전투에서 지성은 얼마만큼은 우리를 이끌어간다. 그러나 그것은 중요한 순간에 우리를 놓쳐버리고 만다. 신앙은 이성을 초월한다. 시야가 가장 어둡고 인간의 이성이 지쳐 땅에 떨어질 때 신앙은 가장 밝게 빛나며 우리를 구원하러 온다.(the Official Mahatma Gandhi eArchive)

또한 간디는 종교다원주의자이자 종교통합론자였다. 간디는 이렇게 말한다.

> 모든 종교의 본질(핵심)은 하나이며 오직 접근하는 법이 다를 뿐이다. ; 세상의 모든 종교들이 모두가 하나같이 진리 외에는 이 세상에 어떤 것도 존재하지 않는다고 말하고 있다. ; 자연에는 모든 다양성을 꿰뚫고 있는 근본적인 통일성이 있다. 종교가 인류에게 주어진 것은 이 근본 통일성을 실현하는 과정을 촉진하기 위한 것이다.(the Official

Mahatma Gandhi eArchive)

특히 간디는 인도가 독립을 바로 앞둔 상황에서 힌두와 무슬림 사이에 유혈폭동사태가 발생하자 폭동발생지역을 순례하며 종교 간의 동질성과 통일성을 역설했다. 독립을 전후한 시기에서 그가 죽음을 맞이한 순간까지 그가 온 힘을 다해 애쓴 일이 바로 종교 간 동질성과 통일성을 강조해 두 집단 사이에 화해와 단합을 이끌어내는 것이었다. 간디는 폭동발생지역을 순례하면서 매일 저녁 기도모임을 갖고 두 집단의 단합을 위한 연설을 하곤 했다. 그는 기도모임 때마다 힌두교와 이슬람의 경전을 함께 인용하거나 읽기도 하고 힌두와 무슬림들의 신을 같은 신으로 설명하는 등 두 집단 사람들에게 그들이 신봉하는 신이 궁극적으로 동일하며 종교의 본질이 같다고 인식시키려 했다.

한번은 기도모임에서 이런 질문이 나왔다. "당신은 힌두교도이고 또 어떤 힌두교도들은 당신을 신의 화신으로 여기는데 왜 당신은 기도모임에서 쿠란 구절을 반복하시나요? 어찌 람과 라힘Rahim을 동일하게 언급하시나요?" 이에 간디는 이렇게 대답했다.

> 나는 신의 화신도 메시아도 신의 천사도 아닙니다. 단지 신의 미천한 종입니다. 나의 종교는 아주 넓어서 내 기도에 모든 종교의 경전들을 포함시킵니다. 신은 하나이나 이름이 여럿입니다. 무슬림의 신은 힌두의 신과 같습니다.(Gandhi, 1964)

인도 무슬림들의 지도자였던 진나는 인도가 무슬림과 힌두의 두 국가로 나뉘어 독립을 해야 한다는 주장을 굽히지 않았다. 양 집단 사이의 유혈폭동사태는 이 주장에서 촉발되었다. 간디는 분리독립안에 강력히 반대했다. 그는 관용과 다원주의의 오랜 역사를 지니며 다양한 신앙을 가진 사람들이 함께 공존하며 살아온 인도가 종교가 다르다는 이유로 나눠져야 한다는 논리를 받아들일 수 없었다. 그러나 현실의 상황은 간디의 희망과는 전혀 다른 방향으로 전개되었다. 인도는 결국 종교의 차이를 이유로 인도와 파키스탄으로 나뉘어 독립했다. 그리고 이 갈등의 여파는 힌두 극우주의자에 의한 간디암살로 이어졌다. 결국 종교의 진정한 정신인 보편주의를 전하려는 간디의 헌신적인 노력에도 불구하고 그는 편협한 도그마와 집단이기주의의 희생자가 된 것이다. 그의 다음과 같은 언급은 종교의 본래 정신과 종교의 실제 모습 간의 괴리를 잘 보여준다.

진정한 종교는 편협한 도그마가 아니다. 종교는 외적으로 신앙의 규칙과 율법을 지키는 것이 아니다. 종교는 신에 대한 신앙이며 신의 현존 안에서 사는 것이다. 그것은 미래의 삶, 진리와 아힌사에 대한 신앙을 의미한다. 오늘날 이러한 것들에 대한 일종의 무관심이 만연해 있다.(the Official Mahatma Gandhi eArchive)

종교의 진정한 의미는 신실한 마음으로 종교적 가르침을 실천하려는 이들을 오도해 편협한 도그마 속에 가두는 데 있지 않다. 그것은 진정한 자유와 해방을 가져다주는 데 있다.

종교와 정치는 어떤 관계인가 ?

종교와 정치 사이에는
어떤 경계선도 그을 수 없다

종교와 정치 사이에는 어떤 경계선도 그을 수 없다

—류성민

종교와 정치는 불가분리 관계

간디를 어떤 인물로 단정하기는 쉽지 않다. 그의 직업은 변호사였지만 그는 교육자로도 널리 알려졌다. 두 개의 저널을 창간했고 여러 잡지와 신문의 편집장을 맡았기에 언론인이라고 해도 과언이 아닐 것이다. 그는 또한 농촌 문제와 노동문제에도 깊이 관여했으며 위생이나 환경과 같은 갖가지 사회문제에도 깊은 관심을 갖고 사탸그라하 운동을 접목시켰다. 그래서 간디를 사회운동가나 시민운동가로 볼 수도 있다.

그러나 간디가 가장 심혈을 기울인 인생의 목표는 종교적인 것이었다. 비록 그가 힌두교의 성직이라 할 수 있는 브라만 계층은 아니었지만 그의 생애는 종교적 구도자로서의 삶이었고 그 자신이 늘 그 점을 강조하곤 했다. 그의 직업이나 교육자로서의 활동, 그리고 각종 사회문제들에 대한 관심은 모두 그의 종교적 목적으로 귀결되었다.

하지만 간디가 종교적인 구도자이기에 세계인의 주목을 받은 것은 아닐 것이다. 오히려 그의 종교적 신념은 그를 암살한 사람이 있을 정도로 힌두교 신자들의 반발을 사기도 했고, 이슬람교 신자는 물론 그리스도교 신자들도 간디의 종교관에 거부감을 갖는 사람들이 적지 않았다. 간디의 종교관은 종교 간의 대화와 종교교육의 관점에서는 학문적으로나 실천적으로 관심의 대상이 되어왔지만, 그것이 많은 사람들로 하여금 간디를 존경하고 위인으로 여기게 만든 주된 이유는 아닐 것이다.

간디는 인도를 영국으로부터 독립시키는 데 결정적 기여를 한 인물이었기에 그의 사탸그라하 운동도 널리 알려지게 되었고, 오늘날까지 수많은 사람들이 그를 존경하게 되었다고 할 수 있다. 말하자면 간디는 인도의 정치지도자로 등장하게 됨으로써 인도인들로부터 관심과 지지를 받을 수 있었으며, 더 나아가 세계적인 인물이 될 수 있었다고 본다. 그가 정치 무대에 등장하지 않았다면 일부 추종자들에게만 존경받은 인물로 남아 있을 것이다.

그렇다면 종교적인 목적을 위해 살았던 간디가 어떻게 정치에 관여하게 되었는가? 간디에게 종교와 정치는 어떤 관계인가? 이 물음에 대해서 간디는 매우 단호하게 답하고 있다. 종교와 정치는 불가분리 관계에 있다는 것이 그의 대답이었다.

> 보편적이어서 어느 곳에나 계신 진리의 영혼을 얼굴과 얼굴을 맞대고 보기 위해서는 가장 보잘것없는 피조물이라도 자기 자신과 같이 사랑해야 한다. 그 영혼과 대면하길 간절히 열망하는 사람은 삶의 어떠한 부분도 등한시할 수 없다. 그것이 바로 내가 진리에 헌신하는 나를 정치의 현장으로 이끈 이유다. 그래서 나는 조금도 망설임 없이, 그러나 매우 겸손한 마음으로 이렇게 말할 수 있다. 곧 종교가 정치와 아무런 관련이 없다고 말하는 사람은 종교가 무엇을 의미하는지 알지 못하는 사람들이다.[11)]

간디가 그의 자서전을 마무리하면서 이러한 언급을 한 것에서 그가 평소 종교와 정치의 밀접한 관계에 대한 소신이 확고했음을 알 수 있다. 또한 종교와 정치가 무관하다고 주장하는 사람들도 주위에 적지 않았음을 짐작할 수 있다. 특히 간디가 그의 모든 활동에 종교적인 목적을 강조했기에 그의 정치 참여를 부정적으로 말하는 사람들이 있었을 것이다. 잘 알려져 있듯이 간디는 인도의 정치

지도자로서 많은 활동을 했다. 그의 정치활동을 단적으로 보여주는 것이 여러 차례의 체포와 투옥인데, 주요 투옥 사례를 보면 다음과 같다.

〈간디의 주요 투옥 일지〉

연번	투옥일	투옥 이유
1	1908. 1	남아프리카공화국에 등록 및 행정명령 거부, 최초의 사탸그라하 운동 실시
2	1908. 10	두 번째 사탸그라하 운동 실시, 남아프리카공화국에 등록증 제시 거부
3	1909. 2	남아프리카공화국에 등록 거부
4	1913. 11	남아프리카공화국에서 집단 시위, 세 번째 사탸그라하 운동 실시
5	1919. 4	계엄령에 해당하는 '로울래트 법안'에 대한 반대 시위, 간디에게 금지된 인도의 암리차르 방문
6	1922. 3	「영 인디아」에 기고한 글과 폭동 교사 혐의(6년형 선고, 2년 만에 석방)
7	1930. 5	영국 식민정부의 '염세법' 위반, 소금 사탸그라하 운동 실시
8	1932. 1	영국 식민정부에 대한 반대, 소요사태에 대한 책임 등(재판 없이 체포, 수감)
9	1933. 8	영국 식민정부에 대한 반대 등
10	1942. 8	독립을 위한 마지막 전국적 사탸그라하 운동 지도

정치는 목적이 아닌 종교적인 삶의 일부

간디는 짧게는 2~3개월에서 길게는 2년 가까이 10여 차례 감옥생활을 했는데, 그는 평생 동안 2,338일(약 6년 5개월)을 감옥에서 보냈다고 한다.[12] '간디의 주요 투옥 일지'에서 연번 1~4번은 모두 남아프리카공화국에서 현행 법령에 대한 위반으로 투옥된 것으로, 간디는 이를 일종의 사회봉사로 여겼지만 사실상 정치활동의 일환이었다. 간디는 남아프리카에서부터 정치를 시작한 것이나 다름없다. 인도에서의 간디의 투옥도 법령에 대한 위반이나 독립을 위한 활동 등 정치활동으로 인한 것으로, 그의 정치활동에 대한 영국 식민정부의 법적 조치였다. 심지어 재판도 없이 체포해 수감한 것(연번 8번)이나 여러 차례 형기를 채우지 않은 상태에서 무조건적으로 석방한 것은 간디의 활동이 정치적이었음을 단적으로 보여준다.

실제로 간디는 주요한 정치적 활동을 하기도 했다. 그는 1894년에는 남아프리카공화국에서 '나탈인도의회Natal Indian Congress'의 구성을 주도했고, 1901~1902년에는 인도국민회의Indian National Congress에 직접 참여해 활동했다. 또한 1919년에 로울래트 법안에 반대하는 전국적인 철시撤市, hartal를 조직한 것이나 1920년에 전인도 자치연맹All-India Home Rule League의 의장으로 선출되어 활동한 것, 그리고 인도국민회의의 의장을 맡아 활동하거나 국민회의의 대표자로 영국과 여러 차례 협상한 것도 전형적인 정치활동이었다. 이러한 정치활동을 통해 간디는 인도에서는 물론 전 세계적으로 널리 알려지게 되었던 것이다.

요컨대 간디는 남아프리카공화국에서나 인도에서 모두 정치활동을 했고, 정치인으로 각종 정치집회나 모임에 참여했으며, 대외적으로도 인도를 대표하는 정치인이기도 했다. 그는 정치가 인간에게 매우 중요한 활동임을 강조하기도 했으며, 그의 활동이 정치적임을 부인하지도 않았다. 그렇지만 간디는 정치를 그의 활동의 목적으로 여기지도 않았으며 정치 자체가 결코 그의 인생 목표도 아니었다. 말하자면 정권을 잡는다거나 정치적 지위를 차지하는 것은 그의 정치활동에서는 전혀 중요하지 않았다. 간디에게 정치는 그의 종교적 목적을 달성하기 위한 여러 가지 수단의 하나였으며, 그 수단이 잘못되었다고 판단될 때는 언제나 포기할 수 있는 것이었다. 다음과 같은 그의 정치에 대한 발언에서 그 점을 분명히 알 수 있다.

> 정치가 종교로부터 분리될 때는 절대적으로 아무 의미도 없게 된다.[13)]

> 모든 문제와 모든 단계에서마다 정치적 목적만을 생각하는 것은 불필요한 소동만 불러일으킨다.[14)]

> 인간의 삶은 나눌 수 없는 전체를 이룬다. 그렇기 때문에 삶의 각 영역 사이에도, 윤리와 정치 사이에도 어떤 경계선을 그을 수 없다.[15]

> 만일 내가 정치를 포기해야 했다면 기뻐서 춤을 추었을 것이다. 나는 정치적 이득을 취하기 위해 어떤 원칙도 희생하지 않았다.[16]

간디의 이러한 발언은 비록 단편적으로 인용한 것이지만, 정치와 종교의 관계에 대한 그의 입장을 잘 보여준다. 간디에게 정치는 종교적인 삶의 일부였을 뿐이며 불가피하게 정치참여를 한 것뿐이었다. 그에게 정치는 결코 삶의 목적이 아니었다. 따라서 그에게는 정치 자체나 정치적 이해관계가 정치참여의 목표가 아니었기에 언제든 정치를 떠날 수 있었고, 어떤 정치적 지위나 명예도 중요하지 않았다. 그가 영국으로부터 받은 모든 훈장과 지위를 포기할 수 있었던 것도, 인도국민회의 대표를 수시로 그만둔 것도, 그리고 인도의 독립을 축하하고 기념하는 식장에 가지 않은 것도 바로 그러한 이유 때문이다. 종교와 정치의 관계에 대한 이러한 간디의 입장은 오늘날의 종교와 정치의 관계를 이해하는 데 매우 적절한 시사점을 제공한다고 본다.

모든 종교들에 관용적이고 공평해야

대부분의 국가에서 종교의 자유가 헌법에서 보장한 국민의 기본권으로 명시되어 있고, 몇몇 국가들에서는 정치와 종교의 분리를 직간접적으로 명시하고 있다. 우리나라를 비롯해 미국, 캐나다, 오스트레일리아, 일본, 브라질, 칠레 등이 그러한 국가들이다. 국교를 두고 있지 않는 나라들에서는 대체로 정교분리의 원칙이 적용된다고 볼 수 있다. 그런데 중요한 점은 정교분리가 정치와 종교를 위한 것이 아니라 국민의 종교의 자유를 위한 것이라는 사실이다. 정치와 종교가 분리되어야 종교의 자유를 보장하는 데 효율적이라고 판단함으로써 법적 구속력을 부여한 것이다. 말하자면 종교의 자유가 목적이라면 정교분리는 그 수단의 하나인 것이다.

일반적으로 정교분리는 정치도 종교에 관여하지 말아야 하고 종교도 정치참여를 하지 말아야 한다는 등 상호적 규정으로 이해되고 있지만, 원래의 법적 취지는 정치의 종교적 중립성 혹은 비종교성에 있다. 종교가 정치적 목적에 의해 이용되는 것을 막고자 하는 취지에서 정교분리의 원칙이 세워졌고, 그렇게 되기 위해서는 종교도 정치를 이용해 종교적 목적을 달성하려 해서는 안 된다는 것이다. 예컨대 대통령이나 국회의원에 당선되기 위해 특정 종교에 혜택을 주거나 불이익을 주어서는 안 되며, 특정 종교의 포교나 선교를 위해 정치권력을 이용해서는 안 된다는 것이다. 그렇게 될 경우 결국 국민의 종교의 자유가 침해되기 때문이다.

간디는 스스로 정통 힌두교 신자임을 밝히고 있지만 그의 정치활동은 결코 힌두교를 위한 것이 아니었다. 간디가 힌두교를 경시하려는 의도는 전혀 없었지만, 힌두교 신자와 이슬람교 신자가 화합하기를 바라는 그의 활동은 오히려 일부 힌두교 신자들의 반발을 사기도 했다. 비록 간디가 자신이 정치에 참여하고자 했던 것은 그 자신의 종교적 목적을 위한 것이라고 말했지만 그가 말한 종교는 제도 종교로서의 힌두교나 그 어떤 종교가 아닌, 인류를 위한 봉사라는 보다 크고 넓은 의미에서의 종교였다. 특정 종교 제도나 신념에 매몰되지 않고 모든 인간을 위한 봉사로서의 종교를 위해 그는 정치 일선에 나섰던 것이다. 그래서 그는 정치를 위해 자신의 종교를 이용하지도 않았다. 그의 사탸그라하 운동에는 종교적 차별이 전혀 없었다.

모든 종교들에 관용적이고 공평한 태도를 지닐 수 있

을 때 그 어떤 정치적 발언도 특정 종교의 이해관계를 벗어날 수 있다. 또한 특정종교의 신자라 하더라도 자기 종교를 위한 목적이 아닌, 전 인류나 전 국민을 위한 정치적 발언을 할 수 있어야 정교분리 논란에서 자유로울 수 있다. 그래서 간디는 당당하게 정치와 종교가 불가분리 관계라고 말할 수 있었던 것이리라.

왜 생태적 삶이 필요한가 ?

자연과 인간이 공존할 수 있는
윤리적 삶

자연과 인간이 공존할 수 있는 윤리적 삶

—류경희

현 세계 생태와 환경문제의 대안, 간디주의

환경과 생태의 위기문제는 21세기 인류가 직면하고 있는 최대 현안 가운데 하나다. 산업화가 가속화되고 욕망을 부추기는 지나친 소비문화가 확산되면서 환경은 파괴되고 환경파괴는 생태위기로 이어져 인류의 생존이 위협받고 있다.

간디는 생태와 환경문제에 선구자적 관심을 기울이고 환경파괴를 예방하기 위한 대안적 삶을 실천했다. 슈리크리슈나 자 교수는 환경문제에 대한 논의가 거의 이루어지지 않을 때인 약 1세기 전에 간디가 이미 환경문제를 예견하고 문제의 소지를 없애기 위한 조치들을 제시했다고 지적한다.[17] 또 일부 학자들은 인도가 세계에서 가장 큰 환경운동을 전개시키고 있고 그러한 운동들은 인도의 고유한 종교사상과 관행 그리고 간디사상에 뿌리를 두고 있다고 평가한다.[18] 따라서 간디는 환경문제에서도 주목을 받고 있다. 특히 환경문제 해결을 위한 생태 및 윤리문제와 관련해 주목을 받는다. 간디의 사상과 행동철학에 바탕을 두는 간디주의Gandhism가 사회, 정치, 경제 문제뿐 아니라 현 세계가 직면하고 있는 생태와 환경문제를 해결할 수 있는 중요한 대안으로 인식되기 때문이다.

생태문제와 간디를 연관짓는 연구들이 상당히 이루어지고 있는데 이 가운데 대표적인 두 연구를 간단히 소개하면 다음과 같다. 빠리다의 책[19]은 간디주의를 대안적 발전모델로 제시하고 간디모델의 생태학적 성격을 논의한 뒤 생태적인 발전과 그것이 일반적 발전과 충돌하는 문제를 해결하는 방안에 대해 다루고 있다. 또 꾸마르의 책[20]은 환경과 간디, 산업화와 도시화, 소비주의, 현대기술과 환경, 현대인의 심리, 간디식 발전개념. 간디주의의 현 적합성 등의 주제를 다루고 있다. 이 책의 저자는 간디주의를 사회, 정치, 경제 문제뿐 아니라 현 세계가 직면하고 있는 생태와 환경문제를 해결할 수 있는 중요한 대안으로 보고 있고 간디주의를 21세기 최대 과제인 환경위기, 소비주의, 세계화, 개방화 등의 측면에서 해석해야 한다는 점을 강조한다.

생태적 삶 또는 문화를 '인간이 자연생태계의 일부임을 인식하고 자연생태계와 공존하며 삶의 질을 개선시켜 나갈 수 있게 하는 관점과 태도 그리고 그것에 입각한 인간의 삶의 방식과 그 산물을 총칭하는 것'으로 규정해본다면 이러한 생태문화는 인도 전통문화에 풍부하게 나타난다. 인도의 전통사상은 우주와 자연을 살아 있는 하나의 유기체로 파악해서 자연을 구성하고 있는 모든 존재들이 상호 의존적으로 작용하며 질서를 유지하고 있다고 보고 있다. 따라서 인간과 자연을 분리하지 않고 자연의 모든 생명체를 존중하며 자연을 숭배해온 오랜 전통과 사상을 지니고 있다.

간디도 이러한 자연관을 가지고 모든 생명을 존중하는 원리를 제시했다. 그것이 바로 삶의 모든 분야에 걸쳐 그가 적용하려 했던 비폭력의 원리다. 간디는 물질적 즐거움과 번영을 끝없이 추구하는 산업화와 현대 기술문명이 인간과 자연 모두의 착취를 가져온다고 보았다. 또 인간의 욕망을 부추겨 소비를 촉진시키는 현대 대도시의 삶 역시 자연과 환경파괴의 주범이라 여겼다. 그렇기 때문에 그는 인도에 대도시가 늘어나는 것을 비판적으로 바라보았고 간소하고 소박하며 여유를 느낄 수 있는 작은 규모의 농촌 삶이 자연과 인간이 공존할 수 있는 윤리적 삶으

로, 착취와 파괴적 삶의 대안이 될 수 있다고 믿었다.[21)]

간디의 생태공동체 마을, 세바그람 아슈람

실제로 간디는 이런 소규모 농촌공동체 삶을 그가 세운 여러 아슈람에서 직접 실험했다. 세바그람 아슈람Sevagram Ashram이 좋은 예다. 생태마을과 생태도시에 대한 관심은 개발로 인한 자연파괴와 환경오염 문제가 인류의 생존을 위협할 것이라는 위기의식이 확산되면서 새롭게 부각되기 시작했다.

인도는 생태사상 생활방식의 긴 역사와 깊은 문화적 뿌리를 지니고 있다. 인도인들은 손으로 짠 면직물 옷을 입고 나뭇잎을 그릇으로 사용하거나 소똥을 연료로 사용하는 것과 같이 인간 삶이 자연 순환체계의 일부가 되어 조화를 이루는 자연친화적인 삶을 살아왔다. 빈곤문제, 개발, 산업화 그리고 도시화로 인해 인도인들의 삶의 방식에 변화가 일어난 것도 사실이지만 대도시를 제외한 많은 지역에는 친생태적 삶의 방식이 많이 남아 있다.

생태사상이 대부분 종교적 우주관에 뿌리를 두고 있기 때문에 생태마을이나 생태도시 역시 종교적 색채를 띠는 특징을 지닌다. 인도의 생태마을이나 도시는 인류의 생존을 위한 자연친화적, 친환경적 성격은 물론 인류의 정신적 변화와 개혁을 주도하고 단합을 추구하는 보편주의 성격도 지니고 있다. 간디의 아슈람도 이를 잘 보여준다.

'봉사의 마을'을 뜻하는 세바그람 아슈람은 간디가 개인과 사회 그리고 더 나아가 인류의 변화를 이끌어내기 위해 세운, 철저히 자급자족을 원칙으로 하는 생태공동체 마을이다. 이 아슈람은 인도 서북부 마하라슈뜨라주 나그뿌르시에서 75킬로미터 떨어진 와르다Wardha 읍 근처에 있는 세바그람 마을에 위치해 있다. 이 아슈람은 본래 간디가 아내와 둘이 머물기 위해 67세 때인 1936년 4월에 와서 정착한 곳으로 간디는 마을 주변에서 구할 수 있는 자연재료들로 손수 아슈람 건물을 세웠고 전기와 전화 없이 생활했다. 그러나 중요한 업무들이 늘어나 많은 인사와 동료들과의 협력이 필요해지면서 완전한 기관의 형태를 취하게 되었다. 이 아슈람은 이후 간디가 사망할 때까지 간디 활동의 본부가 되었고 중요한 국가적 문제나 운동과 관련된 많은 결정들이 이곳에서 이루어졌다.

이 아슈람은 간디의 신념을 실험하는 장이었다. 잘 알려져 있다시피 그의 실천윤리는 비폭력과 사띠아그라하다. 이 윤리를 토대로 그는 인도인들이 삶의 궁극적인 목표로 추구해온 해탈의 달성뿐 아니라 사회에 대한 봉사도 함께 추구했다. 이를 위해 그는 자발적 가난과 검소함에 토대를 두는 삶을 살았다. 그는 모든 사람들이 소중한 존재라고 생각했다. 따라서 모든 이들이 자신의 삶에서 스스로를 유용하다 느끼고 자기 자신에 의존할 수 있도록 하는 다양한 프로그램들을 개발했다. 그리고 목적뿐 아니라 수단의 순수성도 똑같이 강조했다. 세바그람은 바로 이러한 정신에 입각해 사회에 봉사할 젊은 남녀 활동가들을 훈련시키는 기지였고 생태적 삶의 실천은 그 중요한 하나의 요소였다.

간디는 이 아슈람이 추구하는 자급자족의 목표를 달성하기 위한 실천적 행동으로 전통적으로 면직물을 짜는 방법인 물레 돌리는 일과 채식주의를 고수하고 음식재료를 공동체 자체에서 재배해 식량의 자급자족을 시도했다. 그리고 먹는 음식의 질과 양의 중요성을 종종 설명하기도 했다. 이 모두는 그의 자치정신과도 관련된다. 그는 이 목적을 달성하기 위해 젊은 활동가들을 훈련시켜 위생상태나 시설이 취약한 농촌마을을 재건하는 활동을 하도록 했다.

이러한 이념 아래 이 아슈람이 제시하는 공식적인 목표와 아슈람 생활의 기본서약은 다음과 같다. 목표는 1. 세상의 누구도 증오하지 않으면서 모국에 봉사하는 것, 2. 사회의 누구도 해치지 않으면서 영성을 개발하는 것, 3. 목적과 수단의 순수성을 믿는 것, 4. 사회와 신이 부여한 사물과 재능의 신탁자로서 행동하는 것, 5. 생활에 기본적으로 필요한 것들을 자급할 수 있도록 노력하는 것이고, 서약은 진리satya, 비폭력ahimsa, 성적순결유지brahmacharya, 무소유, 훔치지 말 것, 생계를 위한 노동, 기호의 조절, 두려움 없음, 종교의 평등, 가정에서 생산한 상품의 사용swadeshi, 불가촉천민제 제거 등을 겸손함과 결의를 가지고 준수하는 것 등이다.

자 교수는 간디가 생애에 걸쳐 농촌재건을 위해 노력했다는 점을 지적하면서 이렇게 쓰고 있다.

> 이토록 많은 시간과 에너지를 진정성을 가지고 이런 문제들에 헌신한 정치 지도자가 세계에 있던 적이 있었을까? 오늘날 많은 환경관련 학자들과 활동가들이 있으나 그들 가운데는 유명세나 정치적 목적을 위해 활동하는 이들이 쉽게 발견된다. 간디는 자신이 스스로 실천하는 삶을 통해 대중에게 메시지를 전하려 노력했고 이 점이 그를 차별화되는 환경주의자가 될 수 있게 했다.[22)]

간디가 지금
우리나라에 온다면
무슨 말을 할까
?

갈등이 있는 곳에
희생이 있는 삶을 꿈꾸며

갈등이 있는 곳에 희생이 있는 삶을 꿈꾸며

—류성민

간디를 안다는 것의 의미

과거의 성인이나 현자가 지금 여기에 있다면 무슨 말을 할 것인지를 생각해보는 것은 현실의 문제를 똑바로 보는 데 도움이 될 수 있을 것이다. 예를 들면, 석가모니 부처님이 지금 한국에 온다면 한국 불교를 보고 어떻게 생각하실까? 만일 예수님이 한국의 대형교회 예배에 참석한다면 뭐라 말씀하실까? 공자님이 향교의 대성전에서 치러지는 석전대제를 보게 되면 어떤 반응을 보이실까? 옛 성현들의 가르침을 우리가 제대로 따르고 있는지를 반성하는 데 그러한 생각이 신선한 충격을 줄 수 있을 것이다.

그래서 이렇게 물어보고 싶다. 21세기 초반인 지금, 한국에, 말년의 간디가 온다면 무슨 말을 해줄 것인가? 간디의 말과 글에서 우리나라에 대한 언급은 찾을 수 없었다.

간디와 함께 일한 한국인이 없었기 때문이기도 하고, 당시는 일제강점기였기 때문에 우리나라가 대외적으로 영향력이 없었을 뿐만 아니라 인도인에게 한국의 존재는 그다지 주목받지 못했을 것으로 추측된다. 지금은 한국인의 인도 방문도 많아졌고 다방면에서 양국 사이의 교류가 이루어지고 있어 한국을 아는 인도인들이 많아지기는 했다. 그러나 인도를 여행하면서 만난 대다수 인도인들에게 한국은 그저 국가 명칭 정도나 아는 아주 먼 나라일 뿐이었다.

간디에 대해 물어보면 어떻게 간디를 아느냐고 반문할 정도로 한국에서 간디가 얼마나 잘 알려진 인물인지도 모른다. 반면, 우리나라 사람들 중에 간디를 모르는 사람은 별로 없을 것이다. 간디를 통해 인도라는 나라를 알게 된 사람도 적지 않을 것이다. 20~30년 전만 해도 존경하는 위인을 꼽으라면 간디가 열 손가락 안에 들어갔다. 웬만한 위인전집에는 거의 예외 없이 간디가 한 권을 차지하고 있고, 간디의 책은 수십 종이나 번역되어 있다. 간디학교도 있고 간디농원도 있으며, 간디를 상호로 하는 간판도 간혹 눈에 띈다. 만일 실제로 간디가 올 수만 있다면 교황이나 미국 대통령의 방한 이상으로 한국인들의 관심을 끌 것이다.

그런데 만일 간디가 우리나라에 온다면 제일 먼저 알고

싫어 하는 것은 무엇일까? 아마도 한국에서도 사탸그라하 운동이 있었느냐고 물어보지는 않을까? 간디는 사탸그라하 운동을 통해 영국으로부터 독립하고자 했던 당시의 인도와 마찬가지로 식민통치를 당한 한국에서도 비슷한 운동이 있었을 것이라 여기지 않았을까? 그런데 사탸그라하 운동이 알려지기는 했어도 한 번도 제대로 실행되지 못했다는 말을 들으면 의아하게 생각하지 않을까?

남북이 분단되고 전쟁을 치르면서 극도의 대립이 70년 가까이 지속되었는데, 비폭력운동을 통해 분단을 극복하려는 노력이 한 번도 없었다면 간디는 실망할 수도 있을 것이다. 급속한 산업화 과정에서 노사대립이 빈번했고 아직도 노동문제가 대표적 사회문제인 나라에서 그 누구도 비폭력투쟁을 하지 않았다면 한국에서는 자신이 잘 알려지지 않았다고 여길지도 모른다. 수십 년의 독재체제를 무너뜨리고 민주화를 달성하는 과정에서조차 한 번도 비폭력투쟁이 없었다면 한국 사람들은 자신을 전혀 모르는구나 하고 생각하지는 않을까?

갈등과 분쟁의 효과적인 행동기술, 사탸그라하

간디 연구자들에게 유일하게 거론되는 한국의 비폭력운동은 3·1운동이다. 당시 산발적이기는 하나 전국적으로

'대한독립만세' 소리가 울려퍼졌다. 수십만 명에서 수백만 명의 한국인들이 각지의 만세운동에 참여했다. 개신교, 천도교, 불교 등 당시 대표적인 한국종교 지도자들이 함께 힘을 모아 3·1운동을 이끌었다. 한국인들에 의한 폭력은 거의 없었던, 말 그대로 평화적인 비폭력 독립운동이었다. 일제의 무력에 의해 1만 명에 가까운 사람들이 죽임을 당하고 수만 명이 투옥되었으며 독립이라는 목적을 달성하는 데는 실패했지만, 3·1운동의 맥은 상하이 임시정부 수립으로 이어지고 현행 우리나라 헌법 전문前文에 계승해야 할 전통으로 명기된 한국 현대사의 가장 의미 있는 역사적 사건의 하나다.

그러나 3·1운동이 간디의 사탸그라하 운동에 비견되기에는 몇 가지 난점이 있다. 간디가 매우 강조했듯이 사탸그라하 운동에는 철저한 계획과 준비가 필요하며 참여자들에 대한 교육과 훈련이 필수적이다. 또한 지도자들이 '비폭력'에 대한 확고한 신념을 가져야 하고, 운동의 단계별 실시 등이 철저히 준수되어야 한다. 3·1운동은 '3·1만세운동', '3·1인민봉기' 등으로 불리기도 하듯이 철저한 계획과 준비, 조직을 갖춘 운동이 되지는 못했다. 3·1운동이 독립에 대한 전 국민적 관심을 크게 진작시키고 그에 따라 상하이 임시정부 수립 등 큰 성과를 거두었지만, 일제의 식민통치는 더 강화되고 더 교묘한 정책으로 전환하게 만드는 결과를 초래하기도 했다.

간디식의 사탸그라하 운동이나 모든 비폭력운동의 성패는 그 운동의 상대가 지닌 도덕성에 달려 있다고 평가되기도 한다. 말하자면 인도에서 간디가 영국에 대항하는 사탸그라하 운동에 성공할 수 있었던 것은 영국정부에게 비폭력적 운동을 수용할 수 있는 도덕성이 있었기 때문이라는 것이다. 따라서 독일의 히틀러나 일본 제국주의자들을 대상으로 하는 비폭력운동은 결코 성공할 수 없다는 것이다. 간디의 비폭력운동에 영향을 받은 마르틴 루터 킹 목사의 흑인민권운동과, 남아프리카공화국의 넬슨 만델라가 이끈 흑백화해운동 등등 비폭력운동을 성공적으로 이끈 사례는 상대방이 지닌 도덕성 때문에 가능한 것이었다고 보는 것이 일반적이다.

그러나 이러한 평가는 간디의 주장과는 맞지 않는다. 간디는 모든 인간의 기본적 도덕성을 믿었다. 신이 인간에게 부여한 신적인 본질이 있음을 그는 확신했고, 그것에 의지해 비폭력운동을 전개했다. 비폭력운동의 실패는 '비폭력'에 있는 것이 아니라 비폭력에 대한 확고한 신념과 준비가 없었기 때문이라는 것이 간디의 판단이었다.

여기서 간디의 주장이 맞는지, 아니면 많은 비평가들의

견해가 옳은지를 따지려는 것은 아니다. 비폭력운동의 실패와 성공, 그리고 그 이유를 분석하는 것보다 더 중요한 것은 실제로 비폭력운동을 해보는 것이다. 간디식의 비폭력운동이라고 여겨지는 수많은 운동들이 있었지만, 인도 이외의 지역에서는 아직까지 간디와 같은 실험이 제대로 이루어지지 않았다.[23] 앞서 언급했듯이 우리나라도 마찬가지다. 세계의 많은 사람들이 간디를 영웅이자 성인으로 추앙하면서도 사탸그라하 운동은 간디만이 할 수 있었던 특별한 운동으로 간주할 뿐이다. 모두가 간디 같은 인물이 다시 나타나기만을 기다리고 있는 것인가?

그렇지만 간디도 확신했듯이, 그리고 몇몇 정치학자들이나 사상가들이 천거하듯이, 사탸그라하 운동은 어느 곳에서든 어떤 경우에든 갈등과 분쟁이 있는 곳에서 그 해결을 위해 적용할 수 있는 효과적인 행동기술이다. 아니, 얼마나 효과가 있는지 검증되어야 할 분쟁해결방법이다. 특히 오늘날의 정치적이고 사회적인 갈등과 분쟁의 해결에 사탸그라하 운동이 얼마나 효용이 있는지를 실제를 통해 증명해볼 필요가 있다.

간디의 사탸그라하 운동을 하고자 할 때 가장 중요한 것은 철저한 계획과 준비 및 훈련이다. 인도 이외의 지역에서, 힌두교 문화권이 아닌 곳에서 정치문제나 사회적 갈등에 적용하고자 할 때는 더욱 그러하다. 한 정치학자가 잘 정리해준 다음과 같은 안내는 참고할 만하다.[24)]

〈사탸그라하 운동의 기본규칙〉

① 언제나 자립적으로 행동한다.

② 사탸그라히(사탸그라하 운동참여자)가 주도적으로 활동한다.

③ 운동의 목표와 전술과 전략에 대해 홍보한다.

④ 진리와 모순되지 않는 한 요구를 최소한도로 한다.

⑤ 운동을 점진적으로 향상시킨다.

⑥ 사탸그라하 그룹의 취약점을 검토한다.

⑦ 명예롭게 상대자와 협조할 수 있는 길을 지속적으로 모색한다.

⑧ 협상에서 본질적인 요소들의 포기를 거부한다.

⑨ 해결을 받아들이기 전에 근본적인 요소들에 대한 완전한 일치를 고수한다.

〈사탸그라하 운동의 훈련규율〉

① 상대자의 분노에 대해 분노를 품지 말고 고통을 당하라. 상대방의 공격에 공격으로 대응하지 말라.

② 분노로 해서 취해진 어떤 명령에도 복종하지 말라. 비

록 명령불복종으로 엄정한 처벌을 받는다 하더라도.

③ 모욕을 주거나 욕설을 하지 말라.

④ 생명의 위협을 무릅쓰고라도 상대편을 모욕이나 공격으로부터 보호하라.

⑤ 체포를 거부하지 말고, 보관인으로 재산을 갖고 있지 않는 한 재산의 압류를 거부하지 말라.

⑥ 보관하고 있는 재산은 생명의 위협을 무릅쓰고라도 포기하지 말라.

⑦ 구금되더라도 모범적으로 행동하라.

⑧ 사탸그라하 단체의 일원으로서 지도자의 명령에 복종하라. 그리고 심각한 불화가 초래되면 그 단체에서 나오라.

⑨ 독립의 유지를 위한 보증을 기대하지 말라.

〈사탸그라하 운동의 단계〉

① 협상과 조정

② 직접적인 행동을 위한 집단적 준비

③ 선동: 대중 집회, 퍼레이드, 구호 외침 등

④ 최후통첩: 일치를 위한 최대한의 조건 제시, 건설적 해결책 제시 등

⑤ 경제적 보이콧과 다양한 형태의 파업

⑥ 비협조운동: 납세거부, 등교거부, 공공기관 근무거부 등

⑦ 시민적불복종

⑧ 정부의 기능 찬탈

⑨ 대응정부 구성

'사탸그라하 실시에 있어서의 본질적 요소들'이란 제목이 붙은 이러한 기본규칙과 훈련규율 및 운동 단계에는 힌두교적인 요소나 인도적인 특징이 거의 없다. 그렇기 때문에 우리 사회나 정치 영역에서도 원용할 수 있는 여지가 크다고 본다. 기본규칙에서는 무엇보다 최소한의 요구로서 합의와 일치를 얻기 위한 부단한 노력과 주도적이고 자립적인 활동이 강조된다. 훈련규율에서는 철저한 비폭력과 상대방에 대한 존중이 가장 중요하다. 그러기 위해서는 어떠한 희생도 각오해야 한다. 운동 단계들은 점진적으로 확대하고 강화하는 것이 중시된다. 위의 정리에서는 영국으로부터의 독립을 목표로 하는 운동이었기에 정부의 기능 찬탈이나 대응정부 구성까지 포함되어 있지만, 협상과 조정으로부터 시작해 점차 운동의 강도는 높이도록 하되 최대한도로 낮은 단계에서 소기의 목적을 달성하도록 되어 있다.

우리나라에서의 실천을 꿈꾸다

이렇게 사탸그라하 운동의 본질적 요소들을 제시하고 나니 그러한 사탸그라하 운동이 우리나라에서 한 번이라도 실천될 수 있으면 좋겠다는 마음이 간절하다. 아니 가능하다면 수없이 그러한 운동이 일어나 한 번이라도 성공을 거둘 수 있으면 좋으련만.

얼마 전 우리나라가 경제협력개발기구OECD에 속한 34개 국가 중 사회갈등지수가 터키 다음으로 가장 높다는 조사결과가 언론의 톱뉴스로 보도되었다. 어느 사회에나 갈등이 있기 마련이고 분쟁이 없던 시대는 없었지만, 갈등을 해소하고 분쟁을 극복하기 위해 우리는 얼마나 노력했는지 자문해볼 필요가 있다. 그리고 바로 그러한 노력이 간디의 사탸그라하 운동이었기에 다시 그와 그 운동을 바라보게 된다. 한국의 간디를 기대하기보다는 누구라도 사탸그라하 운동을 시도하는 것이 더 현실적이고 필요한 일은 아닌지.

지금까지 우리 인생의 여러 질문을 제기하고 간디에게서 그 답을 찾아보았다. 간디의 삶과 글과 말을 회상하면서 마치 간디의 대변인이 된 것 같은 착각 속에 빠져 있지는 않았나 하는 반성을 하게 된다. 제대로 간디의 견해와 입장에서 답을 찾았는지 심히 걱정된다. 하지만 인생의 물음에 정답이 있겠는가! 물어보고 답을 찾고, 또다시 물으며 살다 보면 조금씩 적절한 답에 가까이 가는 삶을 살 수 있지 않을까.

간디는 바라보면 볼수록 참으로 멋진 인도인이었다. 그는 인도의 종교와 문화 속에서 살았고 그 삶에 충실했던 인물이었다. 바로 그 점이 그를 세계적 인물이 될 수 있게 했다고 생각한다. 간디는 가장 인도적이었기에 가장 세계적이 될 수 있었다고, 그는 어느 곳에서든, 어느 때이든 진리를 추구하는 삶은 세계적이 될 수 있다는 확신을 보여주었다고 본다. 이로써 우리가 우리 삶 속에서 진리를 추구해야 할 필요성을 간디로부터 확인하게 된다. 그러한 진리의 추구는 우리들 각자의 삶의 물음에서 비롯될 것이다.

간디의 진리실험은
성공한 것일까
실패한 것일까
?

여전히 현재진행형인
간디의 진리실현 실험

여전히 현재진행형인 간디의 진리실현 실험

—류경희

도덕적 이상주의로서의 간디주의

간디는 자신의 자서전에 '나의 진리실험'이란 부제를 달았다. 그만큼 간디는 생애에 걸쳐 진리를 추구하고 실현하려는 신념이 확고했고 죽는 순간까지도 그 신념에 따라 행동했다. 그렇다면 과연 간디는 회의에 빠진 적이 없었을까? 간디가 매우 특별한 인물이긴 했으나 그 역시 한 인간이었다. 간디는 말년에 자신이 헌신해온 모든 시도와 노력들에 회의적인 자문을 하기도 했다. 특히 인도가 인도와 파키스탄으로 나뉘어 독립하고 국가건립에 대한 노선과 견해 차이로 자신과 함께했던 동료들이 멀어지는 과정에서, 그리고 무엇보다 힌두와 무슬림 사이에 벌어진 잔인한 유혈폭동사태를 직면하면서 자신의 시도가 실패했다고 말하기도 했다. 그렇다면 간디가 생애를 바쳐 시도했던 진리실현 실험은 실패한 것일까? 그런데 여기서 또 다른 물음이 이어진다. 과연 '어떤 관점에서 성공과 실패를 바라봐야 하며 성패를 가르는 기준은 무엇이어야 하나?'이다.

간디에 관한 많은 연구와 저술이 나와 있는데 이 중 간디를 비판적으로 평가하는 흔치 않은 저술 가운데 대표적인 것으로 남부디리파드의 『마하트마 간디 불편한 진실 - 비폭력 성자와 체제 옹호자의 두 얼굴』이 있다.

남부디리파드는 인도를 대표하는 좌파이론가로 좌파적 관점에서 간디를 비판적으로 평가한다. 그는 간디가 인도사회의 제반문제와 갈등의 원인을 정확히 짚어내지 못한 까닭에 그의 실험이 실패로 끝났다고 규정한다. 종교집단간 갈등과 유혈충돌을 초래한 종교공동체들을 배타적 분열주의로 나가도록 부추기는 세력들을 제대로 이해하지 못했고 인도국민회의의 지도부를 구성한 상층과 중간계급 정치가들이 본질적으로 이기적인 권력 지향자들이었다는 사실을 파악하지 못한 때문이라고 분석한다. 그 결과 간디는 인간이 본질적으로 선하다는 가정에서 출발해서 인간은 미쳐가고 퇴락한다는 결론에 다다랐다는 것이다. 그는 영국과의 투쟁에서 간디주의가 부르주아지의 정치전략과 전술로서는 승리했지만 새로운 사회철학 즉 인간을 교화하는 새로운 방법으로서의 간디주의는 총체적 실패였다고 평가한다.(남부디리파드, 2011: 198~99)

그러나 과연 간디주의를 이리 간단히 평가해버릴 수 있을까? 지극히 특정한 제한적인 관점에서 내린 평가가 아닐까? 과연 좌파적 관점에서 좌파적 이념과 행동철학에 근거해 당시의 인도문제에 접근했다면 더 나은 결과를 가져올 수 있었을까? 개인적 판단으로는 아니라는 것이다. 노동자와 농민의 권익을 대변하는 특정 계급적 관점에서 한편으로는 영국이라는 외세와 다른 한편으로는 부르주아 계급이라는 내부세력을 투쟁대상으로 삼는 이원적 투쟁노선이 과연 인도의 독립과 통합을 이뤄낼 수 있었을까? 제국주의 세력에 대한 투쟁에 계급투쟁이 더해지고 여기에 종교집단 간 갈등이 합쳐져 오히려 더 커다란 갈등과 폐해가 초래되었을 것이고 독립이 지연된 채 내전상황으로 치달을 가능성이 더 커졌을 것이다.

그렇기에 간디는 좌파세력이 커지는 것을 우려했고 좌파의 요구사항을 사회주의 노선을 선호했던 네루가 어느 정도 수렴해주는 상황에 안도하기도 했다. 그런 면에서 간디가 남부디리파드가 지적했던 것들을 알지 못했다기보다는 다만 인도가 당면한 문제를 해결하는 데 있어 이상적 도덕주의에 근거하면서도 인도 내 이질적 집단들을 통합할 수 있고 보다 실현 가능한 방법을 채택해왔다고 생각된다. 오히려 개인적 사심이 없는 도덕적 이상주의자이자 통합주의자인 간디가 있었기에 인도의 상황이 그 정도에 머물 수 있지 않았을까 하는 생각이 든다.

오늘날에도 살아 있는 간디주의

간디주의가 실패했다면 그 진정한 원인은 현실세계와 인간의 삶 자체가 갖는 현실적 한계에 있다고 생각된다. 그리고 그의 오산은 그의 이상이 이 현실적 한계를 뛰어넘기 어려운 너무도 높은 것이었음에도 현실의 삶 속에서 평범한 일반인들도 그 이상을 실현할 수 있다고 확신한 데 있다고 할 수 있다. 요컨대 간디의 진리실현 실험은 현실적인 관점에서 보면 성공하지 못했다. 말년의 인도의 정치 및 사회상황과 그의 죽음이 이를 입증해준다. 그러나 과연 무엇이 성공과 실패를 나누는 진정한 기준일까? 또는 기준이 되어야 할까?

간디의 시도가 현실적 한계를 보였다고 해서 곧바로 그 시도를 실패한 것으로 규정할 수는 없다. 간디는 인간의 첫째 의무이자 최고의 의무를 자신의 내적 자아를 만족시키는 것, 즉 내적 자아의 지시를 진정성과 정직한 감정으로 따르는 것으로 이해했다. 간디는 힌두와 무슬림 사이의 유혈폭동을 진정시키기 위해 위험한 폭동지역을 외로운 고행자처럼 순례하면서 이렇게 말했다.

> 자신의 자아에 정직한 것이 (삶이라는) 이 희생제의의 수행에서 없어서는 안 될 가장 중요한 필수 요건이다. 난 이곳에서 나를 시험하려 한다. 실패한다 해도 상관없다. 실패와 성공은 신께 달려 있다. 신만이 나의 실험과 그 결과의 증인이시길 빈다. 왜 성공과 패배의 문제를 걱정하는가? (Gandhi, 1964: 195~96) ; 진리는 패배하거나 훼손될 수 없다.(Gandhi, 1964: 200)

간디는 자신의 에고이즘을 초월한 보편적 신념과 가치를 어떤 좌절과 절망의 순간에도 흔들림 없이 '완수해낸' 인물이다. 적어도 간디라는 한 인물의 생애에서는 간디주의가 철저히 실천되고 실현되었다. 여기에 그의 위대함이 자리한다. 따라서 간디의 진리실험은 그의 삶에서는 실패하지 않았다고 말할 수 있다.

또 간디가 추구한 가치가 현실 삶에서 온전히 구현되지 않았다고 해서 그의 실험을 실패로 규정할 수는 없다. 간디의 이상과 가치, 행동철학은 인도뿐 아니라 전 세계 여러 개인과 집단, 사회와 국가의 차원에도 영향을 미쳐왔고 그의 삶과 그의 메시지는 지금도 여전히 존경과 연구의 대상이 되며 간디주의의 현재적 의미가 지속적으로 연구, 성찰되고 있기 때문이다. 그런 의미에서 간디의 진리 실현 실험은 현재진행형이며 닫힌 결론을 내릴 수 없다는 생각이다.

주석

서문 및 1부

1) *Chandogya Upanishad* 3. 17. 4. "고행, 시주, 예배, 불살생(아힘사), 진리를 말하는 것, 이런 것들은 그 사람(사제들)을 위한 예물이다." 『우파니샤드 I』, 301쪽 참조.
2) 자이나교Jainism에서 아힘사는 최고의 덕목으로 여겨지며, 마음과 말과 행위에서 모두 가장 근본적인 덕목으로 제시되어 있다.
3) 모든 불교 신자가 지켜야 할 오계五戒와 불교 계율의 핵심인 십선계十善戒의 첫 번째가 모두 아힘사다. 아쇼카 대왕의 칙령Fourteen Rock Edicts에서도 세 번씩이나 아힘사가 언급되어 있다.
4) 『간디 자서전』, 제1부 제8장.
5) 「하리잔Harizan」, 1936. 9. 5.
6) 아파리그라하aparigraha는 무소유를 뜻하는데, 단순히 아무것도 소유하지 않는 것이 아니라 가지고 있는 모든 것을 단지 관리하는 것으로 여기는 것이며, 장래를 위한 준비로서 당장 필요하지 않은 것을 갖지 않는 것이기도 하다. 간디는 『바가바드기타』에서 무소유에 대한 교훈을 받아들이면서, 모든 재산에 대한 관리인이 되는 것과 당장 필요하지 않은 것을 취하지 않는 것을 무소유로 이해했다. 심지어 당장 필요하지 않은 것을 갖고 있는 것은 도둑질을 한 것이나 다름없다고 보았다.

7) 브라마차라brahmacharya는 한자어로 '범행梵行'으로 번역되기도 하는데, 일반적으로는 성욕의 억제란 의미로 사용하고 있지만 본래의 의미는 성욕과 식욕 등을 포함한 육체적 욕망은 물론 생각과 말과 행위에서의 철저한 자기통제를 뜻한다. 간디는 이를 진리를 추구하는 자가 지켜야 하는 덕목이자 아힘사를 실천하기 위해 필요한 것으로 여겼다. 단식도 브라마차랴를 지키기 위해 필수불가결한 것으로 여겼으며, 실제로는 신에 대한 신앙을 통해서만 이것의 완전한 실현이 가능하다는 것이 간디의 입장이었다.

8) 브레드레이버bread-labour는 "빵에 대한 권리를 얻기 위한 생산적인 손일"이라고 간디가 정의했는데, 곧 육체에 필요한 것은 육체를 통해 얻어야 한다는 것으로, 간디는 직업적으로 노동을 하지 않는 사람들도 어느 정도 육체적 노동을 해야 한다고 여겼다.

9) 간디가 특히 중시했던 것은 아스테야asteya와 아브하야abhaya인데, 전자는 도둑질과 착취의 금지를 뜻하며 보다 광의로는 필요 이상의 소유를 하지 않는 것을 의미한다. 후자는 신 이외에 그 누구나 무엇에도 두려워하지 말라는 것으로, 간디는 이를 '두려움 없는 용기'라고 표현하기도 했다.

10) 사탸그라하 운동의 전개과정과 의미에 대해서는 『간디의 철학과 사상』 참조.

11) 간디의 생애를 다룬 책의 저자인 끄리빨라니도 "그가 우리에게 말하는 것은 무엇인가? 그의 대답은 그의 삶이 바로 그의 메시지라는 것이다"라고 쓰고 있다.(Kripalani, 1984: Forward)

12) *A Thought for the Day*, 1945. 1. 15.

13) 『간디: 생애와 사상』, 78~79쪽에서 재구성.

14) 『간디 자서전』, 제3부 제23장.

15) 사탸와 아힘사, 그리고 사탸그라하에 대해서는 '서문' 참조.

16) 이후 *Young India*는 *YI*, *Mohan-Mala*는 *MM*, *Harijan*은 *H*, *Navajivan*은 *N* 등 약어로 표기할 것이다. 다른 인용저널들도 약어로 표기하고 참고문헌에서 저널의 전체명칭을 밝혔으므로 참고 바람.

17) www.braiyquote.com

18) http://www.mahatma.org.in/mahatma/quotes/quotes.jsp?link=qt.(the Official Mahatma Gandhi eArchive). 이 인용처는 이후 본문에서 (the Official Mahatma Gandhi eArchive)로만 표기할 것이다.

19) 고정윤 편, 『마음의 평화와 성공으로 인도하는 명언들』, 누멘, 2010, 51~58쪽 참조.

20) *A Thought for the Day*, 1944. 12. 9.

21) *A Thought for the Day*, 1945. 1. 6~7.

22) 『간디 자서전』, 제4부 제37장.

23) *A Thought for the Day*, 1945. 1. 31.

24) *A Thought for the Day*, 1945. 5. 15.

25) 『인도인의 인생관』, 97쪽에 소개되어 있고, 인도의 영화나 연극의 대사로도 많이 사용되는 시구다.

26) 키르케고르, 박환덕 역, 『죽음에 이르는 病』, 범우사, 1975, 26~27쪽.

27) 『간디 자서전』, 제5편 제33~34장 참조.

28) 막스 뮐러Max Müller(1823~1900)는 독일 출신의 종교학자로 일생의 대부분을 영국에서 보낸 옥스퍼드대학 비교언어학 교수였으며, '종교학의 아버지'로 지칭될 정도로 초기 종교학 태동에 기여한 인물이다. 특히 리그베다의 번역과 인도종교 연구로 널리 알려졌고, 간디도 그의 자서전에서 읽었다고 말한 『인도는 우리에게 무엇을 가르치는가?』라는 저서를 통해 인도종교와 문화에 대한 찬사와 애정을 표하기도 했다.

29) 인도에서 종교적 명상과 공부를 위한 센터를 아슈람ashram이라 하는데, 일반적으로 종교적 혹은 영적 수행을 위해 집단적으로 거주하는 곳을 가리킨다.

30) *A Thought for the Day* 서문. 우리말 번역본으로는 『날마다 한 생각: 마하트마 간디의 명상, 688일』이 있다. 이 책은 간디가 힝고라니에게 약 2년에 걸쳐 매일 써준 짧은 글을 모은 것으로, 아내의 죽음을 슬퍼하는 힝고라니에게 위로와 격려를 보내고자 시작된 것이다.

31) 간디는 45세 이후 죽을 때까지 짧게는 1~3일간, 길게는 21일간 20여 차례의 단식을 했다. 총 단식 일수를 합하면 160일 정도 된다. 자기

자신의 참회를 위해 기간을 정해 단식할 때 이외에는 모두 죽음을 각오한 단식이었다. 거의 죽음 직전까지 갔던 단식도 여러 번 있었다.

32) *A Thought for the Day*, 46~47, 1945. 1. 4~5.

33) *A Thought for the Day*, 84, 1945. 2. 11.

34) *A Thought for the Day*, 168, 1945. 5. 6.

35) 목샤moksha는 산스크리트어의 남성명사(같은 뜻의 여성명사는 mukti)로서 해방, 해탈, 자유 등을 의미하는 어근 'muc'에서 유래된 단어다. 영어로는 구원salvation이나 천국으로 번역되기도 한다. 목샤는 인도의 여러 종교들에서 윤회samsara로부터 벗어나는 것을 뜻하며, 우파니샤드에서 처음 언급되었다고 한다. 간디가 즐겨 읽었던 『바가바드기타』에서는 목샤에 이르는 길yoga로 사심 없는 행위, 결과에 연연하지 않는 행위가 강조되어 있다.

36) 간디는 건강에 관한 글을 매우 많이 썼고, 그의 생전에 출판된 책들도 몇 권 있었다. 2000년에는 간디의 건강 관련 글들을 모아 편집한 책(*Gandhi's Health Guide*, The Crossing Press)이 스위스에서 출판되기도 했다. 우리말 번역본으로는 『마음을 다스리는 간디의 건강철학』이 있다. 이 글을 읽고 관심이 생긴 사람이라면 꼭 읽어보길 권한다.

37) *Key to Health*, 4쪽.

38) 『마음을 다스리는 간디의 건강철학』, 69~80쪽.

39) 『마음을 다스리는 간디의 건강철학』, 92-93쪽.

40) 『마음을 다스리는 간디의 건강철학』, 314~315쪽.

41) 간디의 자서전에서는 2개 장에 걸쳐 브라마차랴라는 제목을 붙여 간디가 성적인 욕망을 끊게 된 배경과 과정을 다루고 있다. 그리고 한 쪽 가득히 그의 부인 카스투르바이의 사진을 싣고 있다(308쪽).

42) 『간디 자서전』, 제3부 제8장.

43) 이 금식일지는 간디헤리티지 포털사이트(www.gandhiheritagepotal.org)와 간디재단의 홈페이지(www.mkgandhi.org)에 정리된 것 중에서 3일 이상 단식한 것들을 종합해 정리한 것임.

44) 『간디 자서전』, 제4부 제31장.

45) D. G. Tendulkar, *Mahatma*, vol. 2, 152쪽.

46) Ibid, vol. 3, 165쪽.

47) Prabhu & Rao, eds., *Mind of Gandhi*, 35쪽.

48) Gandhi, *Non-Violence in Peace and War*, 306쪽(요안 V. 본두란트, 『간디의 철학과 사상』, 58쪽에서 재인용).

49) 두려움을 갖지 않는 것에 대한 이후 간디의 인용구절의 대부분은 'The Gospel of Fearlessness'(http://mkgandhi.org/momgandhi/chap12.htm)를 참조했다.

50) 'The Gospel of Fearlessness'(http://mkgandhi.org/momgandhi/chap12.htm).

2부

1) 인도의 카스트제도는 '사성제도'로 번역되기도 하는데, 인도사회의 전통적 신분제도로 정착되어 오늘날까지 유지되고 있다. 카스트caste(varna & jati)는 원래 색(주로 피부색)을 의미했고, 종족의 차이를 구분하는 제도였으나, 점차 계층적인 신분제도가 되었다. 크게는 사제계층인 브라만, 전사계층인 크샤트리아, 상인과 농민 등 평민인 바이샤, 장인과 노예계층인 수드라로 구분되지만, 각각의 계층 내에서 혈통과 직업과 직종에 따라 무수한 하위 카스트가 생겨남으로써 수천 개 카스트로 세분된다. 이러한 카스트제도 내에 포함되지 못하는 최하위 계층이 불가촉천민으로 불리는 달리트dalit다. caste란 말은 계층이나 계급을 의미하는 포르투갈어 'casta'에서 유래된 것으로, 영국에 앞서 유럽에서 가장 먼저 인도에 진출한 나라가 포르투갈이었던바, 그들에 의해 붙여진 명칭이다.

2) 「영 인디아」, 1924. 11. 11.

3) 「하리잔」, 1940. 3. 2.

4) 『간디 자서전』, 머리말.

5) 「영 인디아」, 1924. 4. 3.

6) www.braiyquote.com

7) 힌두 신화에서 창조주 브라흐마Brahmā는 낮에 우주를 창조하고 밤에는 우주를 해체한다. 브라흐마의 낮의 길이가 한 회의 우주가 존속하는 기간인

43억 2000만 년Kalpa이다. 한 회의 우주기간이 지나면 우주가 해체되어 같은 기간인 43억 2000만 년 동안 휴지기에 들어간다. 이 휴지기가 끝나면 브라흐마는 또 다른 우주를 창조한다. 이러한 우주의 생성과 해체의 과정은 100브라흐마 년年인 브라흐마의 생애가 끝날 때까지 지속된다. 그리고 이 기간이 끝나면 우주가 다섯 자연요소(불, 물, 공간, 바람, 흙)로 해체되는데 이 단계가 우주의 궁극적 해체의 단계Pralaya다. 이후 브라흐마는 다시 태어나고 이 과정이 되풀이된다.

8) 불가촉천민을 하리잔이라고 한 간디의 명명도 점차 그들에 대한 경멸적 표현으로 여겨져 공식적으로는 사용되지 않고 있으며, 인도정부에서는 '등재 카스트scheduled caste'라는 용어를 사용하기도 했다.

9) 「영 인디아」, 1927. 9. 22.

10) 이에 대한 자세한 내용은 『간디의 철학과 사상』, 83~90쪽 참조.

11) www.brainyquote.com

12) 'Poverty in the Midst of Plenty'(http://www.mkgandhi-sarvodaya.org/amabrothers/chap08.htm)

13) 간디와 첫째아들 하릴랄과의 관계는 많은 연극과 영화의 소재가 되기도 했는데, 저명한 영화감독 페로즈 칸Feroz Abbas Khan의 〈나의 아버지 간디My Father Gandhi〉는 둘 사이의 갈등을 집중적으로 조명한 영화로 2007년에 개봉되었다.

14) 『간디 자서전』, 제3부 제5장.

15) 『간디 자서전』, 제3부 제5장.

16) 『간디 자서전』, 제3부 제5장.

17) 『간디 자서전』, 제3부 제7장.

18) 인도인들이 가장 즐겨 읽는 대서사시 『라마야나』는 라마가 아내 시타를 유괴한 악마의 왕 라바나를 멸망시키는 것이 줄거리며, 여기서도 일부일처제를 이상화하고 있다.

19) 우리말 번역본으로 박지명·이서경 역, 『베다』가 있다.

20) 『마누법전Manu Smrti』은 인도의 최고 경전인 『리그베다』 등 베다 문헌에 기초하고, 베다 이후의 여러 문헌을 근거로 해 만들어진 법전으로, 최상위

계급인 브라만에 초점을 맞추어 다양한 전통과 관습을 체계화하고 있지만, 고대 인도에서는 물론 오늘날까지 인도인의 생활에 가장 큰 영향을 미치는 법전으로 간주되고 있다. 법전의 성립 시기는 기원전 2세기에서 기원후 2세기로 보는 것이 정설이다. 우리말 번역본으로 이재숙·이광수 역, 『마누법전』이 있다.

21) 『마누법전』, 제3장 제56~57절.

22) 『마누법전』, 제3장 제61~62절.

23) 『간디 자서전』, 제4부 제10장.

24) 『간디 자서전』, 제4부 제28장.

25) 간디의 제자이자 동지였던 힝고라니는 교육과 관련된 간디의 발언을 50개의 주제로 구분하고 다시 7개의 대주제로 묶은 책을 간디를 저자로 『나의 교육관My View on Education』이란 제목을 붙여 1970년에 출간했다. 우리말 번역본으로 『간디, 나의 교육철학』이 있다.

26) 『간디, 나의 교육철학』, 44 ; 「하리잔」, 1937. 7. 31.

27) 일반적으로 힌두교에서 인간의 구성요소를 육체body와 정신mind과 영혼soul으로 구분하고 있으나, 학파나 종파에 따라 다소 입장이 다르다. 또한 육체와 정신은 소멸되지만 영혼은 영원하다고 봄으로써 육체와 영혼으로 양분해 이해하기도 한다.

28) *The Selected Works of Gandhi*, vol. 6, "The Voice of Truth".

29) 『간디, 나의 교육철학』, 44; *True Education*, 196~199쪽.

30) 『간디, 나의 교육철학』, 시작하는 말 참조.

31) 『간디, 나의 교육철학』, 39~43쪽; *Ashram Observances in Action*, 100~105쪽.

32) 간디는 시바와 그의 부인 파바피, 라마와 그의 부인 시타, 날라와 그의 부인 다마얀티가 동등하게 활동하고 대접받는 것을 예로 들기도 했다.

33) 『간디 자서전』, 제4부 제25장.

34) http://en.wikipedia.org/wiki/Mohandas_Karamchand_Gandhi

35) "진정한 지성교육은 신체기관을 적절히 쓰고 단련하는 것을 통해서만 올 수 있다. 즉 아이일 때 신체기관을 지적으로 사용하는 것이 그의 지성을 발전시키는 가장 좋고 빠른 길이다."(*H*, 8 March 1937 ; *MM*, 111)

36) 『간디 자서전』, 제2부 제1장. 이 책에는 레이찬드바이의 사진이 한 쪽 전체에 실려 있는데, 간디와 그의 가족 외에 단독으로 실린 유일한 사진이다. 레이찬드바이(1867~1901)는 자이나교 철학자이자 영적 지도자였다.

37) 제3부 제17~19장, 제4부 제37, 41장, 제5부 제2장.

38) 간디가 구자라트어로 쓴 것인데, 2007년에 영역되었다. M. K. Gandhi, *Ruskin Unto This Last: Paraphrase*, tr. by Valji Govindji Desai, Ahmedabad, India: Navajivan Publishing House, 2007.

39) 『간디 자서전』, 제4부 제18장.

40) 『바가바드기타』는 기원전 5~2세기에 인도에서 편찬된 산스크리트어 경전으로, 원래는 대서사시 『마하브하라타Mahabharata』의 일부였으나 독립된 경전으로 여겨진다. 특히 박티bhakti 요가와 카르마Karma 요가의 경전으로 널리 알려져 있으며, 인도 대중들에게 가장 사랑받는 경전의 하나다. 길희성 번역의 『바가바드기타』 등 우리말로 여러 출판사에서 번역, 출간되어 있다.

41) 『간디 자서전』, 제1부 제6장.

42) 인도헌법의 기본의무(THE CONSTITUTION OF INDIA, PART IVA, FUNDAMENTAL DUTIES, 51A). "It shall be the duty of every citizen of India—(g) to protect and improve the natural environment including forests, lakes, rivers and wild life, and to have compassion for living creatures."

43) 『마누법전』, 제5장 제37~38절.

44) 『마누법전』, 제5장 제41절.

45) 『마누법전』, 제5장 제43절.

46) 『간디 자서전』, 제3부 제22장.

47) 칼리 여신은 어둠과 죽음을 표상하는 신으로, 온몸이 검은색으로 된 신상으로 사원에 모셔진다. 죽음에서 생명이 나타난다는 신념이 그 여신과 관련되어 있고, 오늘날에도 양을 제물로 바치는 의식이 거행되고 있다. 해골로 된 목걸이를 하고 피를 먹기 위해 긴 혀를 내민 형태의 칼리

여신상은 생명과 죽음의 역설, 곧 죽음을 통한 생명의 탄생과 유지의 이미지를 표상한다.

48) 『간디 자서전』, 제3부 제18장.

49) 『힌두 스와라지』, 제10장.

3부

1) 『힌두 스와라지』, 제11장.

2) 간디가 공부한 대학은 University College London으로서, 동문명단에 간디도 소개되어 있다. 홈페이지(http://www.ucl.ac.uk) 참조.

3) 『힌두 스와라지』, 제11장.

4) 『힌두 스와라지』, 제12장.

5) 『힌두 스와라지』, 제12장.

6) 인도정부의 지원으로 시작된 간디 전집 프로젝트는 1994년까지 400쪽 내외 분량의 100권으로 출간되어 있다. Mahatma Gandhi, *The Collected Works of Mahatma Gandhi*, vols. 100, New Delhi: Publication Division, Ministry of Information & Broadcasting, Government of India, 1958~1994. 간디 유산 포털사이트(https://www.gandhiheritageportal.org)에서 전권을 열람해볼 수 있다.

7) 『자서전』, 제2부 제14장 참조.

8) 즉·그의 비전, 용기와 인격, 연민과 헌신, 의사소통기술, 조직기술과 카리스마, 전략화기술, 조직운영기술, 관용, 자기확신과 유머, 종교, 애국심, 민주주의에 대한 열린 견해, 그리고 세계관에 대한 폭넓은 견해 등이다.

9) http://mkgandhi.org/humantouch.htm

10) http://en.wikipedia.org/wiki/Gandhian_economics

11) http://mkgandhi.org/revivalvillage/index.htm

12) http://en.wikipedia.org/wiki/Gandhian_economics

13) 간디의 예술관에 대해서는 'Truth and Beauty'(http://mkgandhi.org/momgandhi/chap11.htm)와 Mohan,-Mala(Gandhi, 1989)를 참고했다.

14) 참고로 인도 고전예술에서 예술의 아름다움, 미 개념을 나타내는 용어는

범어로 식물의 액을 의미하는 라사rasa다. 즉 라사는 모든 것의 핵심본질 또는 정수를 의미하고 보다 확장된 의미로는 맛, 정취, 운치, 멋, 향기 등을 의미한다. 그리고 상황의 느낌이나 분위기를 기술할 때도 사용한다. 보다 높은 수준으로는 특정하게 고조된 분위기에서 예술가와 관중이 하나가 되는 초월적인 지극한 즐거움을 의미한다. 하나가 되면 될수록 즉 일치하면 할수록 그만큼 라사는 강렬해진다. 그리고 작품 분위기에 더 감동을 느끼게 된다.(류경희, 2013)

15) Mark Shepard, "Mahatma Gandhi and His Myths" 중 'What Is Satyagraha?'(http://mkgandhi.org/faq/q17.htm)

16) 본래 『바가바드기따』에서 '욕망 없는 행위' 즉 (니스까마) 까르마 요가는 힌두 종교와 철학의 궁극적 목표인 해탈에 이르는 주요 세 길 중 하나로 제시되고 있다. 간디의 경우는 악에 대한 선의 승리를 얻을 수 있는 방법으로 받아들이고 있다.

17) 이는 카스트제도에 담긴 인도의 사회사상과는 차이가 나고 서구사상의 영향으로 보인다. 그러나 인도의 보편주의 사상에는 이런 관념이 담겨 있다.

18) 네 번째는 로울래트 법안에 대항해 벌인 비협조운동 과정에서 구속 수감되었다가 몇 달 후 심한 맹장염으로 출소해 나온 후 한 단식이다. 비협조운동을 함께했던 힌두와 무슬림 집단이 영국정부의 분열정책으로 갈라져 여러 지역에서 충돌하고 폭동이 발생하고 있었다. 간디는 양 공동체 간 갈등을 해결하고 두 집단 간 단합을 이끌어내기 위해 건강이 몹시 나쁜 상태인데도 21일간의 단식에 들어갔다(1924. 9. 18). 그 결과 민족통합회의가 델리에서 열렸고 그곳에 모인 모든 공동체의 지도자들이 평화와 우애를 유지할 것을 서약했다.

19) 간디는 단식을 선언하면서 이렇게 말했다. "나는 '접촉민'으로 태어났지만 스스로 '불가촉민'이 되기로 했습니다. 또한 나는 '불가촉천민'들 가운데도 가장 낮은 계층의 사람들을 대표하고 나 자신을 그들과 동등하게 여기려는 것입니다. 나는 그들이 일어선다면 그것은 지정의석제 때문이 아니라 그들 가운데 있는 힌두 개혁자들의 정력적인 활동 덕분일 거라고 확신합니다. 그 이유는 나의 전 영혼으로 대항해왔던 이 분리가 개혁의 모든 전망들을

질식시킬 것이기 때문입니다. 분리유권자제의 철회는 내 맹세의 글자는 만족시킬 것이나 그 뒤에 있는 정신은 결코 만족시킬 수 없을 것입니다. 내가 원하는 것, 내가 그것을 위해 살고 있는 것, 내가 그것을 위해 기쁘게 죽을 것은 바로 불가촉천민제를 완전히 없애는 것입니다. 나는 나의 생명을 중요하게 생각지 않습니다. 나의 단식이 카스트 힌두들로 하여금 그들의 선잠에서 일어나게 하고 그들의 의무감을 일깨우게 만든다면 단식은 나의 목적에 봉사한 게 될 것입니다."

20) 간디는 불가촉천민제 제거운동을 계속해나갔다. 「하리잔」이란 새로운 주간지를 발행하고(1933) 불가촉천민제의 폐지와 '하리잔'의 복지를 위해 활동할 조직을 만들고 상층 카스트의 지도자들이 이 조직의 활동을 맡도록 했다. 간디는 수감상태여서 이런 활동을 전개하기가 어렵게 되자 영국정부에 빠른 시일 안에 시민불복종운동을 재개할 의도가 없다는 걸 알리고 카스트 힌두들의 양심을 되살리고 하리잔의 대의를 위해 일하려는 자신의 진심을 정부에 확신시키기 위해 21일간의 또 다른 단식에 들어갔다(1933. 5).

21) 하비브는 "1942년의 이 반란(마지막 사띠아그라하)이 용기 있는 행동이었고 간디나 민족지도자들의 진심을 의심할 여지가 없지만 결과적으로 인도퇴거결의안은 당시 세계상황에 대한 큰 오산에 근거한 것이란 점을 부인할 수는 없다. 세계대전 전세가 유엔군 쪽으로 다시 기울었기 때문이다"라고 기술하고 있다.(Habib, 2004: 44)

4부

1) 『간디 자서전』, 제1부 제7장.

2) 『간디 자서전』, 제5부 "작별인사Farewell".

3) *What is Hinduism?*, 61쪽. 이 글은 원래 1928년 11월 11일에 「영 인디아」에 기고했던 것이다.

4) 『간디 자서전』, 제4부 제6장.

5) 『간디 자서전』, 제5부 "작별인사".

6) 『인도인의 인생관』, 73쪽. 라다크리슈난Sarvepalli Radhakrishnan(1888~1975)은

현대 인도의 대표적 철학자로, 인도의 캘커타대학과 베나레스대학, 영국의 옥스퍼드대학 등에서 교수로 있었고, 인도의 초대 부통령과 2대 대통령을 역임했다.

7) 푸라나Puranas는 일반적으로 인도의 신화집으로 알려져 있는데, 신화 외에 의례와 신앙, 사회적 관습, 왕의 족보 등이 수록된 수많은 고대 인도의 전승집에 대한 통칭이며, 스무리티 경전으로 분류된다.
8) *What is Hinduism?*, 6쪽. 원래는 「영 인디아」(1921. 10. 6)에 발표한 글이다.
9) 간디의 종교에 대한 견해는 *My Religion* 참조.
10) 종교와 도덕의 관계에 대한 간디의 견해에 대해서는 *Ethical Religion*(M. K. Gandhi, Ahemedabad, India: Navajivan Trust, 1968) 참조.
11) 『간디 자서전』, 제5부 "마지막 인사".
12) Homer A. Jack, ed., *The Gandhi Reader: A Sourcebook of His Life and Writings*, New York: Grove Press, 1956, 516쪽.
13) Prabu & Rao eds, *Mind of Mahatma Gandhi*, 1968, 310쪽.
14) D. G. Tendulkar, *Mahatma*, vol 4, 44쪽.
15) D. G. Tendulkar, *Mahatma*, vol 7, 350쪽.
16) *The Collected Works of Mahatma Gandhi*, vol. 26, 285쪽.
17) 'Mahatma Gandhi-An Environmentalist With A Difference' by Shreekrishna Jha(http://mkgandhi.org/environment/jha.htm) 슈리크리슈나 자Shreekrishna Jha 교수는 바라나시 라즈가트Rajghat에 위치한 간디연구소the Gandhian Institute of Studies의 소장을 역임했다.
18) 실제로 힌두 종교지도자와 조직들이 환경보호운동인 칩코Chipko(숲 보존) 운동에 가담하고 있고 힌두교와 자이나교 조직들이 반환경적 사업들을 반대하는 운동을 전개시키고 있다.
19) G. Parida, *Ecology and Development in Conflict : A Gandhian Approach*, New Delhi, 2000.
20) S. B. Kumar, *Environmental Problems and Gandhian Solutions : The Only Ray of Hope to the Present Ailing World*, New Delhi : Deep & Deep, 2002.
21) 자 교수는 간디가 간소함simplicity, 느림slowness, 작음smallness 원리에

근거하는 삶을 살고자 했다고 지적하고 간소한 삶은 삶에서 꼭 필요한 것들만을 요구하며 검소함 안에서 만족과 즐거움을 찾는 삶이라 말한다. 그리고 명상을 하며 느리고 부드럽게 사는 삶은 인도에서 새로운 것이 아니라 오랜 전통을 지니고 있다고 지적한다. 현대성은 삶을 매우 빠르게 만들고 삶이 온갖 종류의 시간을 아끼는 장치들로 갖추어져 있음에도 모든 사람들이 시간을 부족해한다고 꼬집는다. 'Mahatma Gandhi-An Environmentalist With A Difference', by Shreekrishna Jha(http://mkgandhi.org/environment/jha.htm)

22) 'Mahatma Gandhi-An Environmentalist With A Difference', by Shreekrishna Jha(http://mkgandhi.org/environment/jha.htm)

23) 이 점에 대해서는『간디가 온다』참조.

24) 요안 V. 본두란트, 앞의 책, 73~78쪽. 본두란트Joan Valerie Bondurant (1918~2006)는 미국의 정치학자로 널리 알려진 인물로서, 1944년에 인도에서 직접 간디를 만났으며 정치학자로서 그의 사탸그라하 운동이 정치적이고 사회적인 갈등 해결에 효과가 있음을 확신하면서 이 책을 저술했다. 이 책의 원제목은『폭력의 정복: 간디주의 투쟁철학Conquest of Violence: The Gandhian Philosophy of Conflict』(1958)이다.

참고문헌 1

간디, 함석헌 역, 『간디 自敍傳』, 삼성출판사, 1977.
고정운 편, 『마음의 평화와 성공으로 인도하는 명언들』, 누멘, 2010.
기 소르망, 이상빈 역, 『간디가 온다』, 문학과 의식, 2001.
길희성 역, 『바가바드기타』, 서울대학교 출판문화원, 2013.
김미숙, 『불살생의 이론과 실천: 인도 자이나교의 수행론』, 한국학술정보, 2007.
김태창 편, 『간디, 생애와 사상』, 유풍출판사, 1979.
라다크리슈난, 허우성 역, 『인도인의 인생관』, 서광사, 1994.
류경희, 『인도의 종교와 문화』, 서울대학교출판문화원, 2013.
마하트마 K. 간디, 함석헌·진영상 역, 『날마다 한 생각』, 생각사, 1981.
마하트마 간디, 고병헌 역, 『간디, 나의 교육철학Mahatma Ganddhi, My View on Education』, 문예출판사, 2004.
마하트마 간디, 안찬수 역, 『힌두 스와라지Hind Swaraj』, 도서출판 강, 2002.
모한다스 K. 간디, 김남주 역, 『마음을 다스리는 간디의 건강철학Gandhi's Health Guide』, 뜨란, 2000.
박지명·이서경 역, 『베다』, 동문선, 2010.
셰샤기리 라오, 이명권 역, 『간디와 비교종교』, 분도출판사, 2005.
앙리 스테른 편, 백선희 역, 『마하트마 간디』, 이레, 2005.
요안 V. 본두란트, 류성민 역, 『간디의 철학과 사상』, 현대사상사, 1990.

이병옥, "인도종교에 나타난 동물존중태도", 『종교문화비평』 통권 21호, 2012, 45~86쪽.
이은구, 『인도의 신화』, 세창미디어, 2003.
이재숙 역, 『우파니샤드 1』, 한길사, 1996.
이재숙·이광수 역, 『마누법전』, 한길사, 1999.
R. 롤랑, 박석일 역, 『마하트마 간디전』, 서문당, 1973.

Chatterjee, Margaret, *Gandhi's Religious Thought*, London & Basingstoke, The Macmillan Press Ltd., 1983.
Duncan, Ronald, *selected and introduced, Selected Writings of Mahatma Gandhi*, Boston: The Beacon Press, 1951.
Erikson, Erik H, *Gandhi's Truth: On the Origins of Militant Nonviolence*, New York: W. W. Norton & Company, 1969.
Fischer, Louis, *Gandhi: His Life and Message for the World*, New York & Scarborough: New American Library, 1954.
Gandhi, M. K., *Key To Health*, tr. by Sushila Nayar, Ahmedabad, India: Navajivan Publishing House, 1948.
Gandhi, M. K., *My Religion*, Compiled and Edited by Bharatan Kumarappa, Ahmedabad, India: Navajivan Publishing House, 1955.
Gandhi, Mahatma, *What is Hinduism*, New Delhi: National Book Trust, 1994.
McLaughlin, Elizabeth T., Ruskin and Gandhi, London: Associated University Press, 1974.
Muller, Max, India: *What Can It Teach Us?*, New York: Funk & Wagnalls Co., 1999.
Narayan, Shriman, ed., *The Selected Works of Mahatma Gandhi*, Vol. 1-2[An Autobiography], Ahmedabad, India: Navajivan Publishing House, 1968.
Nikhilananda, Swami, *Hinduism: Its Meaning for the Liberation of the Spirit*, London: George Allen & Unwin Ltd., 1958.
Rao, V. K. R. V, *The Gandhian Alternative to Western Socialism*, Bombay:

Bharatiya Vidya Bhavan, 1970.
Ray, B. N., *Reading Gandhi*, Delhi: Authors Press, 2008.
Sheean, Vincent, Lead, *Kindly Light:Gandhi & the Way to Peace*, New York: Random House, 1949.
Shukla, N. P., *Mahatma Gandhi:Sociological and Political Thinkers*, Delhi: Manglam Publishers & Distributors, 2007.
Vasto, Lanzadel, *Gandhi to Vinoba:The New Pilgrimage*, New York: Schocken Books, 1974.
Wolpert, Stanley, *Gandhi's Passion:The Life and Legacy of Mahatma Gandhi*, Oxford & New York: Oxford University Press, 2001.

참고할 만한 주요 인터넷 홈페이지

http://www.mkgandhi.org
http://www.gandhifoundation.net
https://www.gandhiheritageportal.org

참고문헌 2

류경희, 『인도의 종교와 종교문화』, 서울대학교출판문화원, 2013.
마하트마 간디, 『간디, 나의 교육철학』, 문예출판사, 2006.
마하트마 간디, 『위대한 영혼의 스승이 보낸 63통의 편지』, 지식공작소, 1997.
마하트마 간디, 『간디자서전』, 삼성출판사, 1979(1977).
마하트마 간디, 『간디, 맨발로 갠지스 강을 걷다』, 지식공작소, 2001.
제프리 에쉬, 『간디평전』, 실천문학사, 1968.
파스칼 앨런 나자렛, 『간디의 위대한 리더십』, 홍익출판사, 2013.
E.M.S. 남부디리파드, 『마하트마 간디 불편한 진실-비폭력 성자와 체제 옹호자의 두 얼굴』, 한스컨텐츠, 2011.

Gandhi, M. K., *Ruskin Unto This Last, A Paraphrase*, Ahmedabad: Navajivan Publishing House, 1956.

Gandhi, M. K., *Mohan-Mala*(Ghandian Rosary), compiled by R.K. Prabhu, Ahmedabad: Navajivan Publishing House, 1989(1949).

Gandhi, Manubahen, *The Lonely Pilgrim*(Gandhiji's Noakhali Pilgrimage), Ahmedabad: Navajivan Publishing House, 1964.

Habib, I. et al., *Toward a Secular & Modern India Gandhi Reconsidered*, New Delhi: Sahmat, 2004.

Kripalani, K., com. & ed., *All Men are Brothers* (life and thoughts of Mahatma Gandhi as told in his words), Ahemadabad: Navajivan Trust, 1960.

Kumar, S.B., *Environmental Problems and Gandhian Solutions: The Only Ray of Hope to the Present Ailing World*, New Delhi : Deep & Deep, 2002.

Pandey, B. P., "A Plea for Relevance of Gandhian Economic Principles," N. Prasad, ed., *Gandhi Historical and Contemporary Perspectives*, New Delhi: Segment, 1990.

Parida, G., *Ecology and Development in Conflict: A Gandhian Approach*, New Delhi, 2000.

Prasad(a), K., "Contemporary relevance of Gandhian Economic Thought", N. Prasad, ed., *Gandhi Historical and Contemporary Perspectives*, New Delhi: Segment, 1990.

Prasad(b), N. ed., *Gandhi Historical and Contemporary Perspectives*, New Delhi: Segment, 1990.

Varma, R., *Gandhi-A Biography for Children and Beginners*, Navajivan Trust, 2002.

저널

Harijan(H), Young India(YI), Indian Opinion(IO), Yervada Mandir(YM), Navajivan(N)

인터넷 자료

the Official Mahatma Gandhi eArchive

(http://www.mahatma.org.in/mahatma/quotes/quotes.jsp?link=qt)

http://en.wikipedia.org/wiki/Mohandas_Karamchand_Gandhi

www.brainyquote.com

http://mkgandhi.org/humantouch.htm

Poverty in the Midst of Plenty

(http://www.mkgandhi-sarvodaya.org/amabrothers/chap08.htm)

http://en.wikipedia.org/wiki/Gandhian_economics

http://mkgandhi.org/revivalvillage/index.htm

Truth and Beauty(http://mkgandhi.org/momgandhi/chap11.htm)

The Gospel of Fearlessness(http://mkgandhi.org/momgandhi/chap12.htm)

What is Satyagraha?(http://mkgandhi.org/faq/q17.htm)

Did Gandhi invent Non-violence?(http://mkgandhi.org/faq/faq.htm)

We have sufficient for Everybody's needs, not for greed

(http://mkgandhi.org/faq/faq.htm)

What is Non-violence according to Gandhi? in 'Mahatma Gandhi and His Myths', by Mark Shepard(http://mkgandhi.org/faq/q14.htm)

What Is Satyagraha? in 'Mahatma Gandhi and His Myths', by Mark Shepard

(http://mkgandhi.org/faq/q17.htm)

Mahatma Gandhi-An Environmentalist With A Difference, by Shreekrishna Jha(http://mkgandhi.org/environment/jha.htm)